普通高等教育"十三五"规划教材

高等院校经济管理类教材系列

会计学原理

（第三版）

赵玉霞　主编

郭　华　林春树　万林葳　副主编

科学出版社

北　京

内 容 简 介

时代变革对会计核算产生着深刻的影响，也使会计制度、会计准则不断完善和发展。本书依据 2006 年财政部颁布的 1 项基本准则和 38 项具体准则以及后续补充会计准则及财税政策编写而成。本书共 13 章，包括总论，会计假设与会计信息质量要求，会计对象、会计要素与会计等式，账户与复式记账，借贷记账法在工业制造企业中的应用，账户分类，会计凭证，会计账簿，财产清查，财务会计报告，账务处理程序，会计工作组织，会计职业道德。

本书内容精练、例题丰富、可操作性强，既可作为高等院校本科财经类、管理类、经济类等专业的教材，又可作为广大会计从业人员会计基础知识的培训教材。

图书在版编目（CIP）数据

会计学原理/赵玉霞主编. —3 版. —北京：科学出版社，2017.6
（普通高等教育"十三五"规划教材·高等院校经济管理类教材系列）
ISBN 978-7-03-053291-6

Ⅰ. ①会… Ⅱ. ①赵… Ⅲ. ①会计学-高等学校-教材 Ⅳ. ①F230

中国版本图书馆 CIP 数据核字（2017）第 128638 号

责任编辑：任锋娟 龚亚妮 / 责任校对：刘玉靖
责任印制：吕春珉 / 封面设计：艺和天下

科学出版社 出版
北京东黄城根北街 16 号
邮政编码：100717
http://www.sciencep.com

三河市骏杰印刷有限公司 印刷
科学出版社发行 各地新华书店经销
*
2007 年 9 月第 一 版 2021 年 9 月第十一次印刷
2013 年 2 月第 二 版 开本：787×1092 1/16
2017 年 6 月第 三 版 印张：19 1/4
字数：428 000
定价：49.00 元

（如有印装质量问题，我社负责调换〈骏杰〉）
销售部电话 010-62136230 编辑部电话 010-62135741

第三版前言

本书自 2013 年出版第二版以来，得到了市场的广泛认可和欢迎。在此期间，我国的经济形势有了很大的变化，尤其是"营改增"政策于 2016 年 5 月 1 日起在我国全面推行，这对会计核算产生了很大的影响。为了及时反映会计领域的新变化，更好地适应市场需求，编者依据 2006 年财政部颁布的 1 项基本准则和 38 项具体准则，以及后续财会[2014]7 号、财会[2014]8 号、财会[2016]22 号、财会[2017]7 号、财会[2017]8 号等补充会计准则，国发[2007]39 号、财税[2016]36 号、财税[2016]39 号等财税政策对本书进行了认真修订。在修订过程中，编者在力求保留前两版教材优点的基础上，对一些内容进行了必要的优化、改进和完善。和前两版相比，第三版教材的特色体现在：

1）根据新税法取消了营业税，调整了城市建设维护税及教育附加费等的计算基础，增加了不动产转让和无形资产转让等业务增值税的核算。

2）鉴于目前我国正在不断加强社会信用体系建设，对会计人员的诚信水平也提出了更高的要求。因此，编者对第 12 章和第 13 章做了较大的调整，新增了会计监督、会计内控制度及会计职业道德等重要内容。

3）进一步规范了教材体例，完善了教材结构，梳理了案例顺序，使章节之间的连续性、关联性及逻辑性更强。

本书由河南城建学院会计与财务管理教研室教材建设团队与福建商学院教材建设团队共同编写，赵玉霞（河南城建学院）负责全书的总纂、修改和定稿。具体编写分工如下：第 1 章、第 9 章由林春树（福建商学院）编写，第 2 章、第 7 章由万林葳（河南城建学院）编写，第 3 章、第 4 章由郭华（河南城建学院）编写，第 5 章、第 10 章由赵玉霞编写，第 6 章、第 11 章由李冰（河南城建学院）编写，第 8 章由陈金翠（河南城建学院）编写，第 12 章、第 13 章由赵剑楠（河南城建学院）编写。

编者在本书的修订过程中，除参考了大量的文献外，还得到很多专家的指导，在此表示诚挚的谢意！

由于时间仓促，加之编者水平有限，书中难免存在疏漏之处，望广大读者批评指正。

编 者

2017 年 2 月

第二版前言

本书第一版自 2007 年出版以来，得到了市场认可和欢迎。在此期间我国的经济形势有了不小的变化，会计核算也有了部分改变，尤其是税法的变化对会计核算产生了一定的影响，为了及时反映会计的新内容，更好地适应市场需求，我们对本书进行了认真的修订。在修订过程中我们力求保留第一版的优点，在此基础上对一些内容进行优化、改进和完善。主要体现在：

1）修改了第一版的疏漏。

2）补充了新的内容并整改了部分内容。

3）优化了教材的编写格式。

本书由河南城建学院赵玉霞负责全书的总纂、修改和定稿。具体编写分工为：第 1 章、第 9 章由林春树（福建商业高等专科学校）编写，第 2 章、第 6 章、第 11 章由李冰（河南城建学院）编写，第 3 章、第 4 章由郭华（河南城建学院）编写，第 5 章、第 10 章由赵玉霞编写，第 7 章、第 8 章由陈金翠（河南城建学院）编写，第 12 章、第 13 章由王桢（郑州轻工业学院）编写。

本版在编写过程中，除参考了大量的文献外，还得到很多专家的指导，在这里表示诚挚的谢意！由于时间仓促，加之水平有限，书中难免存在疏漏之处，望广大读者批评指正。

第一版前言

作为高等院校本科会计学专业的专业基础课和非会计专业的公共基础课，"会计学原理"课程的任务是让学生掌握会计学的基本理论和基本方法，形成初步的会计学理念，为今后的专业课学习打下比较扎实的理论基础。本书有如下特点：

1）内容新颖。2006年2月15日财政部颁布了企业会计准则体系，对新的企业会计准则的准确理解和规范应用是编写本书的关键所在。全体参编人员在深刻理解2006年财政部颁布的《企业会计准则——基本准则》和《企业会计准则第1号——存货》等38项具体准则后，依照新准则编写了本书。

2）理论叙述通俗易懂。因为"会计学原理"是基础课程，所以理论阐述不能太冗长深入，让初学者通过对本书的学习树立起足够的信心，这是至关重要的一点。

3）例题典型。本书所举例题紧扣实际，贴切逼真，既符合一般制造业的特点，又充分体现了本书的知识重点，例题的解析深入透彻、易于理解。

4）启发性和趣味性强。每章前的导入案例不仅增加了本书的启发性，突破了传统风格，增加了趣味性，同时也充分调动了学生的参与意识。

本书由平顶山工学院赵玉霞负责拟定编写大纲、设计例题和确定内容结构，并负责总纂、修改和定稿。本书具体编写分工为：第一、第十三章由孔涛（河南大学）编写，第二、第六、第十一章由赵素琴（平原大学）编写，第三、第四、第十二章由孙合珍（南阳理工学院）编写，第五章由赵玉霞编写，第七、第八章由陈金翠（平顶山工学院）编写，第九章由张如（河南理工大学）编写，第十章由姚进才（平原大学）编写。

本着"高质量，严要求，既精练又实用"的原则，我们编写了这本书。在编写过程中，除参考了大量的文献外，还得到很多专家的指点，在这里表示诚挚的谢意！由于时间仓促，加之水平有限，书中难免存在疏漏之处，望广大读者批评指正。

目　　录

第1章 总 论
CHAPTER 1

学习目标

- 了解会计的发展史，特别是复式记账的产生与发展。
- 了解《算术、几何、比及比例概要》的问世是会计发展史上的第一个里程碑，会计职业的出现是会计史上的第二个里程碑。
- 理解会计的职能、目标、作用及分支。

关键概念

会计的发展　会计的含义　会计的职能　会计的目标　会计的作用

案例导入

看过《鲁滨孙漂流记》的人都知道这样一个故事：鲁滨孙在落难以后从破船上抢救的物品中有表、账簿、笔和墨水等，这些物品在其四年的孤岛生活中起到了至关重要的作用。账簿上记载着他所使用的物品，以及生产这些物品必需的各种活动，还记载着他制造各种产品所需要的时间。

思考：分析这个故事蕴含的会计知识。

1.1 会计的产生与发展

会计作为一门科学，是基于人类管理生活、生产的需要而产生的，并随着经济关系和经济管理活动的日趋复杂而得以不断发展和进步。

会计起源于社会生产活动。在生产活动中，既能够创造物质财富，取得劳动成果，同时也必然会发生劳动耗费，其中包括人力、物力及财力的耗费。人们在对劳动成果和劳动耗费进行比较的过程中，产生了原始的计量、计算和记录行为。这种原始的计量、计算和记录行为中蕴含着会计思想、会计行为的萌芽。

据考证，距今二三十万年前，人类进入旧石器时代的中晚期，出现了原始的计量、记录行为。最初，会计只是生产职能的附属部分。随着社会生产的发展、生产规模的扩大和生产过程的复杂，会计逐渐从生产职能中分离出来了，成为专门委托给当事人的独立的职能。当然，会计从生产的附属职能发展到独立职能，这期间经过了漫长的发展历程。

1.1.1　古代会计的发展

从时间上说，古代会计阶段就是从旧石器时代的中晚期到封建社会末期的这段漫长的时期。这一时期的会计发展，从会计运用的技术方法方面看，主要涉及原始计量记录法、单式簿记和初创时期的复式簿记法等。

1. 原始计量记录行为的产生及其表现

在二三十万年前，人们通过在山洞内绘制简单的动物图像，在骨片上刻画条痕和在鹿角上刻画纹道来达到管理生产、分配和储备剩余产品的目的。

在距今 5 000～8 000 年的新石器时代，随着生产力的发展，剩余产品的分配、储备及消费问题更显突出，在具备了初步的数的概念后，人们陆续创造出一些符号和表现方法，如结绳记事和绘图记事等。

2. 单式簿记的产生与发展

奴隶社会和封建社会是以私有制为基础的。私人财富的积累导致了受托责任会计的产生，这种会计不仅应保护奴隶主和封建地主物质财产的安全，而且还应反映那些受托管理这些财产的人是否认真地履行了他们的职责。所有这些都要求采用较先进、科学的计量与记录方法，从而导致了原始计量、记录行为向单式簿记体系的演变。从奴隶社会的繁盛时期到 15 世纪末，单式簿记应运而生且得到了发展。一般将这一时期的会计称为古代会计。其中单式簿记的方法体系由会计核算项目、账簿设置、记录方法、会计凭证、结算方法及会计报告等具体方法组成。

3. 复式账簿的产生与初步发展

尽管人们尚不了解复式簿记的确切起源，但对其早期历史的许多方面已取得了一致的意见。左右对照的账户形式是为了适应商业的复杂化，而复式簿记也是为了满足当时会计制度无法解决的商业上的要求而于 1250～1440 年在意大利北部产生的。借贷复式簿记是会计发展史上一种科学的复式簿记，它突破了单式簿记的局限性，从而使会计记录体现了全面、辩证的观点。复式簿记是指将每笔经济业务同时在两个或两个以上的相互联系的账户，分为借方和贷方，并以相等的金额做成对立而统一的记录。与单式簿记相比，复式簿记具有两个最基本的特征：一是会计记录的二重性；二是全部账簿记录的平衡性或均衡性。

（1）复式簿式记账产生的条件

A.C.利特尔顿（A.C.Littleton）将复式记账产生的条件概括为两个方面：一是表达能力，如书写艺术和算术的发展以及共同货币单位的广泛使用等；二是商业机构的发展，如私人财产的概念、信用的发展和资本的积累等。

（2）复式簿记中的借与贷

复式簿记中的借和贷是各有其固定含义的。在早期的佛罗伦萨的银行和商业簿记中，记账者把反映物品的账户视同人名账户对待，把各种商品、财产及费用账户都人格化，并用人名账户中的记录债权债务关系来解释商品购销活动和其他财产物资的增减变化，从而把人之借贷扩展到物之借贷，这便成为后来会计学界"拟人说"理论赖以建立的基础。后来，借贷才成为一种不表达任何意义的符号。

（3）被视为一大发明的复式簿记

簿记和复式簿记体系的发展，经历了一个缓慢的过程，现在已被普遍接受了。但是，复式簿记的体系是源远流长的。据考察，在复式簿记的发展过程中，历史上曾经有两个人做出过杰出贡献。其一，是意大利的内代托·科特鲁依（Benedt Tocotrugli），他在《商业和精明的商人》一书的手稿中，详细地论述了复式簿记的基本原理，但该手稿直到1573年才作为印刷物正式出版发行。其二，是意大利的卢卡·帕乔利（Luca Pacioli），他的著作《算术、几何、比及比例概要》于1494年出版，因而人们便把第一位编写复式簿记专著的荣誉给了卢卡·帕乔利。而这一年被会计史学界视为近代会计的起点。

4. 我国所特有的复式簿记

在西式簿记传入我国之前，我国是有复式簿记的。同西欧各国簿记发展的历史一样，我国的簿记也遵循由简单到复杂、由低级到高级、从不完善到完善、从单式到复式的发展规律。具体来说，中式会计发展的历史序列是单式簿记→不完全复式簿记（三脚账、龙门账）→复式簿记（四脚账）。

（1）三脚账

三脚账大约产生于明朝。三脚账的账簿体系也为三脚账，但重心在流水账。在账簿格式上，账簿分为上、下两格，上格记来账，下格记去账，即上收下付。记账符号为"来"、"去"和"收"、"付"。具体来说，就是现金收付事项只记录现金的对方，而不记现金，这显然是单式记账，俗称"一脚"；凡转账业务必须记两笔，即同时记来和去，这显然是复式记录，俗称"两脚"。

（2）龙门账

龙门账产生于明末清初的商业界，开启了我国商业会计的先河，其创始人为山西阳曲人傅山。据说，龙门账首先是为了改善票号的经营管理而设计的，后来才被逐渐推广到工商企业。龙门账可概括为两个方面：第一，把全部经济活动所反映的账项划分为进、缴、存、该四大类。进指全部收入，包括利息收入和经营收入等；缴指全部支出；存指全部资产，包括生财、存货、现金和债券等；该指全部的负债，包括业务投资和债务。进和缴，存和该，分别计算它们的差额来确定企业的盈亏。进大于缴为盈，反之为亏；存大于该为盈，反之为亏。两者平行计算，而且差额必须相等，如不等，就表明记账有误。第二，按进、缴、存、该四类账户进行登记。其程序是，根据原始凭证记入流水账，然后从流入账过入分类账和总清账。年终结出余额，根据余额编制进缴表和存该表。实际上，进缴表和存该表相当于现在的利润表和资产负债表。

（3）四脚账

四脚账产生的确切时间至今尚无定论，但一般认为它产生于18世纪中叶，即清朝乾隆年间。四脚账的账簿组织与三脚账基本相同，但账目划分为进、缴、存、该，以反映收益、费用、资产、负债的增减变化以及它们之间的平衡关系，并定期结账，将进、缴、存、该账户的余额分别编制进缴结册与存该结册，并以进缴结册的盈亏数轧平存该结册中的差额。

1.1.2　近代会计的历史发展

近代会计，从时间上说，是从 1494 年意大利数学家卢卡·帕乔利的著作《算术、几何、比及比例概要》问世到 20 世纪 40 年代末期这段时间；从会计运用的技术和方法方面看，这一时期演进和运用主要发生在复式簿记上。

1.　帕乔利的复式簿记及其传播

《算术、几何、比及比例概要》的问世，标志着近代会计的开端。在随后漫长的历史时期内，人们在古代单式簿记的基础上创建了复式簿记。复式簿记在意大利迅速得到普及并不断发展和完善。随着美洲大陆的发现和东西方贸易的进行，加之各国建立了统一的货币制度、阿拉伯数字取代了罗马数字、纸张的普遍使用等，促使复式簿记传遍整个欧洲，后又传遍世界各国。在会计的发展史上，一般将帕乔利复式簿记著作的出版视为近代会计史上的一个里程碑。

2.　股份公司和工业革命对会计的影响

（1）股份公司对会计的影响

历史上最早的股份公司是英国 1600 年成立的东印度公司。由于东印度公司在每次航海后都没有足够的现金向股东支付股利，于是便用下次航海的股份来代替现金，这也就是股票股利的前身。这样，当最后清算股本时，便需要极其复杂的会计。于是，在 1659 年 9 月该公司发布新的章程，允许签发永久性的股份，作为未来所有航海冒险活动的一种联合投资，每年结算利润或亏损一次，从而形成了持续经营和会计分期的概念。

（2）工业革命对会计的影响

19 世纪至 20 世纪早期，席卷英国的工业革命为会计的发展提供了广阔的天地。工厂制度和批量生产的出现导致固定资产的成本在生产和销售成本中所占比例上升，于是，固定资产的概念变得越来越重要。随着企业管理者对生产成本和存货计价信息需求的增长，成本会计系统得以诞生。大额资本需要导致所有权和经营权分离，从而使为管理当局提供财务信息日益成为股东、投资者、信贷者和政府部门的要求。同时，作为投资回报的收益便逐步与业主投资资本的收回区分开来。

3.　会计职业的出现

会计职业的出现与南海公司事件有着天然的联系。南海公司于 1710 年特许成立，其主要目的是筹资 1 000 万英镑的流动国债资金，以从事非洲和南美洲的奴隶贸易并赚取利润。由于 18 世纪早期的投资机会很少,所以,众多的投资者都涌向新股发行,从而导致股票价格成倍地增长。后来,该公司的倒闭导致英国皇室和许多富人损失数十万英镑,从而引起了很大的轰动。于是,1720 年英国议会颁布了著名的《泡沫公司取缔法》。南海公司泡沫事件使人们开始认识到公司账目审计的重要性,促进了英国注册会计师职业的迅猛发展。

受 1845 年公司法的影响,英国于 1853 年在苏格兰的爱丁堡成立了世界上第一个注册会计师专业团体——爱丁堡会计师协会。此后,会计师职业团体在英国国内迅速崛起。会计职业的出现,使会计实务开始走向规范化。会计规范化引起了人们对会计原则的不懈探索,同时也带来了会计理论的空前发展。所以,会计职业的出现成为近代会计史上的第二个里程碑。

小提示 历史上将帕乔利复式簿记著作的出版视为近代会计史上的第一个里程碑,将会计职业的出现称为近代会计史上的第二个里程碑。

1.1.3 现代会计的历史发展

第二次世界大战后,生产的社会化程度有了大幅度提高,对会计信息的要求也日趋迫切,同时,由于先进技术在多个方面的应用,促进了生产力的提高和企业组织形式的改变。从会计信息的需要方面讲,社会化大生产使所有权与经营权进一步分离,从而导致外部与企业利益的相关者特别关注能反映企业财务状况和经营成果的会计信息;同时,会计工作也日益向基层单位、管理部门和生产技术领域渗透。在这种环境下,会计理论和方法随着企业内部和外部对会计信息的不同要求而分为两个领域,即管理会计和财务会计,并基本上形成了各自的理论体系。从会计计算和记录技术上讲,随着电子计算机的应用与普及,会计逐步由手工记账发展到使用电子处理系统。

在世界会计事业发展的推动下,我国会计也有了迅速的发展。特别是 20 世纪 70 年代以后,中国实行改革开放政策,计划经济体制逐步向市场经济体制转化,会计制度因此发生了变革。1981 年我国建立了注册会计师制度,1985 年颁布了《中华人民共和国会计法》(以下简称《会计法》),我国会计工作从此进入了法治阶段。与此同时,我国的会计核算制度也进行了改革,并逐步与世界接轨。1992 年年底颁布了《企业会计准则》,随后颁布了一系列的具体准则;2000 年年底颁布了《企业会计制度》,并对企业会计准则进行了全面修订与完善;2006 年年初又颁布了《企业会计准则——基本准则》和《企业会计准则第 1 号——存货》等 38 项具体准则。至此,我国已经形成了适应市场经营发展需要、具有我国特色的比较完善的会计核算体系。

小测验 受( )年公司法的影响,英国于( )年在( )成立了世界上第一个注册会计师专业团队,这个团队的名称是( )。

1.2　会计的含义、职能与目标

1.2.1　会计的含义

什么是会计？或者说，会计的内涵是什么？尽管会计从产生到现在已有几千年的历史，但对于这一基本问题，古今中外却一直没有一个明确、统一的说法。究其原因，关键在于人们对会计本质的认识存在着不同的看法，而不同的会计本质观对应着不同的会计含义。针对会计本质问题所展开的理论研究，是 20 世纪以来会计理论研究中争论最集中且分歧最大的一个方面，至今仍众说不一，无法定论。这其中，信息系统论和管理活动论是两大主流派。

我们认为，讨论会计的本质，首先应明确"会计"是指什么。是指"会计学"，还是指"会计工作"或是"会计方法"？如果不明确界定这一前提，则必将引起一场不必要的或者是无结果的辩论。在本书中，我们将"会计"界定为"会计工作"。基于这一前提，我们认为"会计管理活动论"的观点代表了我国会计改革的思路与方向，是对会计本质问题的科学论断，因此，我们倾向于选择"会计管理活动论"。在"会计管理活动论"前提下，我们完全有理由认为，会计是经济管理的重要组成部分，是以提供经济信息、提高经济效益为目的的一种管理活动。它以货币为主要计量单位，采用一系列专门的程序和方法，对社会再生产过程中的资金运动进行反映和监督。

综上所述，会计是以货币为主要计量单位，对企事业、机关单位或其他经济组织的经济活动进行连续、系统、全面地反映和监督的一项经济管理活动。它也是一项经济管理工作。

1.2.2　会计的职能

会计的职能是指会计在经济管理中所具有的功能。具体来讲，就是会计是用来做什么的。在生产力水平较低下的时代，会计的主要功能在于简单地计量、记录，以反映为主；而在生产力水平较发达、管理水平较高的今天，记账、算账、报账已远远不能满足经营管理的需要，如何发挥会计的经济监督作用便成为一个主要课题。由此可见，会计有两大基本职能，即反映和监督。

1. 会计的反映职能

会计的反映职能也称为核算职能，是指会计以货币为主要计量单位，通过确认、计量、记录、计算、报告等环节，对企业、事业、行政等单位的经济活动进行记账、算账、报账，从而提供相关会计信息的功能。会计的反映职能具有以下特征。

（1）会计以货币为主要计量单位，从价值量方面反映各单位的经营活动情况

会计在对各单位经营活动进行反映时，主要使用货币作为计量单位，而实物量单位、

其他指标及其文字说明等都处于附属地位。

（2）会计反映过去已经发生的经营活动

会计反映经济活动就是要反映其事实，探索并说明其真相，因此，只有在每项经营业务发生或完成以后，才能取得该项经济业务完成的书面凭证。所以，会计的反映职能是事后行为。

（3）会计反映具有连续性、系统性和全面性

会计反映的连续性，是指对经济业务的记录是连续的，逐笔、逐日、逐月、逐年，不间断；会计反映的系统性，是指对会计对象要按科学的方法进行分类，进而系统地加工、整理和汇总，以便提供管理所需要的各类信息；会计反映的全面性，是指对每个会计主体所发生的全部经营业务都应该进行记录和反映，不能有任何遗漏。

2．会计的监督职能

会计的监督职能是指会计按照一定的目的和要求，利用会计信息系统所提供的信息，对会计主体的经济活动进行控制，使之达到预期的目标。会计监督经济活动要按照有关的法规和计划进行。会计监督职能具有显著的特征。

（1）会计监督具有强制性和严肃性

会计监督是依据国家的财经法规和财经纪律来进行的。《会计法》不仅赋予会计机构和会计人员监督的权利，而且规定了监督者的法律责任，具有强制性和严肃性。

（2）会计监督具有连续性

社会再生产过程不间断，会计反映就要不断地进行下去，在这个持续过程中，始终离不开会计监督。各会计主体每发生一笔经济业务，都要通过会计进行反映，在反映的同时，就要审查它们是否符合法律、制度、规定和计划。会计反映具有连续性，会计监督也就具有连续性。

（3）会计监督具有完整性

会计监督不仅体现在已经发生或已经完成的经济业务方面，还体现在经济业务发生过程中及尚未发生之前，包括事前监督、事中监督和事后监督。事前监督是指会计部门或会计人员在参与制定各种决策及相关的各项计划或费用预算时，就依据有关政策、法规、准则等的规定对各项经济活动的可行性、合理性、合法性和有效性等进行审查，它是对未来经济活动的指导；事中监督是指在日常会计工作中，随时审查所发生的经济业务，一旦发现问题，及时提出建议或改进意见，促使有关部门或人员采取措施予以改正；事后监督是指以事先制定的目标、标准和要求为依据，利用会计反映取得的资料对已完成的经济活动进行考核、分析和评价。

3．会计两大基本职能的关系

就会计两大基本职能的关系而言，反映职能是监督职能的基础，没有反映职能提供的信息，就不可能进行会计监督。因为如果没有会计反映提供可靠、完整的会计资料，

会计监督就没有客观依据，也就无法进行会计监督。而监督职能又是反映职能的保证，没有监督职能进行控制，提供有力的保证，就不可能提供真实可靠的会计信息，也就不能发挥会计管理的能动作用，会计反映也就失去了存在的意义。因此，会计的反映职能和监督职能是紧密结合、密不可分、相辅相成的，同时又是辩证统一的。

小提示　会计有两大基本职能：反映职能和监督职能。除此之外还有预算、决策、控制和分析等职能。

1.2.3　会计的目标

会计的目标是指会计工作者要达到的终极目的。作为经济管理重要组成部分的会计管理工作，必然要以利用有限的经济资源来获得最大的经济效益作为最终目标。在这一总目标下，会计作为一项特定的经济管理活动，也就有其特定的目标。会计是用专门的方法确认、计量、记录和报告有关一个单位经济活动的信息系统，是一种经济管理活动，因此，会计的目的是向会计信息的使用者提供与一个单位的财务状况、经营成果和现金流量等有关的会计信息，反映管理层受托责任履行情况，有助于会计信息的使用者做出经济决策。

会计信息的使用者根据其与提供信息单位的利益关系可分为外部使用者和内部使用者。外部使用者是指工作关系不属于本单位，不能直接参与或接触单位内部经济活动运作但与单位有经济利益关系的组织与个人，如企业的投资人、债权人等。会计信息的内部使用者是指工作关系隶属于本单位的组织及个人，如单位的管理当局、责任人、责任部门人员等。

小测验　会计的监督职能可以发生在事前、事中、事后，但会计的反映职能只能发生在（　　　　）。

1.3　会计的作用、核算方法及会计学的分支

1.3.1　会计的作用

会计的作用是指会计的各项职能在特定的历史时期、特定的社会经济制度下实现和利用之后所产生的效果。会计作用的发挥取决于两个重要因素：一是会计所处的外部环境因素，即会计工作所处的社会历史时期，社会政治、经济制度；二是与会计自身的内在本质有关的因素，即会计的职能被人们所认识和利用的程度。

从我国目前的会计实践工作来看，会计的作用包括两方面的内容：一方面是会计的正面作用、积极作用；另一方面是会计的负面作用、消极作用。也就是说，会计工作既

能完善和加强经济管理，也能弱化经济管理。

会计的正面作用，从目前看主要有以下四点：①为国家进行宏观调控、制定经济政策提供信息；②加强经济核算，为企业经营管理提供数据；③保证企业投入资产的安全和完整；④为投资者提供财务报告，以便其做出正确的投资决策。可以看出，目前我国的会计工作更多地停留在记账、算账、报账阶段，会计的预算、决策、控制和分析职能还没有得到充分发挥，甚至有些职能还没有真正实施。如何充分地发挥会计职能、更好地实现会计作用已成为我国会计工作中迫切需要解决的问题。

会计的消极作用，当前主要表现为会计信息的失真。会计信息失真直接导致了国有资产流失、偷逃税款等现象的出现。尽管对会计信息失真这一问题的成因和对策尚无定论，但毋庸置疑，会计信息失真是会计工作所产生的一种负效应。这一点是认识会计作用时不应被忽视的。

小提示 会计的作用具有两面性，既有积极作用也可能起到消极作用，尤其是会计人员违背职业道德，不遵守可靠性原则，导致会计信息失真，就可能危害企业和社会。

1.3.2 会计的核算方法

在本书中，我们主要是学习会计核算的方法，至于会计分析的方法、会计检查的方法及其他会计方法将在以后的专业课中陆续学习。

会计核算方法，是指会计对企事业、机关单位已经发生的经济活动进行连续、系统、全面地反映和监督所采用的方法。会计核算方法是用来反映和监督会计对象的。会计对象的多样性和复杂性，决定了用来对其进行反映和监督的会计核算方法不能采用单一的方法形式，而应该采用方法体系的模式来进行，因此，会计核算方法具体由设置账户、复式记账、填制和审核凭证、登记账簿、成本计算、财产清查和编制财务会计报告这七种方法构成，是一个完整的、科学的方法体系。这些内容我们会在以后的章节中或相关专业教材中详细阐述，这里不再重述。

1.3.3 会计学的分支

会计学是经济管理科学的一个分支，属于应用管理学。会计学研究的对象是全部会计工作，既包括会计理论研究工作，又包括会计实践工作。会计实践是不断发展和不断丰富的，相应地，会计学理论也在不断地发展和完善，会计实践的发展和丰富推动了会计学的发展和完善。随着会计学研究的深入发展，会计学分化出许多分支，每一分支都形成了一个独立的学科，这些学科相互促进、相互补充，构成了一个完整的会计学科体系。

按会计学研究的内容划分，其分支有基础会计学、财务会计学、高级财务会计学、管理会计学、成本会计学及会计史学等；按会计主体来划分，其分支有宏观会计学和微观会计学。宏观会计学包括总预算会计、社会会计、国际会计等；微观会计学包括企业会计、非营利组织会计等。研究会计学及其分支，对于了解会计研究的内容，把握会计研究的方向，掌握每个分支学科在整个会计学科中的位置都具有十分重要的现实意义，也可以为今后科学地学习和研究会计学奠定基础。

小测验 会计学属于应用管理学，会计学研究的对象是全部会计工作，既包括会计（   ）研究工作，又包括会计（   ）工作。

小　结

会计作为一种价值管理活动，产生于人们管理社会生产活动中，随着社会生产力水平的提高而不断发展，经济越发达越发展，会计越重要。会计的发展经历了漫长而复杂的过程。卢卡·帕乔利的著作《算术、几何、比及比例概要》的问世是会计发展史上的第一个里程碑，会计职业的出现是会计史上的第二个里程碑。

会计在一个单位的经济管理中，具有核算、监督等职能。会计的第一职能是核算职能，核算是基础；监督是第二职能，又反作用于核算职能。两种职能相辅相成，不可分割。会计目标是满足会计信息使用者的管理与决策需要。为了适应社会经济环境的发展变化与进行经济管理的需要，会计在其发展过程中形成了不同的学科分支。对于会计的学科分支，从不同的角度可以有不同的划分，每个分支既有共性，又有特性。

会计是一项技术性很强的工作，它通过确认、计量、记录、报告这一程序以及设置账户、复式记账、填制和审核凭证、登记账簿、成本计算、财产清查、编制会计报表等特定的方法来加工处理与提供会计信息。

思　考　题

1. 什么是会计？你是如何理解会计这一概念的？
2. 会计的发展大体可分为几个阶段？
3. 哪两件事推动了会计的迅速发展，并成了会计发展史上的两个里程碑？
4. 传统的会计有哪两大职能？其关系如何？
5. 会计的目标和作用是什么？
6. 会计有哪些重要的学科分支？
7. 会计核算有哪些特定的方法？

案例导入分析

本故事蕴含的会计知识是：会计作为一门科学，是基于人类管理生活、生产的需要而产生的，并随着经济关系和经济管理活动的日趋复杂得以不断发展和进步。会计工作本身是一项经济管理活动。会计有两大职能，首先是反映的职能，其次是监督的职能。

第2章　会计假设与会计信息质量要求

CHAPTER 2

学习目标

理解和掌握会计假设的内涵和对会计信息质量要求的规定，为今后的学习奠定理论基础。

关键概念

会计假设　会计主体　持续经营　会计分期　货币计量　会计信息质量要求
可靠性　相关性　可理解性　可比性　实质重于形式　重要性　谨慎性　及时性

案例导入

2016 年 6 月 1 日，欣泰电气公告称，涉嫌欺诈发行及会计信息披露违法违规案已由中国证券监督管理委员会（以下简称"中国证监会"）调查完毕。

2016 年 5 月 31 日，欣泰电气收到了中国证监会《行政处罚和市场禁入事先告知书》，查明其在申请首次公开发行并上市申请文件中相关财务数据存在虚假记载。6 月 8 日，欣泰电气发布公告称，根据《深圳证券交易所创业板股票上市规则（2014 年修订）》的规定，待公司收到中国证监会的《行政处罚决定书》及《市场禁入决定书》并对外公告后，公司股票于公告日次一交易日继续停牌一天，随后复牌，交易 30 个交易日。深圳证券交易所自公司股票复牌 30 个交易日期限届满后的次一交易日对公司股票实施停牌，并在停牌后 15 个交易日内做出是否暂停公司股票上市的决定。

欣泰电气于 2015 年 7 月 14 日收到中国证监会《调查通知书》，因公司涉嫌违反证券法律法规被证监会立案调查。在经过为期近一年的调查后，欣泰电气违规上市的路径也渐渐明晰。

欣泰电气从 2011 年 11 月开始其首次公开募股（Initial Public Offerings，IPO）申请，长达数年的造假之旅便就此开始。截至 2011 年 12 月 30 日，虚构收回应收账款逾 1 亿元，少计提坏账准备 659 万元，虚增经营活动产生的现金流净额约 1 亿元；截至 2012 年 12 月 31 日和 2013 年 6 月 30 日，均虚构数额不菲收回应收账款、少计提坏账，虚增经营活动产生的现金流净额。

经过不断地造假冲关，欣泰电气终于在 2012 年 7 月 3 日通过创业板发审会审核，并于 2014 年 1 月 3 日拿到批文，1 月 27 日登陆创业板，发行价格为 16.31 元，募资金额为 2.2 亿元，发行费用为 3 734.91 万元。

而在上市后，其造假行为仍然在持续。中国证监会查证，欣泰电气《2014 年半年度报告》、《2014 年年度报告》及《2013 年年度报告》，继续虚构收回应收账款，少计提坏账准备，虚增货币资金。而且，在《2014 年年度报告》中还存在重大遗漏。该公司实际控制人温德乙以员工名义从公司借款 6 388 万元，未被披露。

2016 年 7 月 8 日，中国证监会对欣泰电气开出了罚单，责令欣泰电气改正，给予警告，并处以 832 万元的罚款；对董事长温德乙给予警告，并处以 892 万元罚款；对总会计师刘明胜给予警告，并处以 60 万元罚款；对会计机构负责人于晓洋等相关责任人员分别处以 3 万元到 20 万元不等的处罚。对于温德乙、刘明胜二人，还拟采取终身证券市场禁入措施。

思考：中国证监会对欣泰电气开出严厉罚单的原因是什么？

2.1 会 计 假 设

会计假设是人们在长期的会计实践中，根据客观情况和变化趋势而形成的对会计核算所处时间、空间环境等所做的合理设定，是会计确认、计量和报告的前提，因此也称为会计基本前提。

会计实践所处的社会环境极为错综复杂、千变万化，财务会计核算对象——企业的经济业务也具有不确定性。为了使财务会计能够连续、系统、全面地反映企业经营活动，向财务报告使用者提供决策有用的信息，就需要会计人员有必要对会计核算中某些难以确切界定但又对会计工作有重大影响的问题，做出合理的判断，这样核算才能得以正常进行下去，有利于保证财务会计目标的实现。由此可见，会计假设是人们从长期会计实践中抽象出来并能体现会计活动基本特征的会计概念。当然，会计假设是在当前条件下做出的最合乎情理的判断，也可能随着客观经济环境的变化而被不断修订。依据我国2007 年实施的《企业会计准则——基本准则》的规定，会计基本假设包括会计主体、持续经营、会计分期和货币计量。

2.1.1 会计主体

会计主体，是指会计信息所反映的特定单位或者组织，即会计服务的特定对象，它规范了企业会计确认、计量和报告的空间范围。《企业会计准则——基本准则》第五条指出"企业应当对其本身发生的交易或者事项进行会计确认、计量和报告"。

会计工作的目的就是反映一个单位的财务状况、经营成果和现金流量，为会计信息使用者决策服务。这就需要企业会计必须站在具体立场上确认、计量和报告所发生的经济业务，必须与企业所有者在内的其他经济实体的经济业务区分开来，反映特定对象的经济业务。在会计主体假设下，企业应当对其本身发生的各项交易或事项进行确认、计量和报告，反映企业本身所从事的各项生产经营活动。明确界定会计主体是开展会计确认、计量和报告工作的重要前提。

会计主体假设的意义在于：首先，明确会计主体，才能划定会计所要处理的各项交易或事项的范围。在会计工作中，只有那些影响企业本身经济利益的各项交易或事项才能确认、计量和报告，那些不影响企业本身经济利益的各项交易或事项不能确认、计量和报告。会计核算中涉及的资产、负债的确认，收入的实现，费用的发生等，都是针对特定会计主体而言的。其次，明确会计主体，才能将会计主体的交易或事项与会计主体所有者的交易或事项，以及其他会计主体的交易或事项区分开来。例如，企业所有者的经济交易或者事项是属于企业所有者主体发生的，不应纳入企业会计核算范围，但是企业所有者投入到企业的资本或者企业向所有者分配的利润，则属于企业主体所发生的交易或事项，应当纳入企业会计核算的范围。

需要指出的是，会计主体不同于法律主体。一般来说，法律主体往往是会计主体。例如，一个企业作为法律主体，应当建立财务会计系统，独立反映其财务状况、经营成果和现金流量，但是对于法律主体概念上包含的无须建账核算的自然人来说，他却不属于会计主体。而会计主体不一定是法律主体。例如，个人独资企业或合伙企业就不是法律主体，但在会计核算上必须将其作为会计主体；同样，实行独立核算的分公司是会计主体，但不是法律主体；还有合并财务报表反映的是整个企业集团的财务状况、经营成果和现金流量，企业集团是会计主体，但不是一个独立的法人。因此，会计主体的内沿与外延都比法律主体要广。

2.1.2　持续经营

持续经营，是指在可预见的将来，会计主体的生产经营活动将会按照当前的规模和状态正常、持续地进行下去，不会停业，也不会大规模削减业务。通俗地讲，在可预见的将来会计主体不会面临破产、清算。《企业会计准则——基本准则》第六条指出，"企业会计确认、计量和报告应当以持续经营为前提"。

在持续经营假设下，会计主体在可预见的将来其所持有的资产将在正常经营过程中被耗用，它所承担的负债也将在正常的经营过程中按它承诺的条件加以清偿，按常规方法对所发生的经济业务进行相应的会计处理。企业会计政策和方法的选择、会计事项的计量、确认和报告都是以持续经营为前提的，它规范了会计核算的时间范围。

持续经营假设为企业会计政策和方法的选择、会计事项的计量、确认和报告奠定了基础。其意义在于：第一，明确持续经营假设，就意味着企业将按照当前的规模和状态正常、持续经营下去，资产就以其取得时的历史成本计价，而不是按其进入清算状态的市价计价；第二，固定资产、无形资产的折旧或摊销等问题的处理，均以企业在折旧年限或摊销期内持续经营为条件；第三，企业偿债能力的分析与评价也是基于企业在报告期后仍能够持续经营为假设的。所以，持续经营假设是保证会计政策和方法按持续经营基础恰当记录和报告会计主体的经营活动，从而提供相关与可靠会计信息的一个重要前提。

需要指出的是，持续经营是根据企业发展的一般情况所做的假设，而在现实中，任何企业都存在破产、清算的风险。换句话说，企业不能持续经营的可能性总是存在的，尤其是在市场竞争日趋激烈的当今社会，企业面临破产、清算的风险日趋增大，是不以人们的意志为转移的。因此，企业应该定期对其持续经营的条件进行分析、判断，若判断企业不能持续经营就应该改变会计核算的原则和方法，并在企业财务报告中做充分披露。如果一个企业在不能持续经营时还假定企业能够持续经营，并仍按照持续经营假设选择会计核算的原则和方法，就不能客观地反映企业的财务状况、经营成果和现金流量，误导财务报告使用者进行错误决策。所以，企业一旦进行破产清算，这一假设为前提的会计核算原则和方法便不再适用，应改为以清算为基础的会计核算原则和会计方法。

2.1.3　会计分期

会计分期，是指将一个企业持续经营活动期间人为地划分成若干个连续的、长短相同的期间。这种因会计需要而划分的期间称为会计期间，《企业会计准则——基本准则》第七条指出，"企业应当划分会计期间，分期结算账目和编制财务会计报告"。

会计分期假设是持续经营假设的一个必要补充。由于我们假设企业会在可预见的将来保持其持续经营状态，这就产生了在企业持续经营过程中，什么时候核算企业的经营成果并向与企业有利害关系的各方提供会计信息的问题。在会计实践中，企业绝不可能等到结束其经营活动之后一次性核算盈亏，并向外界提供会计信息。为了使财务报告的使用者能够定期、及时地获取他们所需要的会计信息，在会计上就需要把其持续经营的经济活动人为地进行划分，使其归属于各个不同的会计期间，进行会计处理和财务报告的编制与披露。

会计分期假设的意义在于：通过会计期间的划分，将持续经营的生产活动期间划分成连续、相同的期间，据以结算盈亏，按期编制财务报告，从而及时向财务报告使用者提供有关企业财务状况、经营成果和现金流量的信息，帮助其正确决策。同时，由于会计分期才产生了当期与其他期间的差别，从而出现了权责发生制和收付实现制的区别，才使不同类型的会计主体有了记账的基准，进而出现了应收、应付、摊销等会计处理方法。可见，与持续经营假设同样，会计分期假设也是对会计主体核算时间范围的规范。

会计期间分为年度和中期。以公历 1 月 1 日起至 12 月 31 日止为一个会计年度，中期是指短于一个完整的会计年度的报告期间，包括半年度、季度、月度等。

2.1.4　货币计量

货币计量，是指会计主体在进行会计确认、计量和报告时以货币计量，反映会计主体的财务状况、经营成果和现金流量。《企业会计准则——基本准则》第八条指出，"企业会计应当以货币计量"。

通常，企业对经济活动的计量尺度有三种，即实物计量、劳动计量和货币计量。在会计的确认、计量和报告过程中选择货币作为基础进行计量，是由货币本身的属性决定的。货币是商品一般等价物，是衡量一般商品价值的共同尺度，具有价值尺度、流通手段、贮藏手段和支付手段等特点。其他计量单位，如重量、长度、容积、台、件等，都只能从一个侧面反映企业的生产经营情况，无法在量上进行汇总和比较，不便于会计计量和经营管理。因此，为了全面反映企业的生产经营活动和有关交易、事项，会计确认、计量和报告选择货币作为计量单位，综合反映企业财务信息。

货币计量假设也有一定的缺陷，它只能揭示企业经济活动中能够用货币表现的方面，而企业财务状况除了与会计上所揭示的货币计量方面有关外，还与非货币方面的许多因素有关，如企业经营战略、研发能力、市场竞争力、人力资源状况等，这些信息对于使用者决策也很重要。为弥补这一缺陷，企业应在财务报告中适当补充披露有关非货币信息，以满足需要。会计核算中计量用的货币成为记账本位币。企业的会计核算以人民币为记账本位币。但业务收支以人民币以外的货币为主的企业，可以选择其中一种货币作为记账本位币，但是编制的财务报告，应当折算为人民币。在境外设立的中国企业向国内报送财务报告，应当折算为人民币。

需要指出的是，货币计量假设是建立在货币价值不变、币值稳定的基础上的。因为，对不同时点的货币金额进行汇总，必须以在不同时点的货币等值为前提，这样才能计算，确定经营成果，提供的会计信息才能真实地反映企业的经营状况，否则这种汇总将会失去意义。但是，在现实中通货膨胀或币值波动时有发生，这就需要假定币值稳定不变。当币值波动较大时，建立在币值不变基础上的会计信息的真实性和相关性将受到冲击，可以通过会计核算原则和会计处理方法的改变，尽可能消除币值波动的影响。

小提示　会计假设是会计人员在长期的会计实践中，根据客观情况和变化趋势形成的对会计核算所处时间、空间环境等所做的合理设定，这样会计核算才能得以正常进行下去。

小测验　以下个体是会计主体的有（　　）。
A. 一个集团公司
B. 一个集团公司下设的独立核算的分公司
C. 一个集团公司下设的不能独立核算的分公司
D. 分公司下设的能够独立核算的某机构

2.2　会计信息质量的要求

会计信息质量要求是对企业财务报告中所提供会计信息质量的基本要求，是使财务报告中所提供会计信息对使用者决策有用所应具备的基本特征。我国 2007 年实施的《企业会计准则——基本准则》中规定，对会计信息质量要求包括可靠性、相关性、可理解性、可比性、实质重于形式、重要性、谨慎性和及时性等方面。

2.2.1　可靠性

要求企业应当以实际发生的交易或事项为依据进行会计确认、计量和报告，如实反映符合确认和计量要求的各项会计要素及其他相关信息，保证会计信息真实可靠、内容完整。

会计工作的目的是为了满足会计信息使用者决策和管理需要，因此，会计工作就应该做到内容真实完整、数字准确、资料可靠，如实反映企业财务状况、经营成果和现金流量，为使用者提供真正有价值的会计信息。相反，如果企业不能以实际发生的交易或事项为依据进行会计确认、计量和报告，就不能真实地反映企业财务状况、经营成果和现金流量，会计工作就失去了存在的价值，甚至误导会计信息使用者，导致管理和投资的失误。所以，可靠性是对会计工作的基本要求，是会计的生命所在。可靠性具体包括以下要求：

第一，企业应当以实际发生的交易或事项为依据进行会计确认、计量和报告，不能以虚构的交易或事项为依据进行会计确认、计量和报告。

第二，企业应当如实反映企业的交易或事项，将符合会计要素定义和确认条件的资产、负债、所有者权益、收入、费用和利润等如实反映在财务报表中，反映出企业生产经营及财务活动的真实面貌。

第三，企业应当在符合重要性和成本效益原则的前提下，保证会计信息的完整性，其中包括编报的报表及其附注内容等应当保持完整，不能随意遗漏或者减少应予披露的信息，与使用者决策有关的有用信息都应该充分披露。

2.2.2　相关性

相关性要求企业提供的会计信息应当与财务报告使用者的经济决策需要相关，有助于财务报告使用者对企业过去、现在或者未来的情况做出评价或者预测。

会计信息的价值，关键是看其与使用者的决策需要是否相关，是否有助于决策或者提高决策水平。相关的会计信息应当有助于使用者评价企业过去的决策，证实或者修正过去的有关预测，因而具有反馈价值。相关会计信息还应当具有预测价值，有助于使用者根据财务报告所提供的信息预测企业未来的财务状况、经营成果和现金流量。例如，区分收入和利得、费用和损失，区分流动资产和非流动资产、流动负债和非流动负债等，都能够提升会计信息的预测价值，进而提升会计信息的相关性。

为了满足会计信息质量的相关性要求，企业应当在确认、计量和报告会计信息中，要根据企业生产经营的特点和管理要求选择会计核算原则和方法，并充分考虑会计信息使用者的决策模式和信息需要。当然，对于某些特定目的或者用途的会计信息，企业财务报告无法完全提供的，企业可以通过其他形式予以提供。如果会计信息提供后，没有满足会计信息使用者的需要，对会计信息使用者的决策没有什么作用，就说明不具有相关性。

2.2.3　可理解性

可理解性要求企业提供的会计信息应当清晰明了，便于财务报告使用者理解和使用。

我们知道，企业编制财务报告、提供会计信息的目的在于使用，而要使使用者更为有效地使用会计信息，应当能让其了解会计信息的内涵，弄懂会计信息的内容，这就要求财务报告所提供的会计信息应当清晰明了，易于理解。只有这样，才能提高会计信息的相关性，实现财务报告的目标，满足向使用者提供决策有用信息的要求。而且，为了保证会计信息可靠性的要求，还需要通过特定的方法对会计信息及其产生的过程进行审查和验证，这也需要企业的会计核算记录准确、清晰，凭证和账簿据实填制和登记，账户对应关系清楚，文字摘要完整，财务报告项目完整，钩稽关系清晰，数据准确。

鉴于会计信息是一种专业性较强的信息产品，因此，在强调会计信息的可理解性要求的同时，还应假定使用者具有一定有关企业生产经营活动和会计核算方面的知识，并且愿意付出努力去研究这些信息。例如，交易本身较为复杂或者会计处理较为复杂，但其对使用者的经济决策是相关的，就应该在财务报告中予以披露，企业不能仅仅以该信息会使某些使用者难以理解而将其排除在财务报告所应披露的信息之外。

2.2.4　可比性

可比性要求企业提供的会计信息应当具有可比性。具体包括下列要求：

1）为了便于使用者了解企业财务状况和经营成果的变化趋势，比较企业在不同时期的财务报告信息，从而全面、客观地评价过去、预测未来，会计信息质量的可比性要求同一企业对于不同时期发生的相同或者相似的交易和事项，应当采用一致的会计政策和方法，不得随意改变。企业发生的交易和事项具有复杂性和多样性，对于某些相同或者相似的交易和事项可以有多种不同的核算方法。例如，存货的发出计价可以采用先进先出法、加权平均法和个别计价法，不同的计价方法核算的发出存货成本是不同的，这必然影响到企业利润的大小，为了防止企业利用这些技术手段，人为地调节企业经营成果，必然要求企业在各个会计期间，对于相同或者相似的交易和事项采用相同的核算方法，有利于使用者对会计信息的理解和使用。

当然，满足会计信息质量可比性要求，并不表明不允许企业变更会计政策和方法。企业按照规定或者会计政策和方法变更后可以提供更可靠、更相关的会计信息时，就有必要变更其所采用的会计政策和方法，以向使用者提供更为有用的会计信息，但是有关会计政策和方法变更情况，应当在财务报表的附注中予以说明。

2）为了便于使用者评价不同企业的财务状况好坏、经营成果的水平高低及其变动情况，从而有助于使用者做出科学合理的决策，会计信息质量的可比性还要求不同企业发生的相同或相似的交易和事项，应当采用规定的会计政策和方法，确保会计信息口径一致、相互可比。也就是说，对于相同或者相似的交易和事项，不同企业应当采用一致的会计政策和方法，以使不同企业按照一致的确认、计量和报告基础提供有关会计信息。

可见，会计信息质量的可比性要求，既强调同一企业不同会计期间会计信息的可比，即纵向可比，还强调不同企业之间同一性质的会计信息的可比，即横向可比。

2.2.5　实质重于形式

实质重于形式要求企业应当按照交易或者事项的经济实质进行会计确认、计量和报告，不应仅仅以交易或者事项的法律形式为依据进行会计核算。如果企业仅仅以交易或事项的法律形式为依据进行会计确认、计量和报告，那么就容易导致会计信息失真，无法如实反映经济现实。

在实务中，交易或事项的法律形式并不总能完全真实地反映其实质内容，在某些情况下，交易或事项的实质可能与其外在法律形式所反映的内容不尽相同。所以，会计信息要想反映其所应反映的交易或事项，就必须根据交易或事项的实质和经济现实来进行判断，而不能仅仅根据它们的法律形式。例如，以融资租赁方式租入的资产，虽然从法律形式来讲企业并不拥有其所有权，但是由于租赁合同中规定的租赁期相当长，接近于该资产的使用寿命；租赁期结束时承租企业有优先购买该资产的选择权；在租赁期内承租企业有权支配资产并从中受益，所以，以其经济实质来看，企业能够控制其创造的未来经济利益，所以，会计核算上将以融资租赁方式租入的资产视为企业的资产。

2.2.6　重要性

重要性要求企业提供的会计信息应当反映与企业财务状况、经营成果和现金流量有关的所有重要交易或者事项。

重要性原则要求每个企业应确定自己的重要事项，对于那些对企业经济活动或会计信息使用者相对重要的会计事项，应分别核算、分项反映，力求准确，并在会计报表中作重点提示；对那些次要的会计事项，在不影响会计信息真实性和相关性原则的条件下，可适当简化会计核算，采取较经济或简单明了的会计处理方法，不必严格遵循有关会计原则。划分会计事项重要与否无统一明确的标准，依赖于会计人员的专业判断，企业应当根据其所处环境和实际情况，从项目的数额和性质上加以综合考虑。从数额上，不同规模的企业可按设置的金额限度为区分重要与否的标准；从性质上，主要看某一事项是否影响企业本身的生产经营，是否对会计信息使用者的决策产生影响。若企业会计信息的省略或者错报会影响报表使用者据此做出经济决策的，该信息就具有重要性。

会计核算上将全面性和重要性相结合，才能使会计核算在全面的基础上保证重点，有助于加强对经济活动和经营决策有重大影响、有重要意义的关键性问题的核算，简化核算，节约人力、财力和物力，提高工作效率。

2.2.7　谨慎性

谨慎性要求企业对交易或事项进行会计确认、计量和报告时应当保持应有的谨慎，不应高估资产或者收益，低估负债或者费用。

在市场经济环境下，企业的生产经营活动面临着许多风险和不确定性，例如，应收款项的可收回性、固定资产的使用寿命、无形资产的使用寿命、出售的存货可能发生退货或者返修等。会计信息质量的谨慎性要求，需要企业在面临不确定性因素的情况下做出职业判断时，应保持一定的风险意识和应有的谨慎，充分估计到各种风险和损失，既不能高估资产或者收益，也不能低估负债或者费用。

但是需要指出的是，谨慎性要求的应用并不允许企业设置秘密准备，如果企业故意低估资产或收益，或者故意高估负债或费用，这将不符合会计信息的可靠性和相关性要求，损害会计信息质量，扭曲企业实际的财务状况和经营成果，从而对使用者的决策产生误导，这有悖于企业会计准则的要求，是不允许的。

2.2.8　及时性

及时性要求企业对已发生的交易或者事项，应当及时进行会计确认、计量和报告，不得提前或者延后。

会计信息的价值在于帮助使用者做出经济决策，因此具有实效性。即使是可靠、相关的会计信息，如果不及时提供，也就失去了实效性，对于使用者的效用将会大大降低，甚至不再具有任何价值。在会计确认、计量和报告过程中贯彻及时性，一是要求及时收集会计信息，即在经济交易或者事项发生后，及时收集整理各种原始单据或者凭证；二是要求及时处理会计信息，即按照会计准则的规定，及时对经济交易或者事项进行确认或者计量，并编制出财务报告；三是要求及时传递会计信息，即按照国家规定的有关时限，及时地将编制的财务报告传递给财务报告使用者，便于其及时使用和决策。

小提示　会计信息的价值在于帮助使用者做出经济决策，如果会计人员没有按照会计信息质量要求核算经济业务，无法为会计信息使用者提供正确的数据，将导致会计信息使用者做出错误的判断。

小测验　我国中期财务报告会计准则规定，对于理解中期财务状况、经营成果和现金流量有关的重要交易或事项，也应当在附注中做相应披露，这一要求体现的会计信息质量要求是（　　　）。
A．相关性　B．谨慎性　C．实质重于形式　D．重要性

小　结

会计假设是会计确认、计量和报告的前提，因此，也称为会计基本前提。我国《企业会计准则——基本准则》规定，会计假设包括会计主体、持续经营、会计分期和货币计量。会计主体确定了会计核算的空间范围；持续经营使会计核算建立在非清算基础上，解决了资产计价、负债清偿和收益确认的问题；会计分期确定了会计核算的时间范围；货币计量是以货币为计量单位，综合地反映企业的财务状况和经营成果。

会计信息质量要求是对企业财务报告中所提供会计信息质量的基本要求，是使财务报告中所提供会计信息对使用者决策有用所应具备的基本特征。我国《企业会计准则——

基本准则》规定，会计信息的质量要求包括可靠性、相关性、可理解性、可比性、实质重于形式、重要性、谨慎性和及时性八个方面。

思　考　题

1. 会计假设有哪些内容？
2. 对会计信息质量有哪些要求？
3. 会计信息质量的可靠性和相关性是否存在矛盾？为什么？
4. 可比性要求包括哪些方面的可比？
5. 何谓重要性？如何判断重要性？

案例导入分析

欣泰电气将包含虚假财务数据的 IPO 申请文件报送中国证监会并获得中国证监会核准的行为，严重侵害了中小投资者的权益。该公司从撒下第一个谎成功骗取上市开始，就一直不断地撒谎、圆谎，如今谎言被拆穿，该公司成为我国创业板退市的第一股，投资者巨亏，公司也面临破产，结局令人唏嘘不已。会计造假是一把双刃剑，既可以使其获得暂时的成功，也可以使其永久身败名裂。欣泰电气可谓"成也会计，败也会计"。

会计造假只能侥幸一时，不能蒙骗一世。依靠会计造假发展企业无异于饮鸩止渴。这是会计造假者应该谨记的。

实　训　题

【实训目标】

使学生结合实际，加深对会计假设和会计信息质量要求的感性认识与理解。

【实训资料与要求】

张华是某公司的会计，在实际工作中他对于会计基本理论的理解存在以下想法，试分析说明他的理解是否正确，为什么？

1）所谓持续经营就是企业永远经营下去，即使连年亏损也不必考虑破产问题。

2）会计主体就是法律主体，会计主体假设只与法律事务有关，对于会计记账无指导意义。

3）记账本位币就是中国的所有企业只能用人民币记账核算。

4）谨慎性要求就是在会计确认、计量过程中，可以高估负债和费用，低估资产和收益。

5）可比性就是要求同一企业对于不同时期发生的相同或相似的交易和事项，应当采用一致的会计政策和方法，不得随意改变。

第3章 会计对象、会计要素与会计等式
CHAPTER 3

学习目标

- 掌握会计要素的概念及应用。
- 牢固掌握会计恒等式及等式中各要素间的关系。

关键概念

资产 负债 所有者权益 收入 费用 利润 会计等式

案例导入

2015 年 5 月，王琳与李涛各自出资 10 万元，合伙在本市的一个繁华路段租用 100 平方米的门面房，开了一家经营日用百货的小超市。为方便经营，他们在中国工商银行开设了一个账户，存入 18 000 元。门面房的房租每月 2 000 元，当月用银行存款支付未来 1 年的租金共 24 000 元。同时，他们购置了一批经营所需的货架等家具设备，货款共计 80 000 元，已用银行存款支付；购进了一批日用百货，进价共计 100 000 元，通过转账支付 60 000 元，其余 40 000 元约定于下月支付。他们招聘了 5 位工作人员从事小超市的日常经营与管理工作。小超市于当月开张。月末汇总结果表明，本月销售货物收到货款共计 45 000 元，销售货物的进价为 25 000 元；另外，本月需支付 5 位工作人员的工资共计 4 000 元，水电费 1 000 元，其他各种杂项开支 600 元。销售货物的价款收存后都按照规定于当天交存银行，所需支付工资、水电费及其他各项开支都直接用现金支付。

思考：

1）本案例中都涉及哪些可以单独辨认的要素项目？其性质如何？能否对其进行归类？如能，又可以归为哪几类？

2）上述各要素项目之间存在什么关系？请表示出来。

3.1 会 计 对 象

3.1.1 企业会计的对象

由于不同类型的单位，在社会再生产过程中所担负的任务不同，经济活动的内容不

同，因此，它们的资金运动的具体形式和内容也不一样，即具体对象不同。

> **小提示**　　并非所有的经济运动都是会计对象，凡是以货币表现的经济运动才是会计对象。

工业企业是从事工业产品生产和销售的营利性经济组织。为了从事产品的生产与销售活动，企业必须拥有一定数量的资金，用于建造厂房、购买机器设备、购买材料、支付工资、支付经营管理中必要的开支等，生产出的产品经过销售后，收回的货款还要补偿生产中的垫付资金、偿还有关债务、上缴有关税金等。由此可见，工业企业的资金运动包括资金的投入、资金的循环与周转（包括供应过程、生产过程、销售过程三个阶段）以及资金的退出三部分，既有一定时期内的显著运动状态（表现为收入、费用、利润等），又有一定日期的相对静止状态（表现为资产、负债及所有者权益的恒等关系）。

1.　企业资金运动的相对静止状态

在工业企业中，资金的相对静止状态是指某一瞬间（通常以某一天如月末、季末或年末代表）企业可以支配的各项经营资金的分布状况、存在形态及筹措的具体渠道。

为了维持生产经营活动，企业必须拥有一定量的经济资源（即资产），它们分布在企业生产经营过程的不同阶段（供应、生产、销售等阶段）和不同方面（表现为厂房、机器设备、原材料、在产品、库存商品即货币资金等），我们称之为资金占用。另一方面，这些经济资源的取得需要通过一定的途径，包括来自投资者投入的资金或债权人提供的借款等，我们称之为资金的来源。从任一时点上看，资金运动总处于相对静止的状态，即企业的资金在任一时点上表现为资金占用和资金来源两方面，这两个方面既相互联系，又相互制约。

资金运动处于相对静止状态的两个方面虽然只代表特定日期的情况，但对于了解资金运动的全貌和各种不同性质与作用的资金以及它们的不同来源与用途，分析企业财务状况的好坏，却具有特殊的意义。

2.　企业资金运动的显著变化状态

在工业企业中，经营资金运动的显著变化状态是指一定时期内由于经济活动的发生所引起的资金形态的变化和资金数量的增减变动。具体地说，有三种表现形态：资金进入企业、资金周转及增值、资金退出企业。

1）资金进入企业。资金进入企业是指企业通过吸收投资、发行股票，或向银行借款、发行债券等筹措方式得到的资金。

2）资金周转及增值。工业企业的生产过程由供应、生产和销售三个主要环节组成。

企业拥有的资金，按照供应、生产和销售三个环节周而复始地周转、循环，并在不停的运动中增值。供应环节是指企业以货币资金购买原材料等劳动对象，为生产做准备的过程。在这个环节中，随着采购活动的进行，货币资金转化为以原材料形态存在的生产储备资金；生产环节既是产品的制造过程，也是资产的耗费过程，是企业劳动者运用劳动资料对劳动对象进行加工生产，制造出商品产品的过程。在生产过程中，除了耗用原材料费用外，还会发生劳动资料的磨损费用（即固定资产的折旧费用）及以现金支付的人工费用等，从而使企业的生产储备资金、以固定资产形态存在的固定资金及货币资金，转化为以在产品形态存在的生产资金。在生产过程结束时，即商品产品制成入库时，在产品已制成产成品，生产资金又转化为以产成品形态存在的成品资金；销售环节，是企业销售产品、取得销售收入的过程，即产品价值的实现过程。在这一过程中，一方面企业产成品被出售；另一方面，企业取得产品销售收入，收到货币资金。可见，通过销售过程，成品资金又转化为货币资金。

企业资金依次通过供、产、销三个环节，从货币资金开始，依次经过生产储备资金、生产资金、成品资金的转换，最后又回到货币资金上来，从而完成了资金的一次周转。资金周而复始的周转，称为资金的循环。企业资金周转的过程，也是企业各种费用的发生过程（如材料采购费用、生产费用、管理费用、销售费用等），并在第三个环节中取得收入。收入与费用比较，如果收入大于费用，企业就获得了盈利，企业资金总量增加；反之，如果企业经营不当，收入小于费用，则发生亏损（即负利润），亏损会使资金总量减少。盈利越多，企业经济效益越好，反之越差。

工业企业供、产、销环节及经营资金循环过程如图 3-1 所示。

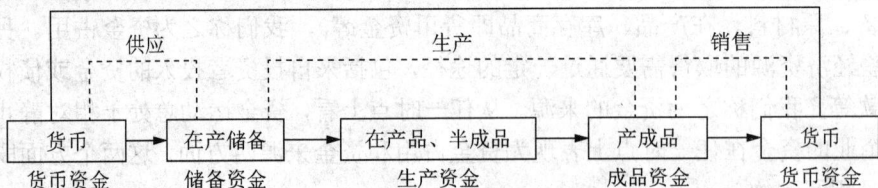

图 3-1　供、产、销环节及经营资金循环过程示意图

3）资金退出企业。资金退出企业是指由于偿还各种债务，企业部分资金将不再参加周转而流出企业。例如，企业用银行存款等资产归还银行借款、偿还各种应付款、缴纳各种税金和分派利润或现金股利等。

前已述及，企业会计的对象是企业的经营资金运动，且有静态和动态两种表现形式，但要把握会计的具体对象仍然比较抽象。资产、负债、所有者权益、收入、费用和利润这六个基本概念从不同角度反映了企业的资金运动。因此，我们把这六个概念作为会计对象具体内容的最基本的分类，是会计对象基本的、主要的组成部分，并称为会计要素。

3.1.2　行政、事业单位会计的研究对象

行政、事业单位不是商品的生产和经营者，但它们也需要资金的帮助才能执行国家或社会所赋予的职能。因此，交付这些单位使用的资金，耗费后一般不要求收回，这部分资金通常列入国家预算的支出部分。与经营资金不同，考核这些资金的运用效益，不是着眼于它能否促进各单位经济的发展，而是着眼于能否以较少的支出办更多的事情，

并把国家或社会赋予它们的任务完成好，这部分资金称为"预算资金"。因此，机关、事业单位的会计对象为预算资金的运动。

小测验　　1. 企业经营过程的全部内容都是会计核算的对象。（　　）

2. 下列经济业务中，属于资金退出的有（　　）。

A. 购买材料　　B. 缴纳税金　　C. 分配利润　　D. 偿还银行借款

3.2　会计要素与会计等式

3.2.1　会计要素

会计要素是指对会计对象具体内容按其经济特征所做的基本分类，它是会计对象具体的、基本的构成要素。在不同的会计主体中，会计内容的表现形式不同，即使在同一会计主体中，由于经济活动的多样性，会计内容表现形式也多种多样。我们在此所讲的会计主体是针对企业而言的，为了具体实施会计核算，进行会计监督，有必要对企业会计内容进行适当分类。我国《企业会计准则》将企业会计要素划分为资产、负债、所有者权益、收入、费用和利润六项。这六要素分为如下两大类。

1. 反映财务状况的会计要素

（1）资产

资产是指企业过去的交易或事项形成的、由企业拥有或者控制的、预期会给企业带来经济利益的资源。符合《企业会计准则》定义的资源，在同时满足以下条件时，确认为资产：①与该资源有关的经济利益很可能流入企业；②该资源的成本或者价值能够可靠地计量。

资产具有下列特征：①资产能够直接或间接地给企业带来经济利益；②资产为企业拥有或控制；③资产是由过去的交易或事项形成的。

资产按照其流动性可分为流动资产和非流动资产两大类。

1）流动资产。流动资产是指可以在一年或者超过一年的一个营业周期内变现或耗用的资产。有些企业，如造船、大型机械制造，从购料到销售商品直到收回货款，周期往往超过一年，这样，企业不是把一年内变现作为划分流动资产的标志，而是将经营周期作为划分流动资产的标志。流动资产按其变现能力分为现金、银行存款、其他货币资金、交易性金融资产、应收款项、预付款项及存货等。

2）非流动资产。非流动资产是流动资产以外的资产。非流动资产包括长期股权投资、固定资产、在建工程、工程物资、固定资产清理、无形资产、开发支出、长期待摊费用及其他非流动资产等。

（2）负债

负债是指企业过去的交易或事项形成的、预期会导致经济利益流出企业的现时义务。符合《企业会计准则》规定的负债定义的义务，在同时满足以下条件时，确认为负债：①与该义务有关的经济利益很可能流出企业；②未来流出的经济利益的金额能够可靠地计量。

负债具有下列特征：①负债的清偿预期会导致经济利益流出企业；②负债是由过去的交易或事项形成的。

如果把资产理解为企业的权利，那么负债就可以理解为企业所承担的义务。负债按照偿还期限的长短，可分为流动负债和非流动负债。

1）流动负债。流动负债是指预计在一个正常营业周期中清偿，或者主要为交易目的而持有，或者自资产负债之日起一年内（含一年）到期应予以清偿，或者企业无权自主地将清偿推迟至资产负债表之日后一年以上的负债。流动负债主要包括短期借款、应付票据、应付账款、预收账款、应付职工薪酬、应交税费、应付股利、应付利息及其他应付款等。

2）非流动负债。非流动负债主要包括长期借款、应付债券等。

（3）所有者权益

所有者权益是指企业资产扣除负债后所有者享有的剩余权益。公司的所有者权益又称为股东权益。

对于任何企业而言，其资产形成的资金来源不外乎两个：一是债权人；二是所有者。债权人对企业资产的要求权形成企业负债，所有者对企业资产的要求权形成企业的所有者权益。所有者权益的来源包括所有者投入的资本、直接计入所有者权益的利得和损失、留存收益等。

所有者权益具有以下特征：

1）除非发生减资、清算或分派现金股利，企业不需要偿还所有者权益。

2）企业清算时，只有在清偿所有的负债后，所有者权益才能返还。

3）所有者凭借所有者权益可以参与企业利润的分配。

所有者权益包括实收资本（股本）、资本公积、盈余公积和未分配利润。盈余公积和未分配利润又合称为留存收益。

2. 反映经营成果的会计要素

（1）收入

收入是指企业在日常活动中形成的、会导致所有者权益增加的、与所有者投入资本无关的经济利益的总流入。

收入不包括为第三方或者客户代收的款项。收入按日常经营活动在企业所处的地位，可分为主营业务收入和其他业务收入。

主营业务收入是企业为完成其经营目标而从事的日常经营活动中的主要活动收入，如工业企业销售产品取得的收入。

其他业务收入是主营业务以外的其他日常经营活动所取得的收入，如工业企业销售材料，提供运输，出租固定资产、包装物，技术转让费等所取得的收入等。

企业日常生产经营活动所取得的收入抵偿了为取得收入所发生的消耗即为盈利，具体表现为企业净资产的增加。

（2）费用

费用是指企业在日常活动中发生的、会导致所有者权益减少的、与向所有者分配利润无关的经济利益的总流出。

费用只有在经济利益很可能流出从而导致企业资产减少或者负债增加、且经济利益的流出额能够可靠计量时才能予以确认。

企业为生产产品、提供劳务等发生的可归属于产品成本、劳务成本等的费用，应当在确认产品销售收入、劳务收入时，将已销售产品、已提供劳务的成本等计入当期损益。

企业发生的支出不产生经济利益的，或者即使能够产生经济利益但不符合或者不再符合资产确认条件的，应当在发生时确认为费用，计入当期损益。

企业发生的交易或者事项导致其承担了一项负债而又不确认为一项资产的，应当在发生时确认为费用，计入当期损益。

（3）利润

利润是指企业在一定会计期间的经营成果，利润包括收入减去费用后的净额、直接计入当期利润的利得和损失等。

直接计入当期利润的利得和损失，是指应当计入当期损益、会导致所有者权益增减变动的、与所有者投入资本或者向所有者分配利润无关的利得或损失。利润金额取决于收入和费用、直接计入当期利润的利得和损失等金额的大小。

> **小提示**　资产、负债和所有者权益反映的是企业某一时点的财务状况，收入、费用和利润反映企业某一时段的经营成果。

3.2.2　会计等式

不同的会计要素有不同的特点，不能混淆，但会计要素之间又有内在的联系，这种联系表现为密切的数量依存关系。

1. 资产、负债、所有者权益之间的恒等关系

企业要进行生产经营活动，必然要拥有或控制一定的资产，企业拥有的资产是从一定的来源取得的，其来源渠道有两个：一是企业投资者投入资本，形成所有者权益；二是向债权人借入资金，形成负债。这表明，企业资金如何取得又如何使用是同一资金的两个不同侧面，因此，在金额上是完全相等的，这种对等关系在企业进行生产经营之前，又反映了企业某一特定日期的财务状况。因为所有者和债权人对企业资产的要求权在会计上统称为权益，所以这种数量关系可用公式表示为

$$资产＝权益$$

债权人权益和所有者权益虽然都是企业资产的要求权，但两者又有着本质的差别。

企业对债权人和所有者分别承担着不同的经济责任，在会计上有必要对债权人权益和所有者权益分别进行核算。因此，这种数量关系可以进一步用公式表示为

$$资产＝负债＋所有者权益$$

上述公式反映了企业在某一特定日期的财务状况，也说明了企业资源的规模以及资产的结构和资本的构成。这一等式在会计学中具有重要地位，是设置账户、复式记账、设定和编制资产负债表的理论依据。这一等式称为会计恒等式，也称为会计的静态等式。

2. 收入、费用、利润之间的恒等关系

企业拥有和控制的资源被投入到生产经营活动中，预期会给企业带来经济利益，即收入。同时，在日常的生产经营过程中又必然会发生经济利益的流出，即费用。企业在一定会计期间收入与费用的差额即为企业在一定会计期间的经营成果，具体表现为利润或亏损。收入、费用和利润之间客观上存在如下数量关系：

$$收入－费用＝利润$$

这一数量关系式反映了企业在一定会计期间的经营成果，在会计学中同样处于重要地位，它是确定利润、设定损益类账户、编制利润表的理论依据。这一等式称为会计的动态等式。

3. 与会计等式有关的经济业务

由于"资产＝负债＋所有者权益"和"收入－费用＝利润"两个会计基本等式反映了会计内容，即经济业务事项之间的内在经济联系和客观上的数量恒等关系，所以任何一项经济业务事项的发生，尽管会引起各会计要素数量变动，但不会影响会计要素之间的内在经济联系和数量上的平衡关系。对于一个企业而言，当期发生的经济业务是多种多样的，但归纳起来，不外乎以下九种类型：

① 经济业务发生仅涉及资产这一会计要素，只引起该要素中的某些对应项目发生增减变动。

② 经济业务发生仅涉及负债这一会计要素，只引起该要素中的某些对应项目发生增减变动。

③ 经济业务发生仅涉及所有者权益这一会计要素，只引起所有者权益中的某些对应项目发生增减变动。

④ 经济业务发生同时涉及资产、负债这两个会计要素，引起资产、负债要素中的对应项目发生同增变动。

⑤ 经济业务发生同时涉及资产、负债这两个会计要素，引起资产、负债要素中的对应项目发生同减变动。

⑥ 经济业务发生同时涉及资产、所有者权益这两个会计要素，引起资产、所有者权益要素中对应项目发生同增变动。

⑦ 经济业务发生同时涉及资产、所有者权益这两个会计要素，引起资产、所有者权益要素中对应项目发生同减变动。

⑧ 经济业务发生同时涉及负债、所有者权益这两个会计要素，引起负债增加、所有者权益减少。

⑨ 经济业务发生同时涉及负债、所有者权益这两个会计要素，引起负债减少、所有者权益增加。

上述九类经济业务可在会计恒等式上作如下表述（"＋"表示增加，"－"表示减少）：

经济业务	资产	＝	负债	＋	所有者权益
①	＋－				
②			＋－		
③					＋－
④	＋		＋		
⑤	－		－		
⑥	＋				＋
⑦	－				－
⑧			＋		－
⑨			－		＋

应该指出，上述九类经济业务是在业务发生仅涉及两个会计要素或涉及一个会计要素的某些具体项目的前提下抽象出来的，是企业发生的主营业务。

上述九类经济业务的发生都会引起企业资金的变动，这些资金变动具体表现在会计要素的变动上。会计恒等式在表现经济业务时，等式两边的金额是永远恒等的，无论何种经济业务发生，都不会打破这种恒等关系。

下面通过几个简例在会计恒等式上的反映来加以证明。

4. 应用实例

假定甲企业期初资产总额 208 000 元，负债 88 000 元，所有者权益 120 000 元，该期间企业发生如下经济业务：

【例 3-1】将 500 元现金存入银行。

这笔经济业务引起资产要素中库存现金和银行存款两个具体项目发生增减变动，银行存款增加 500 元，库存现金减少 500 元，对会计等式的影响如下：

资产	＝	负债	＋	所有者权益
208 000	＝	88 000	＋	120 000
＋500				
－500				
208 000	＝	88 000	＋	120 000

【例 3-2】向银行借款 10 000 元偿付以前所欠供货单位账款。

这笔经济业务引起负债要素中的银行借款及应付账款两个具体项目发生增减变动，银行借款增加 10 000 元，应付账款减少 10 000 元，对会计等式的影响如下：

$$
\begin{array}{ccccc}
\text{资产} & = & \text{负债} & + & \text{所有者权益} \\
208\,000 & = & 88\,000 & + & 120\,000 \\
 & & +10\,000 & & \\
 & & -10\,000 & & \\
\hline
208\,000 & = & 88\,000 & + & 120\,000
\end{array}
$$

【例3-3】将80 000元的盈余公积转增资本，有关手续已经办妥。

这笔经济业务引起所有者权益要素中实收资本及盈余公积两个具体项目发生增减变动，实收资本增加80 000元，盈余公积减少80 000元，对会计等式的影响如下：

$$
\begin{array}{ccccc}
\text{资产} & = & \text{负债} & + & \text{所有者权益} \\
208\,000 & = & 88\,000 & + & 120\,000 \\
 & & & & +80\,000 \\
 & & & & -80\,000 \\
\hline
208\,000 & = & 88\,000 & + & 120\,000
\end{array}
$$

【例3-4】购买原材料4 000元，验收入库，款项未付。

这笔经济业务同时引起资产要素中的原材料及负债要素中的应付账款发生同增变动，原材料增加4 000元，应付账款增加4 000元，对会计等式的影响如下：

$$
\begin{array}{ccccc}
\text{资产} & = & \text{负债} & + & \text{所有者权益} \\
208\,000 & = & 88\,000 & + & 120\,000 \\
+4\,000 & & +4\,000 & & \\
\hline
212\,000 & = & 92\,000 & + & 120\,000
\end{array}
$$

【例3-5】用银行存款3 000元偿付部分所欠账款。

这笔经济业务同时引起资产要素中银行存款和负债要素中应付账款发生同减变动，银行存款减少3 000元，应付账款减少3 000元，对会计等式的影响如下：

$$
\begin{array}{ccccc}
\text{资产} & = & \text{负债} & + & \text{所有者权益} \\
212\,000 & = & 92\,000 & + & 120\,000 \\
-3\,000 & & -3\,000 & & \\
\hline
209\,000 & = & 89\,000 & + & 120\,000
\end{array}
$$

【例3-6】接受一台捐赠的机器设备，其价值确认为50 000元。

这笔经济业务同时引起资产要素中的固定资产和所有者权益要素中的资本公积发生同增变动，固定资产增加50 000元，营业外收入增加50 000元，对会计等式的影响如下：

$$
\begin{array}{ccccc}
\text{资产} & = & \text{负债} & + & \text{所有者权益} \\
209\,000 & = & 89\,000 & + & 120\,000 \\
+50\,000 & & & & +50\,000 \\
\hline
259\,000 & = & 89\,000 & + & 170\,000
\end{array}
$$

【例3-7】企业依法以银行存款退回W公司原投资额9 000元。

企业退回原股东投资，将会减少所有者权益。因此，这笔经济业务引起资产要素中的银行存款减少 9 000 元，所有者权益（实收资本）减少 9 000 元，对会计等式的影响如下：

资产	=	负债	+	所有者权益
259 000	=	89 000	+	170 000
−9 000				−9 000
250 000	=	89 000	+	161 000

【例 3-8】 经企业研究决定，准备向投资者分配利润 10 000 元。

这笔经济业务引起所有者权益要素中的利润分配和负债要素中的应付利润发生增减变动，利润减少 10 000 元，应付利润增加 10 000 元，对会计等式的影响如下：

资产	=	负债	+	所有者权益
250 000	=	89 000	+	161 000
		+10 000		−10 000
250 000	=	99 000	+	151 000

【例 3-9】 将一笔 40 000 元的长期借款转为对企业的投资。

这笔经济业务引起负债要素中的长期借款和所有者权益要素中的实收资本发生增减变动，长期借款减少 40 000 元，实收资本增加 40 000 元，对会计等式的影响如下：

资产	=	负债	+	所有者权益
250 000	=	99 000	+	151 000
		−40 000		+40 000
250 000	=	59 000	+	191 000

在企业发生如上九笔经济业务后，其资产由期初 208 000 元增加到期末的 250 000 元；在权益构成上负债由 88 000 元降低到 59 000 元，所有者权益由 120 000 元增加到 191 000 元。

通过分析以上经济业务可以发现，影响会计等式的经济业务有两大类：一类是经济业务被表现在会计等式上不会对最终的平衡金额产生任何影响，如例 3-1～例 3-3、例 3-8、例 3-9；另一类是经济业务被表现在会计等式上使最终的平衡金额发生增减变动，如例 3-4～例 3-7，但无论哪一类经济业务都不会破坏会计等式自身的平衡关系，会计等式是永远恒等的。

上述九种经济业务又可归纳为以下四种基本类型，也代表了企业经营资金运动的四种基本形式。

一是资产与权益的同时增加，表明企业筹措到了经营资金，其结果是资产与权益以相等的数额增加，不会影响它们之间的平衡关系，如例 3-4 和例 3-6。

二是资产与权益的同时减少，表明经营资金退出了企业，其结果是资产与权益以相等的数额减少，不会影响资产与负债、所有者权益总额的平衡关系，如例 3-5 和例 3-7。

三是资产的具体存在形态的变动，一种资产转化为另一种资产，其结果是，一种资产增加，另一种资产减少，增减的数额相等，资产总额不变，资产总额与权益总额仍然保持相等关系，如例3-1。

四是经营资金筹措渠道或方式的变化，一种来源减少，另一种来源增加，增加减少的数额相等，负债和所有者权益总额不变，不影响资产总额与负债和所有者权益总额的平衡关系，如例3-2、例3-3、例3-8、例3-9。

这四种类型又可在会计恒等式上作如下表述（"＋"表示增加，"－"表示减少）：

$$
\begin{array}{lcl}
& 资产 & = & 权益 \\
① & + & & + \\
② & - & & - \\
③ & +- & & \\
④ & & & +- \\
\end{array}
$$

综上所述，每一项经济业务的发生都不会破坏资产总额与负债和所有者权益总额的平衡关系，也就是说资产总额与负债及所有者权益总额是恒等的。这一原理是设置账户、复式记账、试算平衡及编制资产负债表的重要理论依据，也就是说，我们记账、编制会计报表都不能破坏这个平衡关系。

小测验　企业实际向投资者分派现金股利，会计等式如何变化？

小　结

企业会计的对象就是企业的经营资金运动，其静态表现为企业某一特定日期的资产、负债、所有者权益三个方面以及它们之间的相互关系；其动态表现为企业一定期间的收入、费用和利润三个方面以及它们间的相互关系。

会计要素是指对会计对象具体内容按其经济特征所做的基本分类，它是会计对象具体的、基本的构成要素。我国《企业会计准则》将企业会计要素划分为资产、负债、所有者权益、收入、费用和利润六项。

资产是指企业过去的交易或者事项形成的、由企业拥有或者控制的、预期会给企业带来经济利益的资源。资产按照其流动性可分为流动资产和非流动资产两大类。流动资产是指可以在一年或者超过一年的一个营业周期内变现或耗用的资产。非流动资产是指不准备在一年内变现或使用时间超过一年的资产，又称长期资产。

负债是指企业过去的交易或者事项形成的、预期会导致经济利益流出企业的现时义务。负债按照偿还期限的长短，可分为流动负债和长期负债。流动负债是指将在一年（含一年）或超过一年的一个营业周期内偿还的债务，主要包括短期借款、应付及预收款项、预提费用等。长期负债是指偿还期在1年或者超过1年的一个营业周期以上的负债，包括长期借款、长期债券、长期应付款等。

所有者权益是指企业资产扣除负债后所有者享有的剩余权益。公司的所有者权益又称为股东权益。

收入是指企业在日常活动中形成的、会导致所有者权益增加的、与所有者投入资本无关的经济利益的总流入。

费用是指企业在日常活动中发生的、会导致所有者权益减少的、与向所有者分配利润无关的经济利益的总流出。

利润是指企业在一定会计期间的经营成果，利润包括收入减去费用后的净额、直接计入当期利润的利得和损失等。

用数学方程表示的会计要素之间的等量关系，称为会计方程式，在会计上称为会计恒等式，即

$$资产＝权益$$
$$资产＝负债＋所有者权益$$
$$资产＝负债＋所有者权益＋（收入－费用）$$

由于"资产＝负债＋所有者权益"和"收入－费用＝利润"两个会计基本等式反映了会计内容，即经济业务事项之间的内在经济联系和客观上的数量恒等关系，所以以任何一项经济业务事项的发生，尽管会引起各会计要素数量变动，但不会影响会计要素之间的内在经济联系和数量上的平衡关系。

思 考 题

1. 会计核算的具体对象是什么？请详细描述。
2. 试述会计恒等式的含义及由来。举例说明经济业务的发生对资产、负债及所有者权益之间恒等关系的影响。

案例导入分析

1）可以单独辨认的要素项目包括业主投资、银行存款、现金、预付房租、家具设备、库存商品、应付账款、营业收入、营业成本、工资费用、租赁费、水电费等。从性质上看，业主投资属于所有者权益或业主权益，银行存款、现金、预付房租、家具设备和库存商品属于能带来未来经济利益的经济资源（财产和权利），应付账款属于小超市的债务，营业收入属于小超市当期的收入，营业成本、工资费用、租赁费（预付房租的摊销）、水电费和其他杂项开支属于当期的费用，当期收入与费用的差额是当期实现的利润，是归属于业主的经济利益，也属于所有者权益。上述项目中，银行存款、现金、预付房租、家具设备和库存商品是资产，应付账款是负债，业主投资和当期实现的尚未分配给合伙人的利润是所有者权益，营业收入是收入，营业成本、工资费用、租赁费、水电费和杂项开支是费用，收入与费用的差额是利润，也就是说，上述项目可归为资产、负债、所有者权益、收入、费用和利润六大类。

2）上述各要素项目之间的关系因时点不同具有如下几种表现形式：

期初或期末：资产＝负债＋所有者权益

期中：资产＋费用＝负债＋所有者权益＋收入

或：　　　　资产＝负债＋所有者权益＋收入－费用

或：　　　　资产＝负债＋所有者权益＋利润

其中：利润＝收入－费用

实 训 题

实训 1

【实训目标】

使学生结合实际，加深对会计要素的认识与理解。

【实训资料】

中原机械厂 2016 年 11 月 1 日的资产、负债及所有者权益资料如表 3-1 所示。

该企业 11 月份发生下列各项经济业务：

① 其他企业投资转入新机器设备 10 台，价值 100 000 元。

② 从银行取得偿还期为半年的短期银行借款 300 000 元。

③ 购进钢材一批，货款计 420 000 元，材料已验收入库，货款已用银行存款支付。

④ 生产车间生产产品领用钢材 170 000 元。

⑤ 从银行提取现金 1 000 元备用。

⑥ 收到市农用机电公司前欠的货款 400 000 元存入银行。

⑦ 以银行存款归还前欠购货款 200 000 元。

⑧ 以银行存款偿还短期银行借款 250 000 元。

⑨ 购进一批润滑油，货款 700 元，用现金支付。

⑩ 缴纳上月应交税金 20 000 元。

【实训要求】

1）据 11 月份发生的经济业务，分别写明它们各涉及哪些资产、负债、所有者权益项目，其增加或减少金额各是多少。

2）根据要求 1）的结果，参照例 3-1～例 3-9 的方法，填列表 3-1，并计算各要素的期末余额。

表 3-1　资产负债表

题号	资产	负债	所有者权益
2016 年 10 月 31 日期末余额	5 000 000	2 000 000	3 000 000
①			
②			
③			
⋮			
⑩			
11 月 30 日期末余额			

3）试算资产总额与负债和所有者权益总额是否相等。

实训 2

【实训目标】

使学生结合实际，加深对会计等式的认识与理解。

【实训资料】

东方公司 2017 年 1 月 1 日成立。成立时收到国家以厂房、机器设备等投入的资金 1 000 000 元，收到东平公司以原材料投资 600 000 元，收到宛北公司投入货币资金 400 000 元。同时从中国建设银行取得两年期借款 500 000 元。经过一年的经营，到 2016 年 12 月 31 日时，东方公司期末资产总额为 2 500 000 元（假设负债数额不变）。

【实训要求】

1）计算东方公司成立日的流动资产数额、长期资产数额及资产总额。

2）计算东方公司成立日的负债总额、所有者权益总额。

3）计算东方公司期末所有者权益总额。

4）计算东方公司本期实现的利润金额（假设未发生资本增减业务）。

第 4 章　账户与复式记账

CHAPTER 4

学习目标

- 掌握会计科目及账户的基本结构。
- 牢固掌握借贷记账法的记账原理及会计分录。
- 了解登账、结账及试算平衡。

关键概念

科目　账户　登账　结账　复式记账法　借贷记账法　试算平衡

案例导入

续第 3 章的案例导入，假定你受聘代为这家小超市记账，需要通过相关的账簿记录，总括、准确地反映这家小超市的资产、负债、业主权益、收入、费用、利润及其增减变动。这种记录的数据之间应存在一定的钩稽关系，具有自动发现由于疏忽或笔误等所造成的差错的功能。

思考： 你认为应该设置哪些账簿并采用什么方法记账，才能满足上述要求？为什么？

4.1　会计科目与账户

4.1.1　会计科目的设置

1. 会计科目的含义

会计科目是对会计对象的具体内容进行分类核算的项目。每个科目都应明确地规定其核算的特定经济内容。例如，库存现金、原材料、固定资产同属于企业的资产，但它们有着不同的经济内容，所以就需要分别设置"库存现金"、"原材料"和"固定资产"三个会计科目；又如，向银行借入的长期借款和企业发行的长期债券，虽然都是企业的负债，但它们有不同的经济内容，所以也需要分别设置"长期借款"和"应付债券"两个会计科目，等等。

通过设置会计科目，可以把各项会计要素的增减变化分门别类地记在账上，清楚地为各个会计主体的内部经营管理和外部有关方面提供一系列具体的、分类的数量指标。

2. 设置会计科目的原则

设置会计科目是正确组织会计核算的一个重要条件，为了使会计科目科学、合理、适用，设置会计科目一般应遵循下列原则：

1）全面反映会计内容。会计科目是在对会计内容进行基本分类的基础上所做的进一步分类，因此，企业所设会计科目应能全面反映和监督资产、负债、所有者权益、收入、费用和利润等会计内容；行政、事业单位所设会计科目应能全面反映和监督资产、负债、净资产、收入和支出等会计内容。此外，每个会计主体还应结合本单位的实际情况，设置能够反映本单位特点的会计科目。例如，工业企业是制造产品的生产性单位，就必须设置核算产品制造过程的会计科目；商业企业是组织商品流通的单位，则只需设置能够核算商品流通过程的会计科目。

2）符合经济管理要求。会计科目的设置既要符合国家宏观经济管理的要求，又要满足会计主体内部经营管理的需要。国家制定会计准则和统一的会计制度就是为了规范各会计主体的会计核算和按照统一要求提供会计信息，以满足国家宏观经济管理的要求。为此，一方面，无论是企业还是行政、事业单位必须按照国家统一会计制度的规定设置会计科目；另一方面，会计主体可以根据其内部管理的不同需要灵活掌握，自行增加、减少或合并某些会计科目。例如，企业可以根据材料品种、数量的多少和管理上的要求，设置一个会计科目反映多种材料，也可以设置多个会计科目进行反映。

3）内容明确、繁简适宜。会计科目的设置，内容上要清晰准确，级次上要讲求实用，繁简适宜。科目名称力求简明扼要、内容确切、含义清楚，不能相互混淆。一个科目原则上只能反映一个特定的内容，不重不漏，以保证核算指标的一致性，所设会计科目的级次，既要防止过于简单又要避免过于繁杂，能够满足需要即可。

🎓小提示　　科目设置要求：

1）企业会计制度统一规定编号，留有空号，供增设。

2）企业应按制度规定，设置和使用会计科目，在不影响会计核算要求及对外报送的前提下，可以根据实际情况增删科目。

3）明细科目，除《企业会计制度》有规定的，可自行开设。

4）会计科目，在不违背会计科目使用原则前提下，可自行选择使用。

3. 会计科目的分类

为了正确使用会计科目，应按一定的标准对会计科目进行分类。会计科目的分类方法通常有下列几种：

（1）按其核算的经济内容分类

每个会计科目核算的经济内容是不同的，会计科目按其反映的经济内容，可分为资产类、负债类、所有者权益类、收入类和费用五大类，每一大类会计科目可按一定的标准再分为各个小类。

1）资产类科目。按资产的流动性分为反映流动资产的科目和反映非流动资产的科目。反映流动资产的科目有"库存现金"、"原材料"、"库存商品"、"应收账款"等；反映非流动资产的科目有"长期股权投资"、"固定资产"、"无形资产"、"长期待摊费用"等。

2）负债类科目。按负债的偿还期限分为反映流动负债的科目和反映长期负债的科目。反映流动负债的科目有"短期借款"、"应付账款"、"应交税费"等；反映长期负债的科目有"长期借款"、"应付债券"、"长期应付款"等。

3）所有者权益类科目。按权益的形成和性质可分为反映资本的科目和反映留存收益的科目。反映资本的科目有"实收资本"和"资本公积"等；反映留存收益的科目有"盈余公积"、"本年利润"、"利润分配"等。

4）收益类科目。按收入的不同内容分为反映业务收入的科目和反映非业务收入的科目。反映业务收入的科目有"主营业务收入"、"其他业务收入"；反映非业务收入的科目有"营业外收入"、"投资收益"等。

5）费用与支出类科目。这类科目主要可以分为反映营业成本的科目、反映期间费用的科目和反映支出的科目。反映营业成本的科目有"主营业务成本""其他业务成本"等；反映期间费用的科目有"管理费用"、"财务费用"、"销售费用"等；反映支出的科目有"营业外支出"等。

（2）按其与会计报表要素的关系分类

会计科目按照会计报表要素的关系可分为资产类、负债类、共同类、所有者权益类、成本类、损益类六类。资产类、负债类和所有者权益类三类科目，分别与资产负债表中的这三类项目对应，所以它们可统称为资产负债表科目。

利润类科目与利润表中的项目对应，它们都是根据利润表的项目设置的，所以称作利润表科目。

成本类科目与成本报表中的有关项目对应，所以它们也称为成本表科目。

新《企业会计制度》规定的会计科目，是按会计报表要素进行分类的。企业主要会计科目如表4-1所示。

表4-1　企业会计科目

编号	名称	编号	名称
	一、资产类	1031	存出保证金（金融共用）
1001	库存现金	1101	交易性金融资产
1002	银行存款	1111	买入返售金融资产（金融共用）
1003	存放中央银行款项（银行专用）	1121	应收票据
1011	存放同业（银行专用）	1122	应收账款
1012	其他货币资金	1123	预付账款
1021	结算备付金（证券专用）	1131	应收股利

续表

编号	名称	编号	名称
1132	应收利息	1603	固定资产减值准备
1201	应收代位追偿款（保险专用）	1604	在建工程
1211	应收分保账款（保险专用）	1605	工程物资
1212	应收分保合同准备金（保险专用）	1606	固定资产清理
1221	其他应收款	1611	未担保余值（租赁专用）
1231	坏账准备	1621	生产性生物资产（农业专用）
1301	贴现资产（银行和保险共用）	1622	生产性生物资产累计折旧（农业专用）
1302	拆出资金（银行和保险共用）	1623	公益性生物资产（农业专用）
1303	贷款（银行和保险共用）	1631	油气资产（石油天然气开采专用）
1304	贷款损失准备（银行和保险共用）	1632	累计折耗（石油天然气开采专用）
1311	代理兑付证券（银行和证券共用）	1701	无形资产
1321	代理业务资产	1702	累计摊销
1401	材料采购	1703	无形资产减值准备
1402	在途物资	1711	商誉
1403	原材料	1801	长期待摊费用
1404	材料成本差异	1811	递延所得税资产
1405	库存商品	1821	独立账户资产
1406	发出商品	1901	待处理财产损益
1407	商品进销差价		二、负债类
1408	委托加工物资	2001	短期借款
1411	周转材料	2002	存入保证金（金融共用）
1412	包装物及低值易耗品	2003	拆入资金（金融共用）
1421	消耗性生物资产（农业专用）	2004	向中央银行借款（银行专用）
1431	贵金属（银行专用）	2011	吸收存款（银行专用）
1441	抵债资产（金融共用）	2012	同业存放（银行专用）
1451	损余物资（保险专用）	2021	贴现负债（银行专用）
1461	融资租赁资产	2101	交易性金融负债
1471	存货跌价准备	2111	卖出回购金融资产款（金融共用）
1501	持有至到期投资	2201	应付票据
1502	持有至到期投资减值准备	2202	应付账款
1503	可供出售金融资产	2203	预收账款
1511	长期股权投资	2211	应付职工薪酬
1512	长期股权投资减值准备	2221	应交税费
1521	投资性房地产	2231	应付利息
1531	长期应收款	2232	应付股利
1532	未实现融资收益	2241	其他应付款
1541	存出资本保证金（保险专用）	2251	应付保单红利（保险专用）
1601	固定资产	2261	应付分保账款（保险专用）
1602	累计折旧	2311	代理买卖证券款（证券专用）

编号	名称	编号	名称
2312	代理承销证券款（证券和银行共用）	5403	机械作业（建造承包商专用）
2313	代理兑付证券款（证券和银行共用）		六、损益类
2314	代理业务负债	6001	主营业务收入
2401	递延收益	6011	利息收入（金融共用）
2501	长期借款	6021	手续费及佣金收入（金融共用）
2502	应付债券	6031	保费收入（保险专用）
2601	未到期责任准备金（保险专用）	6041	租赁收入（租赁专用）
2602	保险责任准备金（保险专用）	6051	其他业务收入
2611	保户储金（保险专用）	6061	汇兑损益（金融专用）
2621	独立账户负债（保险专用）	6101	公允价值变动损益
2701	长期应付款	6111	投资收益
2702	未确认融资费用	6201	摊回保险责任准备金（保险专用）
2711	专项应付款	6202	摊回赔付支出（保险专用）
2801	预计负债	6203	摊回分保费用（保险专用）
2901	递延所得税负债	6301	营业外收入
	三、共同类	6401	主营业务成本
3001	清算资金往来（银行专用）	6402	其他业务成本
3002	货币兑换（金融共用）	6403	税金及附加
3101	衍生工具	6411	利息支出（金融共用）
3201	套期工具	6421	手续费及佣金支出（金融共用）
3202	被套期项目	6501	提取未到期责任准备金（保险专用）
	四、所有者权益类	6502	提取保险责任准备金（保险专用）
4001	实收资本	6511	赔付支出（保险专用）
4002	资本公积	6521	保户红利支出（保险专用）
4101	盈余公积	6531	退保金（保险专用）
4102	一般风险准备（金融共用）	6541	分出保费（保险专用）
4103	本年利润	6542	分保费用（保险专用）
4104	利润分配	6601	销售费用
4201	库存股	6602	管理费用
	五、成本类	6603	财务费用
5001	生产成本	6604	勘探费用
5101	制造费用	6701	资产减值损失
5201	劳务成本	6711	营业外支出
5301	研发支出	6801	所得税费用
5401	工程施工（建造承包商专用）	6901	以前年度损益调整
5402	工程结算（建造承包商专用）		

（3）按其提供指标的详细程度分类

会计科目按其提供指标的详细程度不同可分为总分类科目和明细分类科目。总分类科目亦称总账科目或一级科目，是对会计要素具体内容进行总括分类的科目；明细分类科目，亦称明细科目，是对总账科目的进一步分类。下面以"原材料"科目为例，说明总分类科目与各级明细分类科目之间的关系，如表 4-2 所示。

表 4-2　总分类科目与明细分类科目关系

总分类科目（一级科目）	明细分类科目	
	二级明细科目	三级明细科目
原材料	原材料及主要材料	方钢
		角钢
	辅助材料	润滑剂
		油漆
	燃料	柴油
		汽油

为了便于识别各个会计科目的性质，便于记忆和使用，同时也为了适应会计电算化的要求，我国财政部统一规定的会计科目，都按照一定的方法予以编号。会计科目的编号通常是采用"数字编号法"。采用这种方法一般最少用四位数字作为每个会计科目的号码，并规定每一位数字所代表的特定含义。从左至右，第一位数字表示会计科目的主要大类。例如，用 1 表示资产类科目，用 2 表示负债类科目，用 3 表示共同类科目，用 4 表示所有者权益类科目，用 5 表示成本类科目，用 6 表示损益类科目。第二位数字表示会计科目的主要大类下属的各个小类。如在资产类科目中，用 0 表示货币资金类科目，用 3 表示材料类科目，用 6 表示固定资产类科目等。最右边的数字表示各个小类下的各个会计科目。例如在货币资金类科目中，用 1 表示"库存现金"科目，用 2 表示"银行存款"科目等。

4.1.2　账户及其结构

1. 设置账户的意义

账户是根据会计科目开设的连续记录会计内容增减变动情况及其结果的载体。会计科目只是对会计内容具体分类的项目名称，不能起到具体记载会计内容的作用。为了全面、系统、分类地核算和监督各项经济业务事项所引起的资金增减变动情况及其结果，必须根据会计科目开设一系列账户，连续地对它们进行记录，以便为信息使用者及时、准确地提供各种会计信息。账户是按规定的会计科目开设的，根据总分类科目开设的账户，称为总分类账户，简称总账；根据明细分类科目开设的账户，称为明细分类账户，简称明细账。

设置账户是会计核算的专门方法之一，账户所记录的会计数据是编制会计报表的资料来源。

2. 设置账户的原则

设置账户时应遵循以下几个基本原则：

（1）账户设置的科学性和严密性

在设置账户时，要求在账户名称上应含义明确，表述上应严密，核算内容上应具有一致性和配套性，应能科学严密地对某种现象予以反映。如工业企业在提示产品销售利润形成这一现象时，除设置"主营业务收入"账户外，还应同时设置"主营业务成本"、"销售费用"、"税金及附加"等与产品销售收入有关的几个账户；在揭示使用年限在一年以上，单位价值在规定标准以上，并在使用过程中保持原有物质形态的资产总括情况时，可通过设置"固定资产"账户满足管理的需要。

（2）账户设置的统一性和行业性

统一性是国家宏观管理的要求，即国家在统一汇总报表时的要求，如果每个行业、每个部门的每个企业所设置的账户不完全相同，就会增加国家在统一汇总时的难度。当然，所谓的统一是一种相对的统一，在统一性的要求下还应考虑行业的特点，即应根据不同行业的不同资金运转情况开设相应的账户，如工业企业存在完工产品的成本计算问题，就应开设"生产成本"账户，而这一账户对商品流通业和服务业就不适用。

3. 账户的结构

（1）账户的基本结构

由于经济业务的发生所引起的资产、负债、所有者权益、收入、费用和利润有关项目的变化，从数量上来看不外乎增加和减少两种情况，因此，用来分类记录经济业务的账户，在结构上也相应地分为两个基本部分，以分别记录增加和减少的数额，这样，账户的基本结构就需要分为左右两方，一方登记增加额，另一方登记减少额。至于账户左右双方的名称，用哪一方记增加额，用哪一方记减少额，则取决于所采用的记账方法和各类账户所记录的经济内容及性质。

为了简化理解，账户的基本结构可用"T"字形表示，如下所示。

左	账户名称（会计科目）	右

在实际工作中，根据账户的上述基本结构，再规定账户的具体格式。一般情况下，账户的基本结构包括下列内容：

1）账户的名称，即会计科目。

2）日期和摘要（记录经济业务的日期和概括说明经济业务的内容）。

3）增加或减少的金额及余额。

4）凭证号数（说明账户记录的依据）。

账户的一般格式如表4-3所示。

表 4-3 账户名称（会计科目）

日期	凭证号数	摘要	金额	日期	凭证号数	摘要	金额

上列账户格式反映的是账户的基本结构，也是手工记账所采用的格式。在采用电子计算机记账的情况下，尽管不按上列格式设立手写账簿，但仍要按上列格式的内容，输入和输出有关核算资料。

（2）账户期末余额计算公式

通过账户记录的金额可提供期初余额、本期增加额、本期减少额和期末余额四个核算指标。

1）本期增加额，亦称本期增加发生额，是指本期账户所登记的增加额的合计数。

2）本期减少额，亦称本期减少发生额，是指本期账户所登记的减少额的合计数。

3）本期增加额与本期减少额相抵后的差额称期末余额，本期的期末余额就是下期的期初余额。

账户期末余额的计算公式为

$$期末余额＝期初余额＋本期增加额－本期减少额$$

小测验 根据会计科目表，原材料科目的编码是 1403，请为扬天企业的下列二级、三级明细科目（表 4-4）进行编码。二级科目按两位数字编码，三级科目也按两位数字编码。

表 4-4 会计科目

总分类科目（一级科目）	明细分类科目	
	二级明细科目	三级明细科目
原材料	原材料及主要材料	方钢
		角钢
	辅助材料	润滑剂
		油漆
	燃料	柴油
		汽油

4.2 记 账 方 法

4.2.1 记账方法的含义及分类

任何一个单位，都要根据会计科目设置账户，在账户中分类记录各项经济业务。但账户只是记录经济业务的工具，要在账户中记录经济业务，还必须借助一定的记账方法。

所谓记账方法，就是根据一定的记账原理和规则，运用特定的计量手段，利用文字和数字记录经济业务的一种专门方法。作为一种记账方法，一般包括记录方式、记账原理和规则、记账符号、试算平衡公式及方法等要素。

记账方法按其记录经济业务方式的不同，可分为单式记账法和复式记账法两种。

复式记账法按技术上的特点不同，又可分为借贷记账法、增减记账法、现金收付记账法、预算资金收付记账法等。借贷记账法是世界各国通用的一种记账方法；增减记账法是 20 世纪 60 年代我国商业系统在当时的社会经济环境下提出的一种记账方法；现金收付记账法，是在我国传统的收付记账法的基础上发展起来的复式记账法。

4.2.2　单式记账法的含义

现代会计出现以前的记账方法属于单式记账法。单式记账法是指对发生的每一项经济业务，只在一个账户中进行记录的记账方法。它是一种比较简单、不完整的记账方法。这种方法主要用于记载现金收付和债权债务结算业务，一般不登记实物的收付业务。例如，用库存现金 1 000 元购买原材料，这项业务在登账时只在"库存现金"账户中登记减少 1 000 元，至于材料的收入情况却不在相关账户中记录。因此，单式记账法所显现的特点：

1）手段简便，账户设置不完整。单式记账法一般只设置"库存现金"账户、"银行存款"账户，以及债权、债务账户，没有一套完整的账户体系。

2）账户之间的记录没有直接联系，也不能形成相互平衡的关系。

3）单式记账法不能全面、系统地反映经济业务的来龙去脉，也不可能进行全面的试算平衡和检查账户记录的正确性和完整性。

4.2.3　复式记账法的含义

现代会计所运用的记账方法是复式记账法。复式记账法，是指对发生的每一项经济业务，都以相等的金额在相互联系的两个或两个以上的账户中进行登记的一种记账方法。如上例，用现金 1 000 元购买原材料业务，按照复式记账法，就要一方面在"库存现金"账户中作减少 1 000 元的记录，另一方面在"原材料"账户中作增加 1 000 元的记录。由于任何一项经济业务的发生，都会引起有关会计要素之间或某项会计要素内部至少两个项目发生增减变动，而且增减金额相等，因此，为了全面、系统地反映和监督经济活动过程，对发生的每一项经济业务，都应以相等的金额同时在两个或两个以上的账户中进行登记，而复式记账法正好满足这一要求。因此，复式记账法要比单式记账法更加科学。德国伟大的诗人歌德曾在他的诗中写道：复式簿记是人类智慧的结晶，是伟大的发明。

采用复式记账法，由于对每项经济业务都在相互联系的两个或两个以上的账户中做双重记录，这样，在将全部经济业务都相互联系地登记入账之后，不仅可以通过账户记录完整、系统地反映经济活动的过程和结果，而且还能清楚地反映每项经济业务的来龙去脉，这样，对账户的记录结果，就可以进行试算平衡，以检查账户记录的正确与否。

复式记账法与单式记账法相比有以下三个显著特点：

1）设置完整的账户体系，全面记录和反映所有经济业务。

2）对每项经济业务，都在至少两个账户上做双重记录，反映每项经济业务的来龙去脉。

3）对每项经济业务都以相等的金额在有关账户中进行记录，可以对记录的结果进行试算平衡。

从复式记账法的特点可见，复式记账法是一种科学的记账方法。很长时间以来，我国会计记账采用的复式记账法有借贷记账法、增减记账法、收付记账法等。借贷记账法是历史上第一种复式记账法，也是当前世界各国普遍采用的一种记账方法，是现代会计中最具代表性的一种科学的复式记账法。为了同国际惯例接轨，适应我国对外开放的需要，我国《企业会计准则——基本准则》第十一条规定："会计记账采用借贷记账法。"

小提示　复式记账法因能清楚地反映每项经济业务中资金的来龙去脉而迅速传播到世界各个角落，而单式记账法因无法实现对资金运动变化全面性地反映而迅速被淘汰。如今全世界通用的借贷记账法就是复式记账法。

小测验　复式记账法对每项经济业务都以相等的金额在（　　　）中进行登记。

A. 一个账户　　　　　　　　B. 两个账户

C. 全部账户　　　　　　　　D. 两个或两个以上账户

4.3　借贷记账法

4.3.1　借贷记账法的产生

据史料记载，借贷记账法是在公元 12 世纪左右，意大利的商品经济，特别是沿海城市的海上贸易已有很大的发展，为了适应商业资本和借贷资本经济发展的需要而产生的。

当时经营钱业的商人，一方面收存商人的游资给予利息，另一方面又把钱借给商人，收取极高的利息。根据存款和放款的要求，必须以人名设账，用以反映钱商和客户间的经济往来。向钱商借钱的人，是债务人，称借主（debter），其借款数额记在该人名账户的借方，表示钱商的债权，即人欠的增加；贷款给钱商的人，是债权人，称贷主，其贷款数额记在该人名账户的贷方，表示钱商的债务，即欠人的增加；钱商在中间划账，由此而产生"借"和"贷"一对概念。当钱商收回借出款项，或偿还贷入款项时，则作相反的记录，以表示原来人欠我、我欠人的抵消。由于人欠我和我欠人的数额，或者是资产总值与对资产有相等价值的求偿权能够得到对比，这就为借贷复式记账建立了理论基础。

后来，意大利商业中心威尼斯把借贷记账法应用于商业经营企业，除专记人名反映人与人之间借贷关系的账户外，还增设了现金、商品、资本、损益等非人名账户。这时，将借主、贷主之义，由人推及物，也就是当经济业务发生时，仍然看作与借主、贷主的关系，以"借"和"贷"的原义来说明经济业务的性质。

13 世纪初意大利佛罗伦萨的银行簿记，是目前世界上保留下来的最早的西式复式簿记方面的文件，它展现了当时世界最进步的会计记录方法，反映了借贷复式记账法的萌芽状态。当时，佛罗伦萨银行的账户仅按人名设置，反映债权债务的清算。分录账采用垂直式账页，分为上下两个记账地位，上方为"借主"之地位，表示客户应给银行之数额，用现在的话来说就是应收款。例如，银行发放给客户甲 2 000 杜卡特的贷款，这一贷款业务，银行在客户甲账户上的"借主"地位记录 2 000 杜卡特，表示将来银行应当向客户甲收取的债权，当客户甲偿还贷款时，银行则在"贷主"地位进行登记，表明债权的收回。账户的下方为"贷主"之地位，表示银行应给客户，用现在的话来说就是应付款。例如，客户乙存入银行 600 杜卡特的存款，这一存款业务，银行在客户乙账户上的"贷主"地位记录 600 杜卡特，表示将来银行应当向客户乙支付的债务，当客户乙取款时，银行则在"借主"地位进行记录，表明债务已支付。

应当注意，当时的"借"、"贷"还不是记账符号，而是指银行所处的借主、贷主地位。从银行的角度讲，"借"是借出款项（债权增加）的含义，"贷"是收入款项（债务增加）的含义，故有借出贷入之说。另一方面，从以上举例可见，无论存款事项还是贷款事项，银行对每笔事项都只作人欠、欠人的单方面记录，也就是说当时所采用的还是单式记账法。

当银行代客户转账的业务发生之后，佛罗伦萨银行的会计记录便由单式转变为复式。例如，客户甲从客户乙处购进 800 杜卡特的商品，委托银行代为转账。该业务事项，银行一方面要在客户甲账户的"借主"地位登记 800 杜卡特（表明银行所欠甲的债务减少 800 杜卡特），另一方面又必须在客户乙账户的"贷主"地位登记 800 杜卡特（表明银行所欠乙的债务增加 800 杜卡特），否则，银行与客户之间的债权、债务关系就不清楚了，可见这是采用复式记账的方法所做的会计记录。

佛罗伦萨银行的记账方法明确地运用了"借"、"贷"这对术语，已初步发挥了记账符号的作用，为借贷记账法确定了历史性的名称，后来的"借方"、"贷方"就是从"借主"、"贷主"的意义中抽象出来的。但是，由于其仅有人名账户设置，尚无物名和其他账户设置，还不能较好地反映财产物资的变化，说明佛罗伦萨银行的记账方法尚处于借贷复式记账法的萌芽状态。

13 世纪末至 14 世纪初，随着商业的发展，交易关系日趋复杂，仅通过设置人名账户反映借贷关系的做法已与日益发展的商业活动不相适应，尤其在商业企业问题更为突出，于是记账者开始改进佛罗伦萨银行的簿记方法，从人名账户设置扩大到物名账户设置，可以说把借贷复式簿记向前推进了关键的一步。但账户设置依然不健全，还没有设置损益、资本类账户，全部账户记录的结果自然也就不能平衡。

到了 15 世纪初，威尼斯簿记把意大利借贷复式记账法由创始时期推进到它的初步发展时期，全面设置账户，使账户体系初步建立，并建立了借贷平衡关系，以此检查账户记录的正确性。其规则的复式记录，使"有借必有贷，借贷必相等"的记账规则得以建立。经过近三个世纪的发展变化，奠定了借贷复式记账法的基础，使借贷复式记账法的发展有了旺盛的生命力，并经久不衰，为世界各国所采用。

19 世纪，由于资本主义国家入侵中国，借贷记账法也随之传入我国。我国最早使用借贷记账法的企业，首先是那些资本主义国家强行在中国开办的工厂、商行和银行，以及根据不平等条约落入西方列强控制的我国海关、铁路和邮政部门。借贷记账法正式传入我国始于 1905 年（清光绪三十一年），而中国自办企业对借贷记账法的运用是在 1908 年（清光绪三十四年）创办大清银行之时。

4.3.2　借贷记账法的理论依据

借贷记账法的科学性在于它能全面地、相互联系地反映各项会计要素的增减变化过程及其结果，并根据各项会计要素之间客观存在的数量恒等关系，来决定其记账方向、账户结构、记账规则和试算平衡公式。如前所述，各项会计要素之间客观存在的等量关系，用数学方程表示，就形成会计方程式。反映资金运动静态表现的会计方程式是"资产＝负债＋所有者权益"，反映资金运动动态表现的会计方程式是"收入－费用＝利润"，这两个会计方程式的综合形式是"资产＋费用＝负债＋所有者权益＋收入"，这一综合方程式综合反映了各个会计要素之间的相互关系，也就是说，这个方程式综合反映了资金运动的静态表现和动态表现。

在一个会计要素发生了增减变化时，另一个或几个会计要素必然随之发生增减变化，以维持各会计要素之间的平衡关系不被破坏。只有在维持各会计要素之间平衡关系的基础上，在两个或两个以上的账户中进行等额记录，才能保证经济业务记录的完整。因此，会计方程式包含的经济内容和数量恒等关系就是借贷记账法的理论依据。

4.3.3　借贷记账法的账户结构

如前所述，要在账户中记录经济业务，必须采用一定的记账方法。但是，在一定的记账方法下，对发生的各项经济业务应当怎样在账户中予以记录呢？为此，任何一种记账方法都必须规定所设账户的结构。借贷记账法是以"借"、"贷"为记账符号而命名的一种复式记账法，它要求一切账户的两个基本部分（左方和右方）都应以"借"和"贷"符号定名。人们习惯把一切账户的左方叫"借方"，右方叫"贷方"。一般账户格式如表 4-5 所示。

表 4-5　账户格式

年		凭证		摘要	借方	贷方	借或贷	余额
月	日	字	号					

为了便于说明，可用简化的"T"形账户表示，如下所示。

借方	账户名称（会计科目）	贷方

确定借贷记账法账户的结构，也就是规定账户的借、贷方所登记的内容及可能存在的账户余额的方向和内容。根据一般账户基本结构原理，在借贷记账法下，所有账户的借方和贷方都要按相反的方向记录。即一方登记增加金额，一方登记减少金额。究竟哪一方记增加，哪一方记减少，这主要取决于账户所记录的经济内容，也就是由账户的经济性质来决定。由于借贷记账法是以会计恒等式为理论依据而建立起来的，为了保证对账户记录的结果能够进行试算平衡，借贷记账法要求对不同性质的资产项目及负债和所有者权益项目的增减变动，应在相应账户中按相反的方向予以记录。

账户按经济性质，可分为资产、负债、所有者权益、成本和损益五大类账户。而资产类账户与负债和所有者权益类账户是两种性质完全不同的账户，成本及损益类账户中的费用类账户与损益类账户中的收入类账户是两种性质完全不同的账户，因此，在性质不同的账户中就应用两个相反的方向来登记它们的增加额和减少额，这样，各类账户就有不同的结构。下面对这五类账户的具体结构分别进行说明。

1. 资产类账户

资产类账户的结构是账户的借方记录资产的增加额，贷方记录资产的减少额，期末余额一般在借方（与登记增加金额方向一致），表示资产余额。账户的结构如下所示。

借方		资产类账户		贷方
期初余额：	×××			
本期资产增加额：	×××	本期资产减少额：		×××
	×××			×××
	……			……
本期发生额（资产增加额）合计：	×××	本期发生额（资产减少额）合计：		×××
期末余额（资产余额）：	×××			

2.　权益类账户

负债和所有者权益账户统称权益类账户，权益类账户的结构与资产类账户的结构恰好相反，即账户的借方登记权益的减少额，贷方登记权益的增加额，期末余额一般在贷方，表示权益结余额。账户的结构如下所示。

借方	权益类账户		贷方
		期初余额：	×××
本期权益减少额：　　　×××		本期权益增加额：　　　×××	
×××		×××	
……		……	
本期发生额（权益减少额）合计：　×××		本期发生额（权益增加额）合计：　×××	
		期末余额（负债及所有者权益余额）：　×××	

3.　成本类账户

企业在生产经营过程中发生的费用和成本，实质是一种资产的耗费形态，所以成本费用类账户的性质和结构与资产类账户基本相同，其借方登记成本的增加额、贷方登记成本费用的减少额（或转销额），期末余额一般在借方，表示资产的运用。其账户的结构如下所示。

借方	成本类账户		贷方
期初余额：　　　　　　×××			
本期成本增加额：　　　×××		本期成本减少额（或转销额）：　　×××	
……		……	
本期发生额（成本增加额）合计：×××		本期发生额（成本增加额）合计：×××	
期末余额（成本余额）：　×××			

4.　损益类账户

损益类账户按性质归属，可分为收入类和费用支出类。收入类包括主营业务收入、其他业务收入、投资收益、营业外收入；费用支出类包括主营业务成本、其他业务成本、管理费用、销售费用、财务费用、营业外支出、所得税费用等。收入类账户的结构同负债和所有者权益类；费用支出类账户的结构同资产类和成本类；所有损益类账户期末无余额。账户的具体结构格式不再用图式描述，可参考前述。

每个账户的借方和贷方在一定时期内（月份、年度）所登记的金额合计，称为本期发生额。账户借方金额合计数称为借方本期发生额，贷方金额合计数称为贷方本期发生额。每个账户的借方金额总计和贷方金额总计相抵后的差额称为期末余额。

根据账户的期初余额、借方本期发生额和贷方本期发生额，以上各类账户的期末余额可分别采用下列公式计算：

资产类账户的借方期末余额＝借方期初余额＋借方本期发生额－贷方本期发生额

权益类账户的贷方期末余额＝贷方期初余额＋贷方本期发生额－借方本期发生额

成本类账户期末余额计算公式同资产类账户期末余额计算公式；损益类账户期末结转后无余额。

综上所述，各类账户所反映的经济内容不同，账户的借方、贷方登记增加额和减少额的方式也不同。但是任何一个账户的结构都分为借、贷两方，这是所有账户的基本结构。上述账户借、贷方所反映的经济内容以及不同账户的性质表示如下：

借方	账户	贷方
资产的增加	资产的减少	
负债的减少	负债的增加	
所有者权益的减少	所有者权益的增加	
费用、成本的增加	费用、成本的减少	
收入、成果的结转（减少）	收入、成果的增加（实现）	

4.3.4 借贷记账法的记账规则

账户的结构只能说明单个账户所记录的内容，而如何按一定的记账方式、按规定的账户结构，将经济业务记入有关账户，则应遵循一定的记账规则。下面以宏利达机械制造企业 2016 年 6 月发生的经济业务为例，来说明借贷记账法的记账规则。

资料一　宏利达机械制造企业 2016 年 10 月 31 日总分类账户和有关明细分类账户余额如表 4-6 和表 4-7 所示。

表 4-6　总分类账户余额

2016 年 10 月 31 日　　　　　　　　　　　　　　　　单位：元

资产类科目		权益类科目	
库存现金	5 000	短期借款	500 000
银行存款	1 250 000	应付账款	250 000
应收账款	500 000	应交税费	5 000
其他应收款	1 600	长期借款	1 000 000
原材料	1 600 000	实收资本	22 347 500
生产成本	200 000	盈余公积	100 000
库存商品	600 000	未分配利润	300 000
固定资产	20 645 900		
减：累计折旧	800 000		
无形资产	500 000		
合计	24 502 500	合计	24 502 500

表 4-7 明细分类账余额

2016 年 10 月 31 日

账户		余额		
一级科目	二级科目	数量（吨）	单价	金额
原材料	425#角钢	800	1 500	1 200 000
	325#方钢	400	1 000	400 000
应收账款	金星公司			350 000
	昌明企业			150 000
应付账款	帆华工厂			170 000
	三亚工厂			80 000

资料二 2016 年 11 月发生以下经济业务：

【例 4-1】11 月 3 日，企业开出现金支票，从银行提取现金 500 元备用。

这项经济业务的发生，一方面使企业的库存现金增加了 500 元，另一方面使企业的银行存款减少了 500 元。现金属于企业的资产，其增加额应在"库存现金"账户的借方登记；银行存款也属于企业的资产，其减少额应在"银行存款"账户的贷方登记。这项经济业务在账户中登记的结果如下：

借方	银行存款	贷方		借方	库存现金	贷方
期初余额:	1 250 000			期初余额:	5 000	
		① 500	⟶	① 500		

【例 4-2】11 月 5 日，企业收到银行转来的收款通知单，接受华联公司投入货币资金 200 000 元，已存入银行。

这项经济业务的发生，一方面使企业的银行存款增加 200 000 元；另一方面使企业接受投资者（所有者）投入资本也增加了 200 000 元。银行存款属企业的资产，其增加额应在"银行存款"账户的借方登记；投资者投入的资本属企业的所有者权益，其增加额应在"实收资本"账户贷方登记。这项经济业务在账户中登记的结果如下：

借方	实收资本	贷方		借方	银行存款	贷方
	期初余额:	22 347 500		期初余额:	1 250 000	
		② 200 000		② 200 000		

【例 4-3】11 月 6 日，向三亚工厂购入 425#角钢 30 吨，每吨 1 500 元，价款 45 000 元，增值税进项税额 7 650 元；向帆华工厂购入 325#方钢 50 吨，每吨 1 000 元，价款 50 000 元，增值税进项税额 8 500 元，材料已验收入库，款项未付。

这项经济业务的发生，一方面使企业的原材料增加 95 000 元（425#角钢 45 000 元，325#方钢 50 000 元），增值税进项税额增加 16 150 元；另一方面使企业的应付账款增加 111 150 元。原材料属企业的资产，其增加额应在"原材料"账户的借方登记；应交税费属企业的负债，进项税额增加，表示应交税费减少，应在"应交税费"账户的借方登记；应付账款属企业的负债，其增加额应在"应付账款"账户的贷方登记。这项经济业务在账户中登记的结果如下：

借方	应付账款	贷方		借方	原材料	贷方
	期初余额：	250 000			期初余额：	1 600 000
					③ 95 000	
	③ 111 150			借方	应交税费	贷方
					期初余额：	5 000
					③ 16 150	

【**例 4-4**】11 月 15 日，企业与市工商银行签订借款协议，从银行借入短期借款 30 000 元，直接偿还前欠三亚工厂购料款。

这项经济业务的发生，一方面使企业的短期借款增加了 30 000 元；另一方面使企业的应付账款减少了 30 000 元。短期借款属企业的负债，其增加额应在"短期借款"账户的贷方登记；应付账款也属于企业的负债，其减少额应在"应付账款"账户的借方登记。这项经济业务在账户中登记的结果如下：

借方	短期借款	贷方		借方	应付账款	贷方
	期初余额：	500 000			期初余额：	250 000
	④ 30 000			④ 30 000		

【**例 4-5**】11 月 18 日，企业用银行存款偿还前欠帆华工厂购料款 5 850 元，企业已收到银行转来的付款通知。

这项经济业务的发生，一方面使企业的银行存款减少了 5 850 元；另一方面使企业的应付账款减少了 5 850 元，银行存款属于企业的资产，其减少额应在"银行存款"账户的贷方登记；应付账款属于企业的负债，其减少额应在"应付账款"账户的借方登记。这项经济业务在账户中登记的结果如下：

借方	银行存款	贷方		借方	应付账款	贷方
期初余额：	125 000			期初余额：	250 000	
		⑤ 5 850		⑤ 5 850		

【**例 4-6**】11 月 19 日，生产 11-1 型产品领用 425#角钢 10 吨，每吨 1 500 元，计 15 000 元，行政部门耗用 3.2 吨，每吨 1 500 元，计 4 800 元；生产 13-1 型产品领用 325#方钢 10 吨，每吨 1 000 元，计 10 000 元。

这项经济业务的发生，一方面使企业的库存材料减少了 29 800 元（其中 425#角钢减少 15 000 元，325#方钢减少 10 000 元，行政部门耗用 4 800 元），另一方面使企业的生产成本增加 25 000 元（其中 11-1 型产品 15 000 元，13-1 型产品 10 000 元），管理费用增加了 4 800 元。原材料属于企业的资产,其减少额应在"原材料"账户的贷方登记;生产成本属成本类,其增加额应在"生产成本"账户的借方登记;管理费用属于损益类,其增加额应在"管理费用"账户的借方登记。这项经济业务在账户中登记的结果如下:

【例 4-7】 11 月 20 日,企业用现金 400 元购买办公用品。

这项经济业务的发生,一方面使企业的库存现金减少 400 元,另一方面使企业的管理费用增加了 400 元。现金属企业的资产,其减少额应在"库存现金"账户的贷方登记;管理费用属企业的成本费用,其增加额应在"管理费用"账户的借方登记。这项经济业务在账户中登记的结果如下:

【例 4-8】 11 月 21 日,从同城龙华汽车厂购入运输卡车一辆,买价 200 000 元,支付的增值税 34 000 元,开出转账支票支付全部款项。

这项经济业务的发生,一方面使企业的固定资产增加了 200 000 元,应交增值税减少 34 000 元,另一方面使企业的银行存款减少 234 000 元。固定资产属企业的资产,其增加额应在"固定资产"账户的借方登记;银行存款也属企业的资产,其减少额应在"银行存款"账户的贷方登记;应交增值税属于企业负债,其减少额应在"应交税费"账户的借方登记。这项经济业务在账户中登记的结果如下:

【例 4-9】 11 月 22 日,销售给金星公司 11-1 型产品 50 件,单价 5 000 元,价款 250 000 元,增值税销项税额 42 500 元,以转账支票代垫运杂费 750 元,已办妥托收手续。

这项经济业务的发生,一方面使企业的主营业务收入增加 250 000 元,应收取的增值税额增加 42 500 元,银行存款减少了 750 元;另一方面使企业的应收账款增加 293 250 元。主营业务收入属收入成果类,其增加额应在"主营业务收入"账户的贷方登记;应交税费属企业的负债,收取的销项税额,表示应交税费增加,应在"应交税费"账户的贷方登记;银行存款属企业的资产,其减少额应在"银行存款"账户的贷方登记;应收账款属企业的资产,其增加额应在"应收账款"账户的借方登记。这项经济业务在账户中登记的结果如下:

借方	应收账款	贷方		借方	主营业务收入	贷方
期初余额:	500 000					⑨250 000
				借方	应交税费	贷方
⑨293 250					期初余额:	5 000
						⑨42 500
				借方	银行存款	贷方
					期初余额:	1 250 000
						⑨750

【例 4-10】11 月 23 日,销售给昌明企业 13-1 型产品 20 件,单价 3 500 元,价款 70 000 元,增值税销项税额 11 900 元,款项未收。

这项经济业务的发生,一方面使企业的主营业务收入增加 70 000 元,应收取的增值税增加 11 900 元;另一方面使企业的应收账款增加 81 900 元。主营业务收入属企业的收入成果类,其增加额应在"主营业务收入"账户的贷方登记;应交税费属企业的负债,收取的销项税额,表示应交税费增加,应在"应交税费"账户的贷方登记;应收账款属企业的资产,其增加额应在"应收账款"账户的借方登记。这项经济业务在账户中登记的结果如下:

借方	应收账款	贷方		借方	主营业务收入	贷方
期初余额:	500 000					⑩70 000
				借方	应交税费	贷方
⑩81 900					期初余额:	5 000
						⑩11 900

【例 4-11】11 月 24 日,开出转账支票支付依华传媒公司产品广告费 1 900 元。

这项经济业务的发生,一方面使企业的银行存款减少了 1 900 元,另一方面使企业的销售费用增加 1 900 元。银行存款属于企业的资产,其减少额应在"银行存款"账户的贷方登记;广告费属企业的成本费用类,其增加额应在"销售费用"账户的借方登记。这项经济业务在账户中登记的结果如下:

借方	银行存款	贷方		借方	销售费用	贷方
期初余额:	1 250 000					
		⑪1 900 →			⑪1 900	

【例 4-12】11 月 25 日，职工王兵出差预借差旅费 1 000 元，现金付讫。

这项经济业务的发生，一方面使企业的现金减少 1 000 元，另一方面使企业的债权其他应收款项增加 1 000 元。现金属企业的资产，其减少额应在"库存现金"账户的贷方登记；其他应收款属企业的资产，其增加额应在"其他应收款"账户的借方登记。这项经济业务在账户中登记的结果如下：

借方	库存现金	贷方		借方	其他应收款	贷方
期初余额:	5 000			期初余额:	1 600	
		⑫1 000 →		⑫1 000		

【例 4-13】11 月 25 日，收到职工张军归还原借款 500 元。

这项经济业务的发生，一方面使企业现金增加了 500 元，另一方面使企业其他应收款项减少了 500 元。现金属企业的资产，其增加额应在"库存现金"账户的借方登记；其他应收款属企业的资产，其减少额应在"其他应收款"账户的贷方登记。这项经济业务在账户中登记的结果如下：

借方	其他应收款	贷方		借方	库存现金	贷方
期初余额:	1 600			期初余额:	5 000	
		⑬500 →		⑬500		

【例 4-14】11 月 27 日，采购员王小勇报销差旅费，原借款 1 100 元，差旅费报销单为 800 元，交回现金 300 元，由出纳员开出收据一张。

这项经济业务的发生，一方面使企业管理费用增加 800 元，现金增加 300 元；另一方面使企业其他应收款项减少 1 100 元。管理费用属成本费用类，其增加额应在"管理费用"账户的借方登记；现金属于企业的资产类，其增加额应在"库存现金"账户的借方登记；其他应收款项属企业的资产，其减少额应在"其他应收款"账户的贷方登记。这项经济业务在账户中登记的结构如下：

借方	其他应收款	贷方		借方	管理费用	贷方
期初余额:	1 600				→ ⑭800	
		⑭1 100 →		借方	库存现金	贷方
				期初余额: 5 000		
				→ ⑭300		

【例 4-15】11 月 28 日，企业填制现金存款单一张，将多余现金 500 元存入银行。

这项经济业务的发生，一方面使企业的现金减少 500 元，另一方面使企业的银行存款增加 500 元。现金属企业的资产，其减少额应在"库存现金"账户的贷方登记；银行存款属企业的资产，其增加额应在"银行存款"账户的借方登记。这项经济业务在账户中登记的结果如下：

借方	银行存款	贷方	借方	库存现金	贷方
期初余额：	1 250 000		期初余额：	5 000	
⑮500					⑮500

【例 4-16】11 月 30 日，收到 5 月 22 日销售给金星公司 11-1 型产品的全部货款及代垫运费。

这项经济业务的发生，一方面使企业银行存款增加 293 250 元，另一方面使企业应收账款减少 293 250 元。银行存款属企业的资产，其增加额应在"银行存款"账户的借方登记；应收账款也属企业的资产，其减少额应在"应收账款"账户的贷方登记。这项经济业务在账户中登记的结果如下：

借方	应收账款	贷方	借方	银行存款	贷方
期初余额：	500 000		期初余额：	1 250 000	
		⑯293 250	⑯293 250		

通过以上例题可以看出，采用借贷记账法记录经济业务时，所应遵循规则：对发生的每一笔经济业务都应以相等的金额，相反的方向，在两个或两个以上的账户中进行连续、分类登记。即在一个账户中记借方，必须同时在一个或几个账户中记贷方；或者在一个账户中记贷方，同时在另一个或几个账户中记借方，且记入借方的金额同记入贷方的金额必相等。这种关系可用图 4-1 表示。

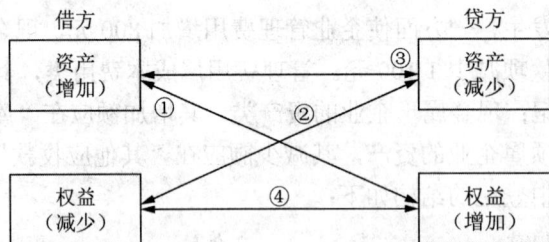

图 4-1 借贷记账法规律

（注：①资产和权益同时增加；②资产和权益同时减少；③资产内部有增有减；④权益内部有增有减）

在具体运用借贷记账法的记账规则记录经济业务时，应考虑以下几个方面的问题：

1）确定该项经济业务具体涉及哪几个账户。

2）根据各账户的性质及经济业务的具体内容，确定该项经济业务应记入哪个账户的借方和哪个账户的贷方。

3）验证应借应贷科目是否正确，借贷双方的金额是否相等。

通过以上例子还可以看出，在运用借贷记账法记账规则登记账户时，在有关账户之间存在着应借应贷的相互对应关系，或者是一个账户的借方与另一个账户的贷方相互对应，或者是一个（或几个）账户的借方与另几个（或一个）账户的贷方相互对应。账户之间的这种相互关系，称为账户的对应关系，存在对应关系的账户，叫作对应账户。在企业所设账户既定的情况下，通过账户之间的对应关系，可以了解经济业务的内容。如上例第一笔业务中，从银行提取现金 500 元，对这项经济业务应在"库存现金"账户的借方和"银行存款"账户的贷方各登记 500 元。由于这项经济业务的发生而使"库存现金"与"银行存款"两个账户产生了应借应贷的相互关系，在这种情况下，这两个账户就叫作对应账户。这两个账户的对应关系，反映了库存现金增加 500 元，银行存款减少 500 元。可见，通过账户的对应关系和对应账户，可以了解经济业务的来龙去脉，了解经济业务的内容范围。

4.3.5　借贷记账法的含义及特点

综上所述，借贷记账法可以表述为：借贷记账法是以"借"、"贷"作为记账符号，以"有借必有贷，借贷必相等"作为记账规则，对每一项经济业务在两个或两个以上的账户中，以借贷相等的金额，全面地、相互联系地进行记录的一种复式记账方法。借贷记账法的特点可概述如下：

1）以"借"和"贷"作为记账符号。在复式记账法中，当借和贷转化为记账符号以后，"借贷"两字便失去了原来字面上的含义，专门被用来表示账户中两个固定的部分。根据账户的结构，左方称为借方，右方称为贷方。在资产类账户中，借方登记增加数，贷方登记减少数；而在负债和所有者权益类账户中，借方登记减少数，贷方登记增加数。

2）以"有借必有贷，借贷必相等"作为记账规则。根据复式记账原理，对任何一笔经济业务都至少要在两个账户中进行登记。在借贷记账法下，一笔完整的记录，要求记入一个或几个账户的借方，同时记入另一个或几个账户的贷方，记入借方的数额同记入贷方的数额必须相等，这就形成了借贷记账法的记录。

3）以"资产＝负债＋所有者权益"这一会计基本等式为依据，按照"有借必有贷，借贷必相等"的记账规则进行试算平衡。这一理论依据和记账规则保证了每一项经济业务所编制的会计分录的借贷方发生额必然相等，在一定时期内（如一个月、一个季度、一年）所有账户的借贷发生额合计数也必然保持平衡，所有资产类账户的借方期末余额合计数与所有者权益类账户的期末余额合计数也必然是相等的。

4）可以设置和运用双重性质的账户。在借贷记账法下，除了按会计要素设置资产、负债、所有者权益、收入、费用和利润等账户外，为了灵活地处理账务，还可以设置和运用一些既可以是资产，又可以是负债的双重性质的账户（共同性质的账户），如"其他往来"、"待处理财产损益"等账户。双重性质的账户（共同性质的账户）应根据它们的期末余额方向来确定其性质，若为借方余额，就是资产类账户；若为贷方余额，就是负债类账户。

4.3.6 会计分录的编制

为了保证账户记录的正确性，记账之前应先将所发生的经济业务按照上述的记账规则，根据复式记账的要求进行特定形式的记录，即会计分录，然后再据以记入有关账户。

会计分录简称分录，是标明每笔经济业务列示其应借记和应贷记的账户及登记方向和金额的一种记录。一笔会计分录应包括三项基本要素：记账符号、应记入的账户名称及应记的金额。

会计分录按其所反映的经济业务复杂程度分为简单会计分录和复合会计分录两种。简单会计分录是指一个账户的借方同另一个账户的贷方发生对应关系的会计分录，即一借一贷的会计分录；复合会计分录是指一个账户的借方同几个账户的贷方发生对应关系的会计分录，或一个账户的贷方同几个账户的借方发生对应关系的会计分录，即一借多贷或多借一贷的会计分录。

编制会计分录要注意以下几点：①"借"、"贷"应分行，将应借账户排在上面，应贷账户排在下面，并缩进一格或两格。②账户的名称要书写齐全，金额数字要整齐准确，上下笔分录的借方金额和贷方金额要分别对齐。

为进一步说明会计分录的编制，现将前面宏利达机械制造企业所列举的 16 例经济业务编制会计分录如下：

① 借：库存现金   500
     贷：银行存款   500
② 借：银行存款   200 000
     贷：实收资本   200 000
③ 借：原材料   95 000
     应交税费   16 150
     贷：应付账款   111 150
④ 借：应付账款   30 000
     贷：短期借款   30 000
⑤ 借：应付账款   5 850
     贷：银行存款   5 850
⑥ 借：生产成本   25 000
     管理费用   4 800
     贷：原材料   29 800
⑦ 借：管理费用   400
     贷：库存现金   400
⑧ 借：固定资产   200 000
     应交税费   34 000
     贷：银行存款   234 000

⑨ 借：应收账款 293 250
　　贷：主营业务收入 250 000
　　　　应交税费 42 500
　　　　银行存款 750
⑩ 借：应收账款 81 900
　　贷：主营业务收入 70 000
　　　　应交税费 11 900
⑪ 借：销售费用 1 900
　　贷：银行存款 1 900
⑫ 借：其他应收款 1 000
　　贷：库存现金 1 000
⑬ 借：库存现金 500
　　贷：其他应收款 500
⑭ 借：管理费用 800
　　　库存现金 300
　　贷：其他应收款 1 100
⑮ 借：银行存款 500
　　贷：库存现金 500
⑯ 借：银行存款 293 250
　　贷：应收账款 293 250

上述分录中，如第①笔为简单会计分录，第⑭笔为复合会计分录。在实际工作中，复合会计分录由简单会计分录组成，例如第⑭笔经济业务可由两笔简单会计分录组成，即

借：库存现金 300
　　贷：其他应收款 300
借：管理费用 800
　　贷：其他应收款 800

可见，编制复合会计分录，可以简化分录的编制工作，提高记账效率。

为了保持账户对应关系的清晰，可以编制一借多贷或多借一贷的会计分录，一般不宜编制多借多贷的会计分录。

总而言之，完整的会计分录应具备借方和贷方的记账符号，应记账户的名称及金额，并附有简要的说明。会计分录在实际工作中占有重要地位，它是登账的依据，其正确与否直接影响到账户记录，甚至影响到会计信息的质量。

4.3.7　试算平衡

1. 登账与记账

在进行试算平衡之前要登账，即按照复式记账的步骤和特点，对于每项经济业务，

在编制了会计分录以后，把有关账户金额记入账簿中的过程。这个记账步骤叫作"登账"。

登账以后，一般在期末结出各账户的本期借、贷方发生额，并结合账户的期初余额，计算出各账户的期末余额，以便根据账簿记录编制会计报表，这个记账步骤通常称为"结账"。

下面仍以宏利达机械制造企业 2016 年 11 月的经济业务为例，说明借贷记账法下登账和结账方法。将机械制造企业 2016 年 11 月 1 日的期初余额及 11 月份发生的经济业务的会计分录过入有关总分类账户，并结出各账户的本期发生额和期末余额。具体过程如下所示：

借方		库存现金		贷方
期初余额：	5 000			
①	500	⑦		400
⑬	500	⑫		1 000
⑭	300	⑮		500
本期发生额：	1 300	本期发生额：		1 900
期末余额：	4 400			

借方		银行存款		贷方
期初余额：	1 250 000			
②	200 000	①		500
⑮	500	⑤		5 850
⑯	293 250	⑧		234 000
		⑨		750
		⑪		1 900
本期发生额：	493 750	本期发生额：		243 000
期末余额：	1 500 750			

借方		应收账款		贷方
期初余额：	500 000			
⑨	293 250	⑯		293 250
⑩	81 900			
本期发生额：	375 150	本期发生额：		293 250
期末余额：	581 900			

借方		原材料		贷方
期初余额：	1600 000			
③	95 000	⑥		29 800
本期发生额：	95 000	本期发生额：		29 800
期末余额：	1 665 200			

借方	库存商品	贷方	
期初余额：	600 000		
本期发生额：	0	本期发生额：	0
期末余额：	600 000		

借方	生产成本	贷方	
期初余额：	200 000		
⑥	25 000		
本期发生额：	25 000	本期发生额：	0
期末余额：	225 000		

借方	其他应收款	贷方	
期初余额：	1 600	⑬	500
⑫	1 000	⑭	1 100
本期发生额：	1 000	本期发生额：	1 600
期末余额：	1 000		

借方	固定资产	贷方	
期初余额：	20 645 900		
⑧	200 000		
本期发生额：	200 000	本期发生额：	0
期末余额：	20 845 900		

借方	累计折旧	贷方	
		期初余额：	800 000
本期发生额：	0	本期发生额：	0
		期末余额：	800 000

借方	短期借款	贷方	
		期初余额：	500 000
		④	30 000
本期发生额：	0	本期发生额：	30 000
		期末余额：	530 000

借方	无形资产	贷方	
期初余额：	500 000		
本期发生额：	0	本期发生额：	0
期末余额：	500 000		

借方		利润分配		贷方
		期初余额：		300 000
本期发生额：	0	本期发生额：		0
		期末余额：		300 000

借方		应交税费		贷方
		期初余额：		5 000
③	16 150	⑨		42 500
⑧	34 000	⑩		11 900
本期发生额：	50 150	本期发生额：		54 400
		期末余额：		9 250

借方		应付账款		贷方
		期初余额：		250 000
④	30 000	③		111 150
⑤	5 850			
本期发生额：	35 850	本期发生额：		111 150
		期末余额：		325 300

借方		长期借款		贷方
		期初余额：		1 000 000
本期发生额：	0	本期发生额：		0
		期末余额：		1 000 000

借方		主营业务收入		贷方
		⑨		25 000
		⑩		70 000
本期发生额：	0	本期发生额：		320 000
		期末余额：		320 000

借方		销售费用		贷方
⑪	1 900			
本期发生额：	1 900	本期发生额：		0
期末余额：	1 900			

借方		管理费用		贷方
⑥	4800			
⑦	400			
⑭	800			
本期发生额：	6 000	本期发生额：		0
期末余额：	6 000			

借方	盈余公积		贷方
	期初余额:		100 000
本期发生额: 0	本期发生额:		0
	期末余额:		100 000

借方	实收资本		贷方
	期初余额:		22 347 500
	②		200 000
本期发生额: 0	本期发生额:		200 000
	期末余额:		22 547 500

注意: 本例中结算的是没有结转算利润之前的账户余额,结转算利润后损益类账户没有余额。

2. 借贷记账法的试算平衡

为了检查账户记录是否正确,会计人员应在每一定时期(如月、季、年)的期末,在各项经济业务的会计分录全部登记入账后,进行试算平衡。试算平衡是指根据资产和负债及所有者权益之间的平衡关系,按照"有借必有贷,借贷必相等"记账规则的要求,通过对所有账户的发生额或余额的汇总计算和比较,来检查各类账户记录是否正确的一种方法。

由于借贷记账法的记账规则是"有借必有贷,借贷必相等",按照这个记账规则编制会计分录,每笔会计分录借贷两方的发生额必然相等,从而将一定时期内各项经济业务的会计分录全部登记入账后,所有账户的借方本期发生额合计数与贷方本期发生额合计数必然相等,在期末结出各账户期末余额后,所有账户的借方期末余额合计数与贷方期末余额合计数也必然相等。因此,在借贷记账法下,可以采用账户发生额试算平衡法或余额平衡法进行试算平衡。

1)账户发生额试算平衡法。在借贷记账法下,按照其记账规则,对每一笔经济业务编制的会计分录都是有借必有贷,借贷必相等。这样,不仅每一笔会计分录中借贷方金额相等,而且因等量加等量其和也相等,使其在将一定时期内全部经济业务的会计分录都记入有关账户后,所有账户的借方本期发生额合计与贷方发生额合计也必然相等,可用公式描述为

全部账户借方本期发生额合计＝全部账户贷方本期发生额合计

该公式称为账户发生额试算平衡公式,用来对账户发生额进行试算平衡。

2)余额试算平衡法。在借贷记账法下,由于资产账户余额表现在账户的借方,负债和所有者权益类账户的余额表现在账户的贷方。因此,所有账户的借方余额合计数,即为资产总额;所有账户贷方余额合计数,即为负债和所有者权益总额。根据会计恒等式两者必然相等,可用公式描述为

全部账户借方期末余额合计＝全部账户贷方期末余额合计
　　（资产总额）　　　　　　　（负债和所有者权益总额）

该公式称为账户余额试算平衡公式，用来对账户余额进行试算平衡。

3）试算平衡表的编制。在实际工作中，我们是通过编制试算平衡表来进行试算平衡的。试算平衡表通常是在期末结出各个账户的本期发生额和期末余额后编制的，一般应在平衡表中设置"期初余额"、"本期发生额"和"期末余额"三大栏，每一大栏分设"借方"和"贷方"两小栏，各大栏的借方合计数与贷方合计数应平衡相等。为了简化表格，试算平衡表也可只根据各个账户的本期发生额编制，不填写各账户的期初余额和期末余额。

下面仍以宏利达机械制造企业 2016 年 11 月各账户期初余额、本期发生额，期末余额的资料为例，编制试算平衡表如表 4-8 所示。

表 4-8　总分类账户本期发生额及余额试算平衡表

宏利达机械制造企业　　　　　　　　　2016 年 11 月 30 日　　　　　　　　　单位：元

账户名称	期初余额		本期发生额		期末余额	
	借方	贷方	借方	贷方	借方	贷方
库存现金	5 000		1 300	1 900	4 400	
银行存款	1 250 000		493 750	243 000	1 500 750	
应收账款	500 000		375 150	293 250	581 900	
其他应收款	1 600		1 000	1 600	1 000	
原材料	1 600 000		95 000	29 800	1 665 200	
生产成本	200 000		25 000	0	225 000	
库存商品	600 000		0	0	600 000	
固定资产	20 645 900		200 000	0	20 845 900	
累计折旧		800 000	0	0		800 000
无形资产	500 000		0	0	500 000	
短期借款		500 000	0	30 000		530 000
应付账款		250 000	35 850	111 150		325 300
应交税费		5 000	50 150	54 400		9 250
长期借款		1 000 000	0	0		1 000 000
实收资本		22 347 500	0	200 000		22 547 500
盈余公积		100 000	0	0		100 000
利润分配		300 000	0	0		300 000
主营业务收入		0	320 000			320 000
管理费用			6 000	0	6 000	
销售费用			1 900		1 900	
合计	25 302 500	25 302 500	1 285 100	1 285 100	25 932 050	25 932 050

从表 4-8 我们可以看出，所有账户期初借方余额的合计数 25 302 500 元与贷方余额的合计数 25 302 500 元相等；所有账户的本期借方发生额的合计数 1 285 100 元与贷方发生额的合计数 1 285 100 元相等；所有账户的期末借方余额的合计数 25 932 050 元与贷方余额的合计数 25 932 050 元相等。上述三个方面都相等，一般来说记账是正确的，

但不能说记账一定没有错误，因为记账的过程中有可能出现借方或贷方都多记或少记了相同的金额，或者应借应贷科目写错，或者是记账方向相反。如果上述三个方面不相等，说明记账有错误，应及时检查纠正。

> **小提示**　有些账户的期初余额和期末余额可能不在同一个方向，如"应收账款"、"应付账款"、"预收账款"、"预付账款"等。

> **小测验**　能通过试算平衡查找的有（　　　）。
> A. 重记经济业务　　　B. 漏记经济业务
> C. 借贷方向相反　　　D. 借贷金额不等

4.4　总分类账户与明细分类账户的平行登记

所谓总分类账户，就是指按照总账科目开设的账户，对总账科目的经济内容进行总括的核算，提供各种资产、权益、费用、成本、收入和成果等方面的总括情况。所谓明细分类账户，就是指按照明细科目开设的账户，对总账科目的经济内容进行明细分类核算，提供具体而详细的核算资料。总分类账户与所属明细分类账户之间既有联系也有区别。从联系上看，二者所反映的经济业务内容相同，如"原材料"总账与其所属的具体材料等明细账都是反映材料收发业务的；登记账簿的原始依据相同，即依据的原始凭证是一样的。从区别上看，反映经济内容的详细程度不一样。总账反映资金增减变化的总体情况，提供总括资料；明细账反映资金运动的详细情况，提供某一方面的资料，有些明细账还可以提供实物数量指标和劳动量指标。总分类账户与明细分类账户的作用不同，总分类账提供的经济指标，是对明细账资料的综合，对所属明细账起统驭作用；明细分类账户是对有关总分类账户的补充，起着详细说明的作用。

由于总分类账簿和明细分类账簿存在着密切关系，这就要求在会计核算工作中必须按照平行登记的方法来组织总分类核算和明细分类核算。所谓平行登记，是指每发生一笔经济业务，既在总账上进行总括的登记，又在明细账中进行明细登记。其登记的要点可概括如下：

1）同时期同依据登记，就是对发生的每一笔经济业务，一方面要在有关的总分类账户中进行登记，同时要在其所属的有关明细分类账户中进行详细登记。

2）同方向登记，就是将经济业务记入总分类账户及所属的有关明细分类账户时，必须在相同方向，即同在借方或同在贷方。

3）等金额登记，就是记入总分类账户的金额与记入其所属的有关明细分类账户的金额合计数相等。

小提示 会计中的"平行"是指总分类账和明细分类账同时期、同依据、同方向、同金额登记。也就是说会计中的"平行"就是相同的意思，是总分类账和所属明细账登账时依据的共同性。

按照平行登记的结果，总分类账户与其所属的明细分类账户之间就形成了相互核对的对应关系，这种对应关系可用公式表示为

总分类账户本期发生额＝所属明细分类账户本期发生额合计

总分类账户期末余额＝所属明细分类账户期末余额合计

现仍以宏利达机械制造企业 2016 年 11 月应收账款、应付账款、原材料为例，进一步说明总分类账、明细分类账和总分类账、明细分类账的平行登记方法。其登记结果如表 4-9～表 4-17 所示。

表 4-9 总分类账

会计科目：应收账款   第 页

2016年		凭证		摘要	借方	贷方	借或贷	余额
月	日	字	号					
11	1			月初余额			借	500 000
11	22	记	9	销售产品	293 500		借	793 250
11	23	记	10	销售产品	81 900		借	875 150
11	24	记	16	收到货款		293 250	借	581 900
11	30			本月发生额及余额	375 150	293 250	借	581 900

表 4-10 应收账款明细分类账

二级或明细科目：金星公司   第 页

2016年		凭证		摘要	借方	贷方	借或贷	余额
月	日	字	号					
11	1			月初余额			借	350 000
11	22	记	9	销售产品	293 250		借	643 250
	30	记	16	收到货款		293 250	借	350 000
11	30			本月发生额及余额	293 250	293 250	借	350 000

表 4-11 应收账款明细分类账

二级或明细科目：昌明企业   第 页

2016年		凭证		摘要	借方	贷方	借或贷	余额
月	日	字	号					
11	1			月初余额			借	150 000
11	23	记	10	销售产品	81 900		借	231 900
11	30			本月发生额及余额	81 900		借	231 900

表 4-12　总分类账

会计科目：原材料　　　　　　　　　　　　　　　　　　　　　　　　　　　　　　　　第　页

2016 年		凭证		摘要	借方	贷方	借或贷	余额
月	日	字	号					
11	1			月初余额			借	1 600 000
11	16	记	3	购进材料	95 000		借	1 695 000
	19	记	6	生产和管理部门领用		29 800	借	1 665 200
11	30			本月发生额及余额	95 000	29 800	借	1 665 200

表 4-13　材料明细分类账

材料名称：425#角钢　　　　　　　　　　　　　　　　　　　　　　　　　　　　　　　第　页

2016 年		凭证		摘要	借方			贷方			余额		
月	日	字	号		数量	单价	金额	数量	单价	金额	数量	单价	金额
11	1			月初余额							800	1 500	1 200 000
11	6	记	3	购进材料	30	1 500	45 000				830	1 500	1 245 000
	19	记	6	生产管理领用				13.2	1 500	19 800	816.80	1 500	1 225 200
11	30			本月发生额及余额	30	1 500	45 000	13.2	1 500	19 800	816.80	1 500	1 225 200

表 4-14　材料明细分类账

材料名称：325#方钢　　　　　　　　　　　　　　　　　　　　　　　　　　　　　　　第　页

2016 年		凭证		摘要	借方			贷方			余额		
月	日	字	号		数量	单价	金额	数量	单价	金额	数量	单价	金额
11	1			月初余额							400	1 000	400 000
11	6	记	3	购进材料	50	1 000	50 000				450	1 000	450 000
	19	记	6	生产领用				10	1 000	10 000	440	1 000	440 000
11	30			本月发生额及余额	50	1 000	50 000	10	1 000	10 000	440	1 000	440 000

表 4-15　总分类账

会计科目：应付账款　　　　　　　　　　　　　　　　　　　　　　　　　　　　　　　第　页

2016 年		凭证		摘要	借方	贷方	借或贷	余额
月	日	字	号					
11	1			月初余额			贷	250 000
11	6	记	3	购进材料		111 150	贷	361 150
11	15	记	4	偿还货款	30 000		贷	331 150
11	18	记	5	偿还货款	5 850		贷	325 000
11	30			本月发生额及余额	35 850	111 150	贷	325 300

表 4-16　应付账款明细分类账

材料名称：帆华工厂　　　　　　　　　　　　　　　　　　　　　　　　　　　　　　　　第　页

2016 年		凭证		摘要	借方	贷方	借或贷	余额
月	日	字	号					
11	1			月初余额			贷	170 000
11	6	记	3	购进材料		58 500	贷	228 500
11	18	记	5	偿还货款	5 850		贷	222 650
11	30			本月发生额及余额	5 850	58 500	贷	222 650

表 4-17　应付账款明细分类账

材料名称：三亚工厂　　　　　　　　　　　　　　　　　　　　　　　　　　　　　　　　第　页

2016 年		凭证		摘要	借方	贷方	借或贷	余额
月	日	字	号					
11	1			月初余额			贷	80 000
11	6	记	3	购进材料		52 650	贷	132 650
11	15	记	4	偿还货款	30 000		贷	102 650
11	30			本月发生额及余额	30 000	52 650	贷	102 650

　　为了检查总分类账户及其所属明细分类账户的记录结果是否正确，还应当根据总分类账户与其所属的有关明细分类账户的发生额和余额必然相等的原理，通过编制明细分类账户本期发生额和余额明细表（也是一种试算法）进行相互核对。

　　明细分类账户本期发生额和余额明细表，通常有两种形式：一种适用材料物资明细分类账户，一种适用结算往来明细分类账户。前者既要反映金额又要反映数量，后者只反映金额。

　　明细分类账户本期发生额和余额明细表，通常是在月末根据各个明细分类账户的本期发生额和余额汇总编制而成的。如表 4-18～表 4-20 所示。

表 4-18　原材料明细账户

第　页

明细分类账户	单位	单价	期初余额		收入		发出		月末余额	
			数量	金额	数量	金额	数量	金额	数量	金额
425#角钢	吨	1 500	800	1 200 000	30	45 000	13.20	19 800	816.800	1 225 200
325#方钢	吨	1 000	400	400 000	50	50 000	10.00	10 000	440	440 000
合计				1 600 000		95 000		29 800		1 665 200

表 4-19　应付账款明细账户

第　页

明细科目	月初金额		本期发生额		月末余额	
	借方	贷方	借方	贷方	借方	贷方
大华工厂		170 000	5 850	58 500		222 650
东方工厂		80 000	30 000	52 650		102 650
合计		250 000	35 850	111 150		325 300

表 4-20　应收账款明细账户

第　页

明细科目	月初金额		本期发生额		月末余额	
	借方	贷方	借方	贷方	借方	贷方
W 公司	350 000		293 250	293 250	350 000	
维达公司	150 000		81 900		231 900	
合计	500 000		375 150	293 250	581 900	

小测验　　扬天企业"原材料"科目的设置如表 4-21 所示。该企业应当如何设置总分类账和明细分类账？原材料和它所属明细分类账之间的数量关系如何？

表 4-21　会计科目

总分类科目（一级科目）	明细分类科目	
	二级明细科目	三级明细科目
原材料	原材料及主要材料	方钢
		角钢
	辅助材料	润滑剂
		油漆
	燃料	柴油
		汽油

小　结

本章主要阐述会计科目与账户、复式记账原理、借贷记账法的相关问题。

会计科目只是对会计内容具体分类的项目名称，不能起到具体记载会计内容的作用。账户是按规定的会计科目开设的，根据总分类科目开设的账户，称为总分类账户，简称总账；根据明细分类科目开设的账户，称为明细分类账户，简称明细账。

记账方法按其记录经济业务方式的不同，可分为单式记账法和复式记账法两种。采用复式记账法要比单式记账法更加科学。它不仅可以通过账户记录，完整、系统地反映经济活动的过程和结果，而且还能清楚地反映每项经济业务的来龙去脉，这样，就可以对账户的记录结果，进行试算平衡，以检查账户记录的正确性。

借贷记账法是以"借"、"贷"作为记账符号，以"有借必有贷，借贷必相等"作为记账规则，对每一项经济业务在两个或两个以上的账户中，以借贷相等的金额，全面地、相互联系地进行记录的一种复式记账方法。会计分录简称分录，是标明每笔经济业务列示其应借记和应贷记的账户及登记方向和金额的一种记录。

试算平衡是指根据资产和负债及所有者权益之间的平衡关系，按照"有借必有贷，借贷必相等"记账规则的要求，通过对所有账户的发生额或余额的汇总计算和比较，来检查各类账户记录是否正确的一种方法。

登账就是按照复试记账的步骤和特点，对于每项经济业务，在编制了会计分录以后，把有关账户金额记入账簿中的过程。登账以后，一般在期末结出各账户的本期借、贷方发生额，并结合账户的期初余额，计算出各账户的期末余额，以便根据账簿记录编制会计报表，这个记账步骤通常称为"结账"。

思 考 题

1. 什么是会计科目？为什么要设置会计科目？设置会计科目的原则是什么？
2. 为什么要设置账户？设置账户的原则是什么？账户的基本结构是怎样的？
3. 试比较单式记账方法和复式记账方法，并说出各自的优缺点。
4. 什么是借贷记账法？借贷记账法有何特点？为什么说借贷记账法是一种科学的、严密的记账方法？
5. 会计分录有哪几种？为什么要编制会计分录？编制会计分录时应注意哪些问题？

案例导入分析

应设置的账簿主要有四大类，即资产类、负债类、所有者权益类和损益类。所采用的记账方法应能保证全面反映经济交易或事项发生的来龙去脉及其影响，应能保证不打破会计要素之间的平衡关系，符合这种要求的记账方法应该是复式记账法（借贷记账法是其中一种应用最为广泛的方法）。这是因为任何经济交易或事项的发生所影响的范围都不会超出会计六大要素的范围，同时也不会改变它们之间的平衡关系；而借贷记账法作为一种科学的复式记账法，不仅可以全面地反映经济交易或事项所产生的影响，保持会计要素之间的平衡关系，而且还可以通过借贷试算平衡，及时地发现记账过程中由于疏忽所导致的一些记账差错。

实 训 题

实训 1

【实训目标】

学习会计分录的编制。

【实训资料】

丙公司 2016 年 11 月发生如下经济业务：

① 收到乙公司货币资金投资 100 000 元，已存入银行。

② 收到丁公司所欠货款 10 000 元，存入银行。

③ 从银行提取现金 500 元。

④ 以银行存款 20 000 元购置机器设备。

⑤ 向工商银行取得长期贷款 100 000 元，存入银行。

⑥ 向甲公司采购原材料 50 000 元，货款尚未支付。

⑦ 向戊公司销售商品，成本为 80 000 元，售价为 100 000 元，货款未收（不考虑增值税）。

⑧ 以银行存款支付某公司货款 30 000 元。

⑨ 以现金 500 元购买办公用品（直接计入管理费用）。

⑩ 收到前欠货款 70 000 元，存入银行。

【实训要求】

根据借贷记账法的原理，分析确定各项经济业务应借、应贷账户的名称和金额，并编制会计分录。

实训 2

【实训目标】

学习会计分录的编制，学习区别单式记账法和复式记账法。

【实训资料】

张老师带领财会一班的王玲、李会、吕东到甲公司进行实践调研，以测试学生所学会计知识是否牢固。甲公司提供给他们的资料如下：

1）2016 年 1 月 1 日，甲公司有关账户的余额如下：

借方余额：库存现金 1 000 元，银行存款 80 000 元，应收账款 10 000 元，库存商品 100 000 元，固定资产 200 000 元。

贷方余额：短期借款 10 000 元，应付账款 80 000 元，应付利息 10 000 元，实收资本 200 000 元，资本公积 70 000 元，未分配利润 1 000 元，累计折旧 20 000 元。

2）2016 年 1 月 1 日～12 月 31 日发生如下经济业务：

① 从银行提取现金 3 000 元。

② 销售库存商品成本 80 000 元，售价 100 000 元，货款未收（不考虑增值税）。

③ 向银行借入半年期借款 10 000 元，存入银行。

④ 采购材料 30 000 元，其中用银行存款支付 10 000 元，余下 20 000 元尚未支付。

⑤ 计提本月应交给银行的利息 2 000 元。

⑥ 提取累计折旧 20 000 元（假设全部计入管理费用）。

⑦ 以现金形式收回以前年度应收账款 5 000 元。

⑧ 以银行存款支付以前年度应付账款 50 000 元。

⑨ 以银行存款支付利息 5 000 元。

【实训要求】

1）用期初余额试验会计恒等式"资产＝负债＋所有者权益"是否成立。

2）用复式记账法做会计分录，并分析单式记账法和复式记账法的优缺点。说明选用复式记账法的理由。

3）计算甲公司 2016 年 12 月 31 日各账户的期末余额（假设尚未进行损益结转）。

第5章 借贷记账法在工业制造企业中的应用

学习目标

- 理解借贷记账法的基本原理和基本方法。
- 掌握借贷记账法的记账特点、记账规律,理解工业制造业的基本经济业务。
- 能够分析并用借贷记账法处理工业制造业的基本经济业务。

关键概念

工业制造业 借贷记账法 应用 经济业务

案例导入

陈明初到环宇公司财务处上班,正赶上年底结算,老会计师有意考考他,于是问他说:"今年我们公司可供分配股利的净利润为20万元,公司为了稳定股利分配政策,保证企业的信誉,决定按上年的分配方案,分配现金股利30万元,希望你帮公司出主意再筹10万元。"陈明低头想了一会说:"公司最近吸收投资50万元,作为实收资本30万元,其余作为资本公积金了,可以用资本公积金进行分配。"老会计师摇摇头,语重心长地说:"年轻人参加工作后,你还需要好好学习呀!"

思考:为什么老会计对陈明的回答不满意?

5.1 工业制造企业主要经济业务概述

制造业企业是产品的生产单位,其完整的生产经营过程由供应过程、生产过程和销售过程所构成。伴随着生产经营过程,资金运动要经过五个阶段,即资金的筹集、资金的投放、资金的运营、资金的回收和资金的分配。同时,随着生产经营过程的不断进行,其资金形态不断转化,形成经营资金的循环与周转。

企业筹集资金的渠道一般有两种:其一,接受投资人的投资,形成权益资金。其二,向债权人借入资金,形成企业的负债。企业筹集到的资金最初一般表现为货币资金形态,也可以说,货币资金形态是资金运动的起点。

企业筹集到的资金首先进入供应阶段。供应过程是企业产品生产的准备过程,在这个过程中,企业用货币资金购买机器设备等劳动资料形成固定资产,购买原材料等劳动对象形成储备资金,为生产产品做好物资上的准备,货币资金分别转化为固定资产形态和储备资金形态，为生产过程做好了准备。

生产过程是制造业企业经营过程的中心环节。在生产过程中，劳动者借助劳动资料对劳动对象进行加工，生产出各种各样适销对路的产品，以满足社会的需要。生产过程既是产品的制造过程，又是物化劳动和活劳动的耗费过程，即费用和成本的发生过程。

销售过程是产品价值的实现过程。在销售过程中，企业通过销售产品，并按照销售价格与购买单位办理各种款项的结算，收回款项，从而使得成品资金形态转化为货币资金形态，回到了资金运动起点状态，完成了一次资金的周转。另外，销售过程中还要发生各种诸如包装、广告等销售费用，计算并及时缴纳各种销售税金，结转销售成本，这些都属于销售过程的核算内容。

对于制造业企业而言，生产产品并销售产品是其主要的经营业务，即主营业务，但还不是其全部业务。除主营业务之外，制造业企业还要发生一些其他诸如销售材料、出租固定资产等业务；在对外投资活动过程中还会产生投资损益，在非营业活动中产生营业外的收支净额等。这些业务内容综合在一起，形成制造业企业的全部会计核算内容。企业在生产经营过程中所获得的各项收入抵偿了各项成本、费用之后的差额，形成企业的利润。企业实现的利润，一部分要以所得税的形式上缴国家，形成国家的财政收入；另一部分即税后利润，要按照规定的程序在各有关方面进行合理的分配。如果发生了亏损，还要按照规定的程序进行弥补。通过利润分配，一部分资金要退出企业，一部分资金要以公积金等形式继续参加企业的资金周转。综合上述内容，企业在经营过程中发生的主要经济业务内容包括：①资金筹集业务；②供应过程业务；③生产过程业务；④产品销售过程业务；⑤财务成果形成与分配业务。

　　小提示　　资金循环的每个环节都要发生很多经济业务，会计工作的重点就是掌握资金的运动规律并对资金运动过程中每个环节发生的经济业务进行反映和监督。

　　小测验　　会计核算的内容只有单位正常生产经营活动中发生的经济业务，在非正常生产经营过程中发生的营业外收支活动不属于会计核算的内容。（　　）

5.2　资金筹集业务的核算

5.2.1　筹集资金业务的内容

对于任何一个企业而言，其资产形成的资金来源主要有两条渠道：一是投资人的投资及其增值，形成投资人的权益，该部分业务可以称为权益资金筹集业务；二是向债权人借入的，形成债权人的权益，该部分业务可以称为负债资金筹集业务。投资者将资金投入企业，进而对企业资产的要求权形成企业的所有者权益；债权人将资金借给企业，进而对企业资产的要求权形成企业的负债。所谓所有者权益是指企业的所有者在企业资产中所享有的经济利益，其金额为资产减去负债后的差额。

1. 权益资金的内容

企业从投资人处筹集到的资金形成企业所有者权益的重要组成部分。企业的所有者权益包括实收资本、资本公积、盈余公积和未分配利润四部分。其中，实收资本和资本公积是所有者直接投入企业的资本和资本溢价等，一般也将实收资本和资本公积称为投入资本。盈余公积和未分配利润则是企业在经营过程中所实现的利润留存于企业的部分，也称为留存收益。一般来讲，在筹资阶段所涉及的权益资金主要是实收资本（股本）和资本公积。

（1）实收资本

实收资本是指企业的投资者按照企业章程或合同、协议的约定，实际投入企业的资本金。实收资本代表着一个企业的实力，是创办企业的"本钱"，包括国家资本金、法人资本金、个人资本金及外商资本金。企业可以接受货币资金投资、实物投资、有价证券投资和无形资产投资等。我国目前实行的是注册资本制度，要求企业的实收资本应与注册资本相一致。企业接受各方投资者投入的资本金应遵守资本保全（或称资本维持）制度的要求，除法律、法规有规定者外，不得随意抽回。企业在经营过程中实现的收入、发生的费用，以及在财产清查中发现的盘盈、盘亏等都不得直接增减投入资本。

（2）资本公积

资本公积是企业收到投资者的超出其在企业注册资本（或股本）中所占份额的投资，以及直接计入所有者权益的利得和损失等。资本公积包括资本溢价（或股本溢价）和直接计入所有者权益的利得和损失。资本溢价（或股本溢价）是企业收到投资者的超出其在企业注册资本中所占份额的投资。形成资本溢价的原因有溢价发行股票、投资者超额缴入资本等。资本公积主要用来转增资本。

直接计入所有者权益的利得和损失是指不应当计入当期损益、会导致所有者权益发生增减变动、与所有者投入资本或者向所有者分配利润无关的利得或者损失。

2. 负债资金的内容

企业从债权人那里筹集到的资金形成企业的负债，它表示企业的债权人对企业资产的要求权力，即债权人权益。当企业为了取得生产经营所需的资金、商品或劳务等而向银行借款，或向其他单位赊购材料商品时，就形成了企业同其他经济实体之间的债务关系。负债按其偿还期限的长短可以分为流动负债和长期负债。在资金筹资阶段所涉及的负债资金主要是短期借款和长期借款。

（1）短期借款

短期借款是指企业为了满足其生产经营对资金的临时需要向银行或其他金融机构等借入的偿还期限在 1 年以内（含 1 年）的各种借款。一般情况下，企业取得短期借款是为了维持正常的生产经营所需的资金或者为了抵偿某项债务而借入的资金。

（2）长期借款

长期借款是企业向银行及其他金融机构借入的偿还期限在1年以上或超过1年的一个营业周期的各种借款。一般来说，企业举借长期借款，主要是为了增添大型固定资产、购置地产、增添或补充厂房等，也就是为了扩充经营规模而增加各种长期耐用的固定资产的需要。

5.2.2 筹集资金的核算

1. 实收资本的核算

（1）账户的设置

为了对接受投资进行核算，企业应设置"实收资本"（股份制企业设置"股本"）账户。该账户属于所有者权益账户，贷方登记企业实际收到的投资者投入的资本数额的增加，借方登记投资者投入的资本数额的减少，期末余额在贷方，反映企业实有的资本数额。企业收到投资者出资额超过其在注册资本或股本中所占份额的部分，作为资本溢价或股本溢价在"资本公积"账户核算。"实收资本"和"股本"账户的结构如下：

借方	实收资本（股本）	贷方
本期实收资本（股本）的减少	期初余额：	
	本期实收资本（股本）的增加	
本期发生额合计：	本期发生额合计：	
	期末余额：实收资本（股本）的实有数	

（2）实收资本（股本）的主要账务处理

企业接受的投资可以是货币资金，也可以是非货币资金。当企业接受货币性投资时，按实际收到的款项借记"银行存款"账户，按应归于注册资本份额内的部分贷记"实收资本（股本）"账户，按超出在注册资本中所占的份额贷记"资本公积"账户。当企业收到非货币性资产投资时，按协议或合同规定的入账价值借记"固定资产"、"原材料"等账户，按应归于注册资本份额内的部分贷记"实收资本（股本）"账户，按超出在注册资本中所占的份额贷记"资本公积"账户。

【例5-1】B有限责任公司，接受乙公司投资的不需要安装的生产用设备一台，合同约定价格为2 000 000元，增值税进项税额为340 000元，合同约定价格与公允价值相符，不考虑其他因素。

该项经济业务的发生，一方面使得公司的固定资产增加2 000 000元，增值税的进项税额增加了340 000元，使公司的所有者权益增加了2 340 000元。涉及"固定资产"、"应交税费"和"实收资本"三个账户。固定资产的增加是资产的增加，应记入"固定资产"账户的借方，应交税费的减少是企业在接受生产经营用固定资产时已经支付了增值税进项税额，而支付增值税进项税额使应交增值税减少，应记入"应交税费"账户的借方，实收资本的增加是所有者权益的增加，应记入"实收资本"账户的贷方。根据分析，编制会计分录如下：

借：固定资产 2 000 000
　　应交税费——应交增值税（进项税额） 340 000
　　贷：实收资本——乙公司 2 340 000

【例 5-2】B 有限责任公司，接受现金投资 100 000 000 元，占注册资本总额 200 000 000 元的 50%，则该企业接受投资的会计处理为：

该项经济业务的发生，一方面使得公司的银行存款增加 100 000 000 元，另一方面使得公司的所有者权益增加了 100 000 000 元。涉及"银行存款"和"实收资本"两个账户。银行存款的增加是资产的增加，应记入"银行存款"账户的借方，实收资本的增加是所有者权益的增加，应记入"实收资本"账户的贷方。根据分析，编制会计分录如下：

借：银行存款 100 000 000
　　贷：实收资本 100 000 000

【例 5-3】2016 年 6 月，A 股份有限公司接受甲公司原材料投资一批，合同价值为 100 000 元，增值税进项税额为 17 000 元，则该企业接受投资会计处理为：

该项经济业务的发生，一方面使得公司的原材料增加 100 000 元，另一方面使得公司支付增值税（进项税额）17 000 元，公司的股本增加了 117 000 元。涉及"原材料"、"应交税费——应交增值税（进项税额）"、"股本"三个账户。原材料的增加是资产的增加，应记入"原材料"账户的借方，股本的增加是所有者权益的增加，应记入"实收资本"账户的贷方。增值税进项税额的支付是负债的减少，应记入"应交税费——应交增值税（进项税额）"账户的借方。根据分析，编制会计分录如下：

借：原材料 100 000
　　应交税费——应交增值税（进项税额） 17 000
　　贷：股本——甲公司 117 000

2. 资本公积的核算

（1）账户的设置

资本公积的主要用途就在于转增资本，即在办理增资手续后用资本公积转增股本，按股东原有股份比例发给新股或增加每股面值。为了核算资本公积的增减变化和结余情况设置"资本公积"账户，该账户属于所有者权益类账户。其贷方反映按照企业章程规定投资者投入的超出其在注册资本中所占份额的部分及直接计入所有者权益的利得；借方反映企业按照法定程序将资本公积转增资本或直接计入所有者权益的损失等。期末余额在贷方，表示企业期末资本公积的结余数。"资本公积"账户的结构如下：

借方	资本公积	贷方
本期资本公积的减少	期初余额：	
	本期资本公积的增加	
本期发生额合计：	本期发生额合计：	
	期末余额：资本公积的结余数	

（2）资本公积的账务处理

1）资本溢价。除股份有限公司外的其他类型的企业，在企业创立时，投资者认缴的出资额与注册资本一致，一般不产生资本溢价。但在企业重组或有新的投资者加入时，常常会出现资本溢价。因为在企业进行正常生产经营后，其资本利润率通常高于企业初创阶段，另外，企业有内部积累，新投资者加入企业后，对这些积累也要分享，所以新加入的投资者往往要付出大于原投资者的出资额，才能取得与原投资者相同的出资比例。投资者多缴的部分形成资本溢价。

【例 5-4】B 有限责任公司，有两位投资者投资 200 000 元设立，每人各出资 100 000元，一年后，为扩大经营规模，经批准，B 有限责任公司注册资本增加到 300 000 元，并引入第三位投资者加入。按照投资协议，新投资者需要缴入现金 110 000 元，同时享有该公司三分之一的股份。B 公司已经收到现金投资，假定不考虑其他因素，B 公司的会计分录为：

借：银行存款　　　　　　　　　　　　　　　　　　　　　110 000
　　贷：实收资本　　　　　　　　　　　　　　　　　　　　100 000
　　　　资本公积——资本溢价　　　　　　　　　　　　　　　10 000

2）股本溢价。股份有限公司是以发行股票的方式筹集股本的，股票可按面值发行，也可按溢价发行，我国目前不准折价发行。与其他类型的企业不同股份制企业在新成立时就可能产生股本溢价。按面值发行股票的情况下，不产生股本溢价。按溢价发行股票，只有票面价值计入股本，超出面值部分计入资本公积金。

【例 5-5】2016 年 6 月，A 股份有限公司经过中国证监会批准，发行普通股 2 000 000股，每股面值 1 元，发行价格 7.8 元/股，发行手续费为发行收入的 3%，股款已全部存入银行。

股票的总面值为 2 000 000 元（2 000 000×1），发行费用为 468 000 元（2 000 000×7.8×3%），溢价额为 13 132 000 元（2 000 000×7.8−2 000 000×1−468 000）。按照规定，股票发行费用直接从溢价额中扣除。这项经济业务的发生，一方面使得公司的银行存款增加 15 132 000 元（2 000 000+13 132 000），另一方面使得公司股东对公司的股本投资增加 2 000 000 元，资本公积增加 13 132 000 元。因此，这项经济业务涉及"银行存款"、"股本"和"资本公积"三个账户。银行存款的增加是资产的增加，应记入"银行存款"账户的借方；股东对公司投资的增加是所有者权益的增加，其中面值部分应记入"股本"账户的贷方，溢价额部分应记入"资本公积"账户的贷方。根据分析，编制会计分录如下：

借：银行存款	15 132 000
贷：股本	2 000 000
资本公积——股本溢价	13 132 000

5.2.3 负债资金筹集业务的核算

企业从债权人那里筹集到的资金形成企业的负债，它表示企业的债权人对企业资产的要求权利，即债权人权益。当企业为了取得生产经营所需的资金、商品或劳务等而向银行借款或向其他单位赊购材料商品时，就形成了企业同其他经济实体之间的债务关系。负债按其偿还期限的长短可以分为流动负债和非流动负债。在筹资阶段，主要涉及的负债为短期借款和长期借款。

1. 短期借款业务的核算

（1）账户的设置

"短期借款"账户的性质是负债类账户，是用来核算企业向银行或其他金融机构借入的期限在 1 年以内（含 1 年）的各种借款的增减变动及其结余情况的账户。该账户的贷方登记取得的短期借款即短期借款本金的增加，借方登记短期借款的偿还即短期借款本金的减少，期末余额在贷方，表示企业尚未偿还的短期借款的本金结余额。短期借款应按照债权人、借款种类和币种进行明细分类核算。"短期借款"账户的结构如下：

借方	短期借款	贷方
本期短期借款的减少（偿还）	期初余额：	
	本期短期借款的增加（取得）	
本期发生额合计：	本期发生额合计：	
	期末余额：短期借款的结余额	

（2）短期借款的核算

短期借款必须按期归还本金并按时支付利息。短期借款的利息支出属于企业在理财活动过程中为筹集资金而发生的一项耗费，在会计核算中，企业应将其作为期间费用（财务费用）加以确认。由于短期借款利息的支付方式和支付时间不同，会计处理的方法也有一定的区别：如果银行对企业的短期借款按月计收利息，或者虽在借款到期收回本金时一并收回利息，但利息数额不大，企业可以在收到银行的计息通知或在实际支付利息时，直接将发生的利息费用计入当期损益（财务费用）；如果银行对企业的短期借款采取按季或半年等较长期间计收利息，或者是在借款到期收回本金时一并计收利息且利息数额较大的，为了正确地计算各期损益额，保持各个期间损益额的均衡性，通常按权责发生制原则的要求，采取预提的方法按月预提借款利息，计入预提期间的损益（财务费用），待季度或半年等结息期终了或到期支付利息时，再冲销这项负债。

【例 5-6】2016 年 10 月，A 股份有限公司因生产经营的临时性需要，向银行申请取得期限为 6 个月的借款 1 000 000 元，存入银行。

这项经济业务的发生，一方面使得公司的银行存款增加 1 000 000 元，另一方面使得公司的短期借款增加 1 000 000 元。因此，这项经济业务涉及"银行存款"和"短期借款"两个账户。银行存款的增加是资产的增加，应记入"银行存款"账户的借方，短期借款的增加是负债的增加，应记入"短期借款"账户的贷方。根据分析，编制会计分录如下：

借：银行存款　　　　　　　　　　　　　　　　　　　　　　 1 000 000
　　贷：短期借款　　　　　　　　　　　　　　　　　　　　　　 1 000 000

【例 5-7】承例 5-6，假如上述 A 股份有限公司取得的借款年利率为 3%，利息按季度结算，计算 1 个月应负担的利息。

本月应负担的借款利息为 2 500 元（1 000 000×3%÷12）。借款利息属于企业的一项财务费用，由于利息是按季度结算的，所以本月的利息虽然在本月计算并由本月来负担，却不在本月实际支付，因而形成企业的一项负债，计入应付利息。因此，这项经济业务涉及"财务费用"和"应付利息"两个账户，财务费用的增加属于费用的增加，应记入"财务费用"账户的借方，应付利息的增加属于负债的增加，应记入"应付利息"账户的贷方。根据分析，编制会计分录如下：

借：财务费用　　　　　　　　　　　　　　　　　　　　　　　　 2 500
　　贷：应付利息　　　　　　　　　　　　　　　　　　　　　　　　 2 500

（11～12 月计提利息费用的会计分录同上。）

【例 5-8】承例 5-7，A 股份有限公司用银行存款 7 500 元，支付本季度的借款利息。

这项经济业务实际上是偿还银行借款利息这项负债的业务。它一方面使得公司的银行存款减少 7 500 元，另一方面使得公司的应付利息减少了 7 500 元。因此，这项经济业务涉及"银行存款"和"应付利息"两个账户。银行存款的减少是资产的减少，应记入"银行存款"账户的贷方；应付利息的减少是负债的减少，应记入"应付利息"账户的借方。根据分析，编制会计分录如下：

借：应付利息　　　　　　　　　　　　　　　　　　　　　　　　 7 500
　　贷：银行存款　　　　　　　　　　　　　　　　　　　　　　　　 7 500

【例 5-9】承例 5-6，当短期借款到期时，A 股份有限公司用银行存款 1 000 000 元偿还到期的短期借款。

这项经济业务的发生，一方面使得公司的银行存款减少 1 000 000 元，另一方面又使得公司的短期借款减少 1 000 000 元。因此，这项经济业务涉及"银行存款"和"短期借款"两个账户。银行存款的减少是资产的减少，应记入"银行存款"账户的贷方，短期借款的减少是负债的减少，应记入"短期借款"账户的借方。根据分析，编制会计分录如下：

借：短期借款　　　　　　　　　　　　　　　　　　　　　　 1 000 000
　　贷：银行存款　　　　　　　　　　　　　　　　　　　　　　 1 000 000

2. 长期借款业务的核算

（1）账户设置

为了核算长期借款本金及利息的取得和偿还情况，需要设置"长期借款"账户。该账户的性质属于负债类，用来核算企业从银行或其他金融机构取得的长期借款的增减变动及其结余情况的账户。其贷方登记长期借款的增加数，借方登记长期借款的减少数（偿还的借款本金）。期末余额在贷方，表示尚未偿还的长期借款本金或本利和的余额。该账户应按贷款单位和贷款种类，分为"本金"、"利息调整"、"应计利息"等账户进行明细核算。"长期借款"账户的结构如下：

借方	长期借款	贷方
本期长期借款的减少（归还）	期初余额：	
	本期长期借款的增加（取得）	
本期发生额合计：	本期发生额合计：	
	期末余额：长期借款的结余数	

（2）企业取得长期借款的核算

企业取得长期借款时，借记"银行存款"账户，贷记"长期借款——本金"账户；如果有差额，还应借记"长期借款——利息调整"账户。

【例 5-10】2016 年 11 月，A 股份有限公司为购建一条新的生产线（工期 2 年），向中国银行取得期限为 3 年的人民币借款 5 000 000 元，存入银行。借入的当日开始投入购建固定资产活动。

这项经济业务的发生，一方面使得公司的银行存款增加 5 000 000 元，另一方面使得公司的长期借款增加 5 000 000 元。涉及"银行存款"和"长期借款"两个账户。银行存款的增加是资产的增加，应记入"银行存款"账户的借方，长期借款的增加是负债的增加，应记入"长期借款"账户的贷方。根据分析，编制会计分录如下：

借：银行存款　　　　　　　　　　　　　　　　　　5 000 000

　　贷：长期借款——本金　　　　　　　　　　　　　　　5 000 000

（3）长期借款的利息会计处理

长期借款利息费用应当在资产负债表日按照实际利率法计算确定，实际利率与合同利率差异较小的，也可以采用合同利率计算确定利息费用。长期借款计算确定的利息费用，应当按以下原则计入有关成本和费用：属于筹建期间的，计入管理费用；属于生产经营期间的，计入财务费用。如果长期借款用于购建固定资产的，在固定资产尚未达到预定可使用状态前，所发生的应当资本化的利息支出，计入在建工程；固定资产达到预定可使用状态后发生的利息支出，以及按规定不予资本化的利息支出，计入财务费用。长期借款按合同利率计算确定的应付未付利息，记入"应付利息"或"长期借款——应计利息"账户。在资产负债表日，应按摊余成本和实际利率计算确定的长期借款的利息费用，借记"在建工程"、"制造费用"、"财务费用"、"研发支出"等账户，按合同利率计算确定的应付未付利息，贷记"应付利息"或"长期借款——应计利息"账户，按其差额，贷记"长期借款（利息调整）"账户。实际利率与合同利率差异较小的，也可采用合同利率计算确定利息费用。

小提示 长期借款付息期不超过一年的应付利息通过"应付利息"账户核算；长期借款付息期超过一年的应付利息通过"长期借款——应计利息"账户核算。

【例 5-11】承例 5-10，假如上述借款年利率 6%，合同规定到期一次还本付息，单利计息。计算确认借入当月应由该工程负担的借款利息。

在固定资产建造工程达到预定可使用状态之前，用于工程的借款利息属于一项资本性支出，应计入固定资产建造工程成本。单利计息的情况下，其利息的计算方法与短期借款利息计算方法相同，借入当月的利息为 25 000 元（5 000 000×6%÷12）。所以，这项经济业务的发生，一方面使得公司的在建工程成本增加 25 000 元，另一方面使得公司的长期借款利息这项负债增加 25 000 元。涉及"在建工程"和"长期借款——应计利息"两个账户。工程成本的增加是资产的增加，应记入"在建工程"账户的借方，借款利息的增加是负债的增加，应记入"长期借款——应计利息"账户的贷方。根据分析，编制会计分录如下：

借：在建工程   25 000
　　贷：长期借款——应计利息   25 000

（在固定资产未达到预定可使用状态前的会计分录同上，达到预定可使用状态后发生的利息记入"财务费用"账户。）

（4）归还长期借款

企业归还长期借款的本金时，应当按归还的金额，借记"长期借款——本金"账户，贷记"银行存款"账户；按归还的利息，借记"长期借款——应计利息"账户，贷记"银行存款"账户。

【例 5-12】承例 5-10 和例 5-11，A 股份有限公司长期借款到期，偿还该笔借款的本金和利息。

该笔长期借款在存续期间的利息为 900 000 元，借款本金 5 000 000 元，合计为 5 900 000 元，在到期时一次付清。所以，这项经济业务的发生，一方面使得公司的银行存款减少 5 900 000 元，另一方面使得公司的长期借款（包括本金和利息）减少 5 900 000 元。涉及"银行存款"、"长期借款"两个账户。银行存款的减少是资产的减少，应记入"银行存款"账户的贷方，长期借款本金的减少是负债的减少，应记入"长期借款——本金"账户的借方，利息归还也是负债的减少，应记入"长期借款——应计利息"账户的借方。根据分析，编制会计分录如下：

借：长期借款——本金   5 000 000
　　　　——应计利息   900 000
　　贷：银行存款   5 900 000

小测验　短期借款的利息费用一般记入"财务费用"账户，长期借款的利息费用应根据实际情况分别记入（　　）账户。

5.3　供应过程业务的核算

资金在企业经营过程的不同阶段，其运动的方式和表现的形态不同，因而核算的内容也就不同。我们一般将企业的经营过程划分为供应过程、生产过程和销售过程。其中供应过程是为生产产品做准备的过程。为了生产产品，就要做好多方面的物资准备工作，其中较为重要的，就是准备劳动资料（即购建固定资产）和准备劳动对象（即购买原材料）等。

5.3.1　固定资产购置业务的核算

1．固定资产的含义

固定资产是指同时具有以下特征的有形资产：①为生产商品、提供劳务、出租或经营管理而持有的；②使用寿命超过一个会计年度。

2．固定资产账户的设置

为了核算固定资产，企业一般需要设置"固定资产"、"在建工程"等账户。

（1）"固定资产"账户

该科目核算企业固定资产的原价，借方登记企业增加的固定资产原价，贷方登记企业减少的固定资产原价，期末借方余额，反映企业期末固定资产的账面原价。"固定资产"账户的结构如下：

借方	固定资产	贷方
期初余额：		
本期固定资产的增加	本期固定资产的减少	
本期发生额合计：	本期发生额合计：	
期末余额：原价的结余额		

（2）"在建工程"账户

该账户的性质属于资产类，用来核算企业单位为进行固定资产购建、安装、技术改造以及大修理等工程而发生的全部支出（包括安装设备的价值），并据以计算确定各该工程成本的账户。该账户的借方登记工程支出的增加，贷方登记结转完工工程的成本。期末余额在借方，表示未完工程的成本。"在建工程"账户应按工程内容如建筑工程、安装工程、技术改造工程、大修理工程等设置明细账户，进行明细核算。"在建工程"账户的结构如下：

借方	在建工程	贷方
期初余额：		
本期工程发生的支出	本期结转完工的工程成本	
本期发生额合计：	本期发生额合计：	
期末余额：未完工工程成本		

3. 取得固定资产的会计处理

固定资产的来源很多，不同的来源入账价值不同，这里我们主要讲外购固定资产的入账价值的核算。

企业外购的固定资产，应按实际支付的购买价款、相关费用、使固定资产达到预定可使用状态前所发生的可归属于该项资产的运输费、装卸费、安装费和专业人员的服务费等，作为固定资产的取得成本。其中，外购的生产用机器设备增值税进项税可以抵扣，不计入固定资产的成本。

（1）购入不需要安装的固定资产

不需要安装的固定资产，应按实际支付的购买价款、相关税费及使固定资产达到预定可使用状态前所发生的可归属于该项资产的运输费、装卸费和专业人员服务费等，作为固定资产成本，借记"固定资产"等账户，贷记"银行存款"等账户。

（2）购入需要安装的固定资产

需要安装的固定资产，应在购入的固定资产取得成本的基础上加安装调试成本等作为固定资产的成本，先通过"在建工程"账户核算，待安装完毕达到预定可使用状态时，再由"在建工程"账户转入"固定资产"账户。

企业自购入固定资产时，按实际支付的购买价款、运杂费、装卸费和其他费用等借记"在建工程"账户，贷记"银行存款"等账户；支付安装费用等，借记"在建工程"账户，贷记"银行存款"等账户；安装完毕达到预定可使用状态时，按其实际成本，借记"固定资产"账户，贷记"在建工程"账户。

【例 5-13】2016 年 6 月，A 股份有限公司购入一台不需要安装的生产用设备，该设备的买价 125 000 元，增值税 21 250 元，包装运杂费等 2 000 元，全部款项通过银行支付，设备当即投入使用。

这是一台不需要安装的设备，购买完成之后就意味着达到了预定可使用状态，在购买过程中发生的支出即 127 000 元（125 000＋2 000）形成固定资产的取得成本。发生的 21 250 元形成应交税费应交增值税的进项税额，这项经济业务的发生，一方面使得公司固定资产取得成本增加 127 000 元，应交税费减少了 21 250 元，另一方面使得公司的银行存款减少 148 250 元。涉及"固定资产"、"应交税费"和"银行存款"三个账户。固定资产的增加是资产的增加，应记入"固定资产"账户的借方，应交税费减少是负债的减少，记入"应交税费——应交增值税（进项税额）"账户的借方，银行存款的减少是资产的减少，应记入"银行存款"账户的贷方。根据分析，编制会计分录如下：

借：固定资产	127 000
应交税费——应交增值税（进项税额）	21 250
贷：银行存款	148 250

【例 5-14】2016 年 6 月，A 股份有限公司用银行存款购入一台需要安装的生产用设备，有关发票等凭证显示其买价 480 000 元，增值税进项税额为 81 600 元，包装运杂费等 5 000 元，设备投入安装。在安装过程中发生的安装费如下：领用本公司的原材料12 000 元，应付本公司安装工人的工资 20 000 元，提取的职工福利费 2 800 元（假如原材料不考虑相关的增值税）。

由于这是一台需要安装的设备，因而购买过程中发生的各项支出构成购置固定资产安装工程成本，在设备达到预定可使用状态前的这些支出应先在"在建工程"账户中进行归集。因而，这项经济业务的发生，一方面使得公司的在建工程支出增加计 485 000 元（480 000＋5 000），应交税费减少 81 600 元，另一方面使得公司的银行存款减少 566 600元。涉及"在建工程"、"应交税费"和"银行存款"三个账户。在建工程支出的增加是资产的增加，应记入"在建工程"账户的借方，应交税费的减少是负债的减少，应记入"应交税费——应交增值税（进项税额）"账户的借方，银行存款的减少是资产的减少，应记入"银行存款"账户的贷方。根据分析，编制会计分录如下：

借：在建工程	485 000
应交税费——应交增值税（进项税额）	81 600
贷：银行存款	566 600

设备在安装过程中发生的安装费也构成固定资产安装工程支出。这项经济业务的发生，一方面使得公司固定资产安装工程支出（安装费）增加 34 800 元（12 000＋20 000＋2 800），另一方面使得公司的原材料成本减少 12 000 元，应付职工工资增加 20 000元，应付职工福利费增加 2 800 元。涉及"在建工程"、"原材料"、"应付职工薪酬"三个账户。在建工程支出的增加是资产的增加，应记入"在建工程"账户的借方；原材料的减少是资产的减少，应记入"原材料"账户的贷方；应付工资和应付福利费的增加是负债的增加，应记入"应付职工薪酬"账户的贷方。根据分析，编制会计分录如下：

借：在建工程	34 800
贷：原材料	12 000
应付职工薪酬	22 800

【例 5-15】承例 5-14，上述设备安装完毕，达到预定可使用状态，现已交付使用，结转工程成本。工程安装完毕，交付使用，意味着固定资产的取得成本已经形成，就可以将该工程全部支出转入"固定资产"账户，其工程的全部成本为 519 800 元（485 000＋34 800）。这项经济业务的发生，一方面使得公司固定资产增加 519 800 元，另一方面使得公司的在建工程减少 519 800 元。涉及"固定资产"和"在建工程"两个账户。固定资产取得成本的增加是资产的增加，应记入"固定资产"账户的借方，在建工程支出的结转是资产的减少，应记入"在建工程"账户的贷方。根据分析，编制会计分录如下：

借：固定资产　　　　　　　　　　　　　　　　　　　　　519 800
　　贷：在建工程　　　　　　　　　　　　　　　　　　　　　　519 800

5.3.2　材料供应的核算

企业储存备用的材料，通常都是向外单位采购而得。在材料采购过程中，一方面是企业从供应单位购进各种材料，要计算购进材料的采购成本；另一方面企业要按照经济合同和约定的结算办法支付材料的买价和各种采购费用，并与供应单位发生货款结算关系。在材料采购业务的核算过程中，还涉及增值税进项税额的计算与处理问题。为了完成材料采购业务的核算，需要设置一系列的账户。另外，企业的日常核算方法不尽相同，有的企业使用计划成本核算，而有的企业采用实际成本核算。本书重点阐述材料按实际成本进行收发的日常核算。

1. 按实际成本核算需设置的账户

（1）"在途物资"账户

该账户的性质属于资产类，用来核算企业采用实际成本进行外购材料、商品等物资的买价和各种采购费用，据以计算确定购入物资的实际采购成本的账户，其借方登记购入物资的买价和采购费用（实际采购成本），贷方登记结转完成采购过程、验收入库物资的实际采购成本，期末余额在借方表示尚未运达企业或者已经运达企业但尚未验收入库的在途物资的成本。本账户应按照购入物资的品种或种类设置明细账户，进行明细分类核算。"在途物资"账户的结构如下：

借方	在途物资	贷方
期初余额：		
本期在途物资的增加（购入材料的买价、采购费用等）	本期在途物资的减少（验收入库材料的实际成本）	
本期发生额合计：	本期发生额合计：	
期末余额：在途物资的实际成本		

取得原材料成本的确定，不同方式取得的原材料，其成本的确定方法不同，成本构成内容也不同。其中购入的原材料，其实际采购成本由以下几项内容组成：

1）买价，是指购货发票所注明的货款金额。

2）采购过程中发生的运输费、包装费、装卸费、保险费及仓储费等。

3）材料在运输途中发生的合理损耗。

4）材料入库之前发生的整理挑选费用。

5）按规定应计入材料采购成本中的各种税金，如从国外进口材料支付的关税等。

6）其他费用，如大宗物资的市内运杂费等，但这里需要注意的是市内零星运杂费、采购人员的差旅费及采购机构的经费等不构成材料的采购成本，而是计入管理费用。

购入材料过程中发生的除买价之外的采购费用，如果能够分清是某种材料直接负担的，可直接计入该材料的采购成本，否则就应进行分配。分配时，首先根据材料的特点确定分配的标准，一般来说可以选择的分配标准有材料的重量、体积、买价等，然后计算材料采购费用分配率，最后计算各种材料的采购费用负担额，即

$$材料采购费用分配率＝共同性采购费用额÷分配标准的合计$$
$$某材料应负担的采购费用额＝采购费用分配率×该材料的分配标准$$

（2）"原材料"账户

该账户的性质属于资产类，是用来核算企业库存材料实际成本的增减变动及其结存情况的账户。其借方登记已验收入库材料实际成本，贷方登记发出、盘亏、毁损材料的实际成本（即库存材料成本的减少），期末余额在借方，表示库存材料实际成本的期末结余额。"原材料"账户应按照材料的保管地点、材料的种类或类别设置明细账户，进行明细分类核算。"原材料"账户的结构如下：

借方	原材料	贷方
期初余额：		
本期验收入库材料成本的增加	本期原材料的减少（领用、出售、毁损等）	
本期发生额合计：	本期发生额合计：	
期末余额：原材料实际成本的结余		

（3）"应付账款"账户

该账户的性质属于负债类，用来核算企业单位因购买材料物资、接受劳务供应而与供应单位发生的结算债务的增减变动及其结余情况的账户。其贷方登记应付供应单位的款项（买价、税金和代垫运杂费等），借方登记偿还的应付款。期末余额一般在贷方，表示尚未偿还的应付款的结余额。不设置"预付账款"账户的企业发生的预付账款在"应付账款"账户核算，发生时借记"应付账款"账户。该账户应按照供应单位的名称设置明细账户，进行明细分类核算。"应付账款"账户的结构如下：

借方	应付账款	贷方
	期初余额：	
本期应付供应单位款项的减少（偿还）	本期应付供应单位款项的增加（发生）	
本期发生额合计：	本期发生额合计：	
	期末余额：尚未偿还的应付账款	

（4）"预付账款"账户

该账户的性质属于资产类，用来核算企业按照合同规定向供应单位预付的购料款。其借方登记预付或补付的款项，贷方登记收到供应单位提供的材料物资而应冲销的预付款债权（即预付款的减少）。期末余额一般在借方，表示尚未结算的预付款的结余额。如果本账户有贷方余额，表示应付账款，该账户应按照供应单位的名称设置明细账户，

进行明细分类核算。"预付账款"账户的结构如下：

借方	预付账款	贷方
期初余额：		
本期预付供应单位款项的增加	本期冲销预付供应单位的款项	
本期发生额合计：	本期发生额合计：	
期末余额：尚未结算的预付账款	期末余额：应付账款	

（5）"应付票据"账户

该账户的性质属于负债类，是用来核算企业单位采用商业汇票结算方式购买材料物资等而开出商业汇票的增减变动及其结余情况的账户。其贷方登记企业开出商业汇票的增加，借方登记到期商业汇票的减少。期末余额在贷方，表示尚未到期的商业汇票的期末结余额。该账户不设置明细账户，但要设置应付票据备查簿登记其具体内容。"应付票据"账户的结构如下：

借方	应付票据	贷方
	期初余额：	
本期应付票据得减少（应付票据到期）	本期承兑商业汇票的增加	
本期发生额合计：	本期发生额合计：	
	期末余额：尚未到期商业汇票的结余额	

（6）"应交税费"账户

该账户的性质属于负债类，用来核算企业按税法规定应缴纳的各种税费（印花税等不需要预计税额的税种除外）与实际缴纳情况。其贷方登记计算出的各种应交而未交税费的增加，包括计算出的增值税、消费税、城市维护建设税、所得税、资源税及教育附加费等；借方登记实际缴纳的各种税费，包括支付的增值税进项税额。期末余额如果在贷方，表示未交税费的结余额；如果在借方，表示多交的税费。"应交税费"账户应按照税种设置明细账户，进行明细分类核算。

在材料采购业务中设置"应交税费"账户主要是核算增值税。增值税是对在我国境内销售货物或者提供劳务，以及进口货物的单位和个人，就其取得的货物或应税劳务销售额计算税款，并实行税款抵扣制的一种流转税。增值税是对商品生产或流通各个环节的新增价值或商品附加值进行征税，是一种价外税，分为增值税进项税额和销项税额，其关系如下：

$$当期应纳税额＝当期销项税额－当期进项税额$$

其中，销项税额是指纳税人销售货物或应税劳务，按照销售额和规定的税率计算并向购买方收取的增值税额。其计算公式为

$$销项税额＝销售额×增值税税率$$

进项税额是指纳税人购进货物或接受应税劳务所支付或负担的增值税额。其计算公式为

$$进项税额＝购进货物或劳务价款×增值税税率$$

增值税的进项税额与销项税额是相对应的，销售方的销项税额就是购买方的进项税额。"应交税费"账户的结构如下：

借方	应交税费	贷方
本期实际缴纳的各种税费	期初余额： 本期计算应交的各种税费	
本期发生额合计：	本期发生额合计：	
期末余额：多交的税费	期末余额：未交税费	

2. 按计划成本核算应设置的账户

如果企业按计划成本对存货进行日常核算，则需要设置以下账户。

（1）"材料采购"账户

该账户的性质是资产类，用来核算企业购入材料的实际成本和结转入库的计划成本，并据以计算确定购入材料成本差异额的账户。其借方登记购入材料的实际成本和结转入库材料实际成本小于计划成本的节约差异，贷方登记入库材料的计划成本和结转入库的实际成本大于计划成本的超支差异。期末余额在借方，表示在途材料的实际成本。该账户应按照材料的种类设置明细账户，进行明细分类核算。"材料采购"账户的结构如下：

借方	材料采购	贷方
期初余额： 本期购入材料的实际成本或结转入库材料节约差异额	本期入库材料的计划成本或结转入库材料的超支差异额	
本期发生额合计：	本期发生额合计：	
期末余额：在途材料的实际成本		

（2）"材料成本差异"账户

该账户是专门用来核算实际成本和计划成本差额的一个比较特殊的资产类账户。其借方登记入库材料的超支差异和发出材料应负担的节约差异，贷方登记入库材料的节约差异和发出材料应负担的超支差异。期末余额如果在借方，表示库存材料的超支差异额，如果在贷方，表示库存材料的节约差异额。"材料成本差异"账户的结构如下：

借方	材料成本差异	贷方
期初余额： 本期结转验收入库材料的超支差异和发出材料应负担的节约差异	期初余额： 本期结转入库材料的节约差异和发出材料应负担的超支差异	
本期发生额合计：	本期发生额合计：	
期末余额：库存材料的超支差异额	期末余额：库存材料的节约差异额	

　　另外按计划成本核算设置的"原材料"账户和按实际成本核算设置的"原材料"账户基本相同，所不同的是在按计划成本核算时"原材料"账户的发生额及其结余额均为计划成本。

　　小提示　　1）"在途物资"和"材料采购"这两个账户核算的内容没有实质区别，但其使用范围不同，"在途物质"是在实际成本核算方法下使用的账户，而"材料采购"是在计划成本核算方法下使用的账户。
　　　　　　　2）"材料成本差异"账户必须在材料的获取与使用（耗费、销售等）两个环节中把握其不同用法。

　　3. 购入材料按实际成本核算

　　由于支付方式不同，原材料入库的时间与付款的时间可能一致，也可能不一致，这就导致会计处理上也有所不同。

　　（1）货款已经支付或开出承兑商业汇票，同时材料已经验收入库

　　【例 5-16】 2016 年 12 月，A 股份有限公司购入甲材料一批，增值税专用发票上记载的货款为 800 000 元，增值税税额 136 000 元，对方代垫包装费 1 000 元，全部款项已用转账支票付讫，材料验收入库。

　　这项经济业务的发生，一方面使得公司购入甲材料的采购费增加 801 000 元（800 000＋1 000），增值税进项税额增加 136 000 元；另一方面使得公司的银行存款减少 937 000 元（800 000＋136 000＋1 000）。涉及"原材料"、"应交税费——应交增值"、"银行存款"三个账户。材料买价的增加是资产的增加，应记入"原材料"账户的借方，增值税进项税额的增加是负债的减少，应记入"应交税费——应交增值税（进项税额）"账户的借方，银行存款的减少是资产的减少，应记入"银行存款"账户的贷方。根据分析，编制会计分录如下：

　　借：原材料——甲材料　　　　　　　　　　　　　　　　　　801 000
　　　　应交税费——应交增值税（进项税额）　　　　　　　　　136 000
　　　　贷：银行存款　　　　　　　　　　　　　　　　　　　　　　937 000

　　（2）货款已付或已开出承兑商业汇票，材料尚未到达验收入库

　　【例 5-17】 2016 年 12 月，A 股份有限公司采用汇兑结算方式购入乙材料一批，发票及账单已收到，增值税专用发票上记载的货款为 100 000 元，增值税税额 17 000 元。支付的运杂费 20 000 元。材料尚未到达。

　　这项经济业务的发生，一方面使得公司购入乙材料的采购费增加 120 000 元（100 000＋20 000），支付增值税进项税额 17 000 元；另一方面使得公司的银行存款减少 137 000 元（100 000＋17 000＋20 000）。涉及"在途物资"、"应交税金——应交增值税"、"银行存款"三个账户。材料买价的增加是资产的增加，应记入"在途物资"账户的借方；企业支付增值税（进项税额）是负债的减少，应记入"应交税金——应交增值税（进项税额）"

账户的借方；银行存款的减少是资产的减少，应记入"银行存款"账户的贷方。根据分析，编制会计分录如下：

借：在途物资　　　　　　　　　　　　　　　　　　　　　120 000
　　应交税费——应交增值税（进项税额）　　　　　　　　 17 000
　　贷：银行存款　　　　　　　　　　　　　　　　　　　　　137 000

（3）货款尚未支付，材料已经验收入库

【例5-18】2016年12月，A股份有限公司从星光工厂购进乙材料7 200千克，发票注明的价款216 000元，增值税税额36 720元（216 000×17%），星光工厂代本公司垫付材料的运杂费4 000元。材料已入库，账单、发票已到，但材料价款、税金及运杂费尚未支付。

这项经济业务的发生，一方面使得公司的材料采购支出增加220 000元，其中材料买价216 000元、运杂费4 000元，支付增值税进项税额36 720元；另一方面使得公司应付供应单位款项增加计256 720元（220 000＋36 720）。因此，这项经济业务涉及"在途物资"、"应交税费——应交增值税（进项税额）"和"应付账款"三个账户。材料采购支出的增加是资产的增加，应记入"在途物资"账户的借方，增值税进项税额的增加是负债的减少，应记入"应交税金——应交增值税（进项税额）"账户的借方，应付账款的增加是负债的增加，应记入"应付账款"账户的贷方。根据分析，编制会计分录如下：

借：原材料——乙材料　　　　　　　　　　　　　　　　　220 000
　　应交税费——应交增值税（进项税额）　　　　　　　　 36 720
　　贷：应付账款——星光工厂　　　　　　　　　　　　　　　256 720

小测验　甲股份有限公司 2016 年 6 月购买一辆卡车供职工食堂使用，买价 150 000 元，增值税税率 17%，则该固定资产的入账价值为（　　　）。

5.4　生产过程业务的核算

5.4.1　生产过程业务概述

在制造企业，生产过程是企业生产经营活动的中心环节。从企业将原材料、人工、机器设备等生产要素投入生产开始，到生产出新的产品完全入库为止的整个过程中发生的交易、事项称为生产业务。企业要生产产品就要发生各种生产耗费，包括生产资料中的劳动手段（如机器设备）、劳动对象（如原材料），以及劳动力等方面的耗费。制造业企业在生产过程中发生的生产耗费叫做生产费用。这些费用最终都要归集、分配到一定种类的产品上去，从而形成各种产品的成本。换言之，企业为生产一定种类、一定数量产品所支出的各种生产费用的总和对象化为产品就形成了这些产品的成本。由此可见，费用与成本有着密切的联系，生产费用的发生过程也就是成本的形成过程，费用是产品成本形成的基础。但是，费用与成本也有一定的区别，费用是在一定期间为了进行生产经营活动而发生的各项耗费，费用与发生的期间直接相关，即费用强调"期间"；而成本则是为生产某一产品或提供某一劳务所消耗的费用，成本与负担者直接相关，即成本强调"对象"。

生产费用按其计入产品成本的方式的不同，可分为直接费用和间接费用。直接费用是指企业生产产品过程中实际消耗的直接材料、直接人工和其他直接支出。间接费用是指企业为生产产品和提供劳务而发生的各项间接支出，也称制造费用。与此同时，企业为组织管理生产经营还会发生与产品生产无直接关系的各种费用，如销售费用、管理费用、财务费用等，这些费用不计入产品制造成本而计入当期损益。企业生产过程所发生的生产业务就是归集各种为制造产品发生的各种耗费，并分配结转各种耗费。

直接材料是指企业在生产产品和提供劳务的过程中所消耗的、直接用于产品生产、构成产品实体的各种原材料及主要材料、外购半成品以及有助于产品形成的辅助材料等。

直接人工是指企业在生产产品和提供劳务过程中，直接从事产品生产的工人工资、津贴、补贴及实际发放的福利费和劳动保护费。

制造费用是指企业为生产产品和提供劳务而发生的各项间接费用，其构成内容比较复杂，包括间接的工资费、福利费、折旧费、办公费、水电费、机物料消耗及季节性停工损失等。

5.4.2　生产费用的归集与分配的核算

1. 材料费用的归集与分配核算

产品制造企业通过供应过程采购的各种原材料，经过验收入库之后，就形成了生产产品的物资储备，生产产品及其他方面领用时，就形成了材料费用。完整意义上的材料费用包括消耗的原材料、主要材料和辅助材料等。在确定材料费用时，应根据领料凭证区分车间、部门和不同用途后，按照确定的结果，将发出材料的成本分别记入"生产成本"、"制造费用"及"管理费用"等账户。对于直接用于某种产品生产的材料费，应直接计入该产品生产成本明细账中的直接材料费项目；对于由几种产品共同耗用、应由这些产品共同负担的材料费，应选择适当的标准在各种产品之间进行分配之后，计入各有关成本计算对象；对于为创造生产条件等需要而间接消耗的各种材料费，应先在"制造费用"账户中进行归集，然后再同其他间接费用一起分配计入有关产品成本中。总而言之，材料是构成产品实体的一个重要组成部分，对材料费用的归集与分配的核算是生产过程核算部分非常重要的内容。生产业务核算的内容主要包括：

（1）账户的设置

为了反映和监督产品在生产过程中各项材料费用的发生归集和分配情况，正确地计算产品生产成本中的材料费用，应设置以下账户：

1）"生产成本"账户。该账户的性质属于成本类，是用来归集和分配产品生产过程中所发生的各项生产费用，正确地计算产品生产成本的账户。其借方登记应计入产品生产成本的各项费用，包括直接计入产品生产成本的直接材料费、直接人工费和其他直接支出，以及期末按照一定的方法分配计入产品生产成本的制造费用；贷方登记结转完工入库产成品的生产成本。期末如有余额在借方，表示尚未完工产品（在产品）的成本即生产资金的占用额。该账户应按基本生产成本和辅助生产成本进行明细分类核算。"生产成本"账户的结构如下：

借方	生产成本	贷方
期初余额： 本期发生的生产费用（包括直接材料、直接人工、其他直接费用、结转过来的制造费用）	本期结转完工验收入库产品成本	
本期发生额合计：	本期发生额合计：	
期末余额：在产品的成本		

　　2）"制造费用"账户。该账户的性质属于成本类，是用来归集和分配企业生产车间（基本生产车间和辅助生产车间）范围内为组织和管理产品的生产活动而发生的各项间接生产费用的账户，包括车间管理人员的工资及福利费、折旧费、办公费、水电费、机物料消耗等。其借方登记实际发生的各项制造费用，贷方登记期末经分配转入"生产成本"账户的制造费用额。除季节性生产的企业外，期末在分配转出后该账户没有余额。该账户应按不同车间设置明细账户，按照费用项目设置专栏进行明细分类核算。"制造费用"账户的结构如下：

借方	制造费用	贷方
本期制造费用的增加（归集车间发生的各种间接费用）	本期制造费用的减少（期末分配记入"生产成本"账户的制造费用）	
本期发生额合计：	本期发生额合计：	

　　（2）材料费用归集和分配的业务核算

　　【例5-19】2016年12月，A股份有限公司仓库发出材料情况如表5-1所示，根据该表中的资料可以看出，A、B两种产品共耗用650 000元，其中A产品耗用320 000元，B产品耗用330 000元。

表5-1　发出材料汇总表

用途	甲材料		乙材料		材料耗用
	数量	金额	数量	金额	合计
制造产品领用					
A产品耗用	8 000	200 000	6 000	120 000	320 000
B产品耗用	10 000	250 000	4 000	80 000	330 000
合计	18 000	450 000	10 000	200 000	650 000

　　这项经济业务的发生，一方面使得公司生产产品的直接材料费增加650 000元，另

一方面使得公司的库存材料减少 650 000 元。涉及"生产成本"、"原材料"两个账户。生产产品的直接材料费增加是生产成本的增加，应记入"生产成本"账户的借方，库存材料的减少是资产的减少，应记入"原材料"账户的贷方。根据分析，编制会计分录如下：

```
借：生产成本——A 产品                          320 000
            ——B 产品                          330 000
    贷：原材料——甲材料                          450 000
            ——乙材料                          200 000
```

【例 5-20】承例 5-19，A 股份有限公司 2016 年 12 月只生产 A、B 两种产品，耗用材料的其他情况如表 5-2 所示。

表 5-2　A 股份有限公司耗用材料汇总表

用途	甲材料		乙材料		材料耗用
	数量	金额	数量	金额	合计
车间一般耗用	4 000	200 000	2 000	40 000	240 000
管理部门耗用	200	1 000	400	8 000	9 000
合计	4 200	201 000	2 400	48 000	249 000

这项经济业务的发生，一方面使得公司生产产品的间接材料费增加 240 000 元，公司管理费用增加 9 000 元，另一方面使得公司的库存材料减少 249 000 元。涉及"制造费用"、"管理费用"、"原材料"三个账户。生产产品的间接材料费用增加是费用的增加，应记入"制造费用"账户的借方；库存材料的减少是资产的减少，应记入"原材料"账户的贷方。根据分析，编制会计分录如下：

```
借：制造费用                                  240 000
    管理费用                                    9 000
    贷：原材料——甲材料                          201 000
            ——乙材料                           48 000
```

2. 人工费用的归集与分配核算

（1）人工费用的内容

人工费用是企业必须付出的人力成本，根据国家有关规定，它包括职工工资、奖金、津贴和补贴，职工福利费，医疗、养老、失业、工伤、生育等社会保险费，住房公积金，工会经费，职工教育经费，短期带薪缺勤，短期利润分享计划，其他短期薪酬，非货币性福利等因职工提供服务而使企业产生的义务。具体而言，人工费用包括以下内容：

1）职工工资、奖金、津贴和补贴，是指按照国家统计局《关于职工工资总额组成的规定》，构成工资总额的计时工资、计件工资、支付给职工的超额劳动报酬和增收节支的劳动报酬、为了补偿职工特殊或额外的劳动消耗和因其他特殊原因支付给职工的津贴，以及为了保证职工工资水平不受物价影响支付给职工的物价补贴等。企业按规定支付给职工的加班加点工资以及根据国家法律、法规和政策规定，企业在职工因病、工伤、产假、计划生育假、事假、婚丧假、探亲假、定期休假、停工学习、执行国家或社会义务等特殊情况下，按照计时工资或计件工资标准的一定比例支付的工资，也属于职工工资范畴，在职工休假或缺勤时不应从工资总额中扣除。

2）职工福利费，是指企业向职工提供的生活困难补助、丧葬补助费、抚恤费、职工异地安家费、防暑降温费等职工福利支出。

3）医疗保险费、养老保险费、失业保险费、工伤保险费和生育保险费等社会保险费，是指企业按照国家规定的基准和比例计算，向社会保险经办机构缴纳的医疗保险费、基本养老保险费、失业保险费、工伤保险费和生育保险费。

4）住房公积金，是指企业按照国家规定的基准和比例计算，向住房公积金管理机构缴存的住房公积金。

5）工会经费和职工教育经费，是指企业为了改善职工文化生活、提高业务素质用于开展工会活动和职工教育及职业技能培训等的相关支出。

6）非货币性福利，包括企业以自己的产品或其他有形资产发放给职工作为福利、企业向职工提供无偿使用自己拥有的资产（如提供给企业高级管理人员的汽车、住房等），以及企业为职工租赁房屋，供职工无偿使用等。

7）辞退福利，企业在职工劳动合同到期之前解除与职工的劳动关系，或者为鼓励职工自愿接受裁减而给予职工的经济补偿等。

8）短期带薪缺勤，是指职工虽然缺勤但是企业仍向其支付报酬的安排，包括年休假、病假、婚假、产假、丧假、探亲假等。

9）短期利润分享计划，是指因职工提供服务而与职工达成的基于利润或其他经营成果提供薪酬的协议。

10）离职福利，是指企业为了获得职工的服务而在职工退休或与企业解除劳动关系后，提供的各种形式的报酬和福利。

（2）账户的设置

"应付职工薪酬"账户。该账户的性质是负债类，用来核算企业应付职工薪酬的提取、结算、使用等情况。该账户贷方登记已分配计入有关成本费用项目的职工薪酬的数额；借方登记本月实际发放职工薪酬数；该科目的期末贷方余额，反映企业应付未付职工薪酬。"应付职工薪酬"账户应该按照"工资"、"职工福利费"、"社会保险费"、"住房公积金"、"工会经费"、"职工教育经费"、"非货币性福利"等应付职工薪酬项目设置明细账户，进行明细核算。"应付职工薪酬"账户的结构如下：

借方	应付职工薪酬	贷方
本期应付职工薪酬的减少（实际发放职工薪酬数额）	期初余额： 本期应付职工薪酬的增加（分配计入有关成本费用项目的职工薪酬数额）	
本期发生额合计：	本期发生额合计：	
	期末余额：企业应付未付的职工薪酬	

（3）应付职工薪酬的确认

1）货币性职工薪酬。企业应当在职工为其服务的会计期间，根据职工提供服务的受益对象，将应确认的职工薪酬（包括货币性薪酬和非货币性福利）计入相关资产成本或当期损益，同时确认为应付职工薪酬。具体确认如下所示：①生产部门人员的职工薪酬，借记"生产成本"、"制造费用"、"劳务成本"等账户，贷记"应付职工薪酬"账户。②管理部门人员的职工薪酬，借记"管理费用"账户，贷记"应付职工薪酬"账户。③专设销售机构的销售人员职工薪酬，借记"销售费用"账户，贷记"应付职工薪酬"账户。④应由在建工程、研发支出负担的职工薪酬，借记"在建工程"、"研发支出"账户，贷记"应付职工薪酬"账户。

【例 5-21】 A 股份有限公司，2016 年 12 月工资的分配如表 5-3 所示。

表 5-3　工资表

分配对象		成本项目	直接计入	分配计入		工资费用
				生产工时	分配金额	
生产成本	A	直接人工费	2 000 000	160 000	640 000	2 640 000
	B	直接人工费	1 200 000	127 500	510 000	1 710 000
制造费用	车间管理部门	工资	420 000			420 000
管理费用	行政管理部门	工资	390 000			390 000
销售费用	专设销售机构	工资	115 000			115 000
合计			4 125 000		1 150 000	5 275 000

注：工资费用分配率=1 150 000÷（160 000+127 500）=4（元/工时）；A 产品应分配的工资=4×160 000=640 000元；B 产品应分配的工资=4×127 500=510 000 元。

根据表中的资料，就可以确定各有关部门人员的工资费用额。这项经济业务的发生，一方面使得公司应付职工工资增加了 5 475 000 元，另一方面使得公司的生产费用增加了 4 350 000 元。其中 A 产品生产工人的工资 2 640 000 元（2 000 000+640 000）、B 产品生产工人工资 1 710 000 元（1 200 000+510 000）、车间管理人员的工资 420 000 元、厂部行政管理人员的工资 390 000 元、销售部门的工资为 115 000 元。车间生产工人和管理人员的工资作为一种生产费用应分别计入产品的生产成本（直接计入）和制造费用，厂部管理人员的工资应计入管理费用。专设销售机构人员工资记入销售费用。因此，这项经济业务涉及"生产成本"、"制造费用"、"管理费用"、"销售费用"和"应付职工薪酬"五个账户。生产工人的工资作为直接生产费用应记入"生产成本"账户借方，车间管理人员的工资作为间接生产费用应记入"制造费用"账户的借方，厂部管理人员的工资应记入"管理费用"账户的借方，专设销售机构人员的工资记入"销售费用"账户的借方等，上述工资尚未支付形成企业的负债，其增加应记入"应付职工薪酬"账户的贷方。根据分析，编制会计分录如下：

借：生产成本——A 产品　　　　　　　　　　　　　　　　　　　2 640 000

　　　　　　——B 产品　　　　　　　　　　　　　　　　　　　1 710 000

制造费用	420 000
管理费用	390 000
销售费用	115 000
贷：应付职工薪酬——工资	5 275 000

2）短期带薪缺勤。职工带薪缺勤分为累积带薪缺勤和非累积带薪缺勤两类。两类带薪缺勤的会计处理如下。

① 累积带薪缺勤，是指带薪权利可以结转下期的带薪缺勤，本期尚未用完的带薪权利可以在未来期间使用。企业应当在职工提供了服务从而增加了其未来享有的带薪缺勤权利，确认与累积带薪缺勤相关的职工薪酬，并以累积未行使权利而增加的预期支付金额计量。确认积累带薪缺勤时，借记"管理费用"等账户，贷记"应付职工薪酬——带薪缺勤——累积带薪缺勤"账户。

【例5-22】A 股份有限公司每位职工每年带薪年假为 5 天，2016 年 12 月，预计 2017年 2 000 名职工享受不超过 5 天的带薪年休假，剩余 200 名职工每人平均享受 7 天的休假，假定这 200 名职工全部为总部部门经理，该企业平均每名职工每个工作日工资为 500元。不考虑其他相关因素。

这项业务的发生，一方面使得 A 股份有限公司 2016 年 12 月的管理费用增加 200 000 元[（7−5）×200×500]，另一方面使得应付职工薪酬增加 200 000 元。因此，这项经济业务涉及"管理费用"、"应付职工薪酬"两个账户，总部部门经理累积带薪缺勤年假 2016年未休完，可在 2017 年补休，没休假的部分职工在 2016 年已经提供了服务，所以，在 2016 年 12 月 31 日增加管理费用，同时增加应付职工薪酬。根据分析，编制会计分录如下：

借：管理费用　　　　　　　　　　　　　　　　200 000
　　贷：应付职工薪酬——带薪缺勤——短期带薪缺勤−累积带薪缺勤　200 000

② 非累积带薪缺勤，是指带薪权利不能结转下期的带薪缺勤，本期尚未用完的带薪缺勤权利将予以取消，并且职工离开企业时也无权获得现金支付。我国企业职工休婚假、产假、探亲假、病假期间的工资通常属于非积累带薪缺勤。企业应当在职工实际发生缺勤的会计期间，视同职工出勤确认当期损益或相关资产成本。

3）非货币性职工薪酬。企业以自己生产的产品作为非货币性福利发放给职工的，应当根据受益对象，按照该产品公允价值，计入相关资产成本或当期损益，同时确认应付职工薪酬，借记"管理费用"、"生产成本"、"制造费用"等账户，贷记"应付职工薪酬——非货币性福利"账户。发放时确认为收入实现，并同时接转销售成本。

将企业拥有的房屋等资产无偿提供给职工使用的，应当根据受益对象，将该住房每期应计提的折旧计入相关资产成本或当期损益，同时确认应付职工薪酬，借记"管理费用"、"生产成本"、"制造费用"等账户，贷记"应付职工薪酬"账户，同时借记"应付职工薪酬"账户，贷记"累计折旧"账户。

租赁住房等资产供职工无偿使用的，应当根据受益对象，将每期应付的租金计入相关资产成本或当期损益，并确认应付职工薪酬，借记"管理费用"、"生产成本"、"制造费用"等账户，贷记"应付职工薪酬——非货币性福利"账户。难以认定受益对象的非货币性福利，直接计入当期损益和应付职工薪酬。

【例 5-23】B 有限责任公司为一服装厂，共有职工 400 名，其中 370 名为直接参加生产的职工，30 名为总部管理人员。2016 年 2 月，B 公司以其生产的每套服装成本 500元，作为春节福利发放给公司每名职工。该型号服装市场销价为每套为 1 000 元，B 公司适用的增值税税率为 17%。B 公司的有关会计处理如下：

该项经济业务一方面使得公司的生产成本增加 432 900 元[370×1 000×（1＋17%）]，记入"生产成本"账户的借方；使管理费用增加了 35 100 元[30×1 000×（1＋17%）]，记入"管理费用"账户的借方。同时增加了企业负债 468 000 元，记入"应付职工薪酬"账户的贷方。根据分析，编制会计分录如下：

借：生产成本　　　　　　　　　　　　　　　　　　432 900
　　管理费用　　　　　　　　　　　　　　　　　　 35 100
　　贷：应付职工薪酬——非货币性福利　　　　　　　　　　468 000

（4）发放职工薪酬

1）支付货币资金工资、奖金、津贴和补贴。企业按照有关规定向职工支付工资、奖金、津贴等，借记"应付职工薪酬——工资"账户，贷记"银行存款"、"库存现金"等账户；企业从应付职工薪酬中扣还的各种款项（代垫的家属药费、个人所得税等），借记"应付职工薪酬"账户，贷记"银行存款"、"库存现金"、"其他应收款"、"应交税费——应交个人所得税"等账户。

【例 5-24】D 有限责任公司应付职工工资总额 1 042 000 元，代扣职工房租 40 000元，企业代垫职工家属医药费 2 000 元，以银行存款发放工资 1 000 000 元。A 企业的有关会计处理如下：

该项经济业务，应该分成两笔经济业务。

① 企业发放工资。一方面使企业的负债减少 1 000 000 元，记入"应付职工薪酬"账户的借方；另一方面减少了企业资金 1 000 000 元，记入"银行存款"账户的贷方。根据分析，编制会计分录如下：

借：应付职工薪酬——工资　　　　　　　　　　　1 000 000
　　贷：银行存款　　　　　　　　　　　　　　　　　　1 000 000

② 代扣款时。一方面使企业的一种负债减少了 42 000 元，记入"应付职工薪酬"账户的借方；另一方面使另一种资产减少 42 000 元，记入"其他应收款"账户的贷方。根据分析，该分录编制如下：

借：应付职工薪酬——工资　　　　　　　　　　　　 42 000
　　贷：其他应收款——职工房租　　　　　　　　　　　　40 000
　　　　　　　　——代垫医药费　　　　　　　　　　　　 2 000

2）支付非货币性薪酬。

【例 5-25】承例 5-23 B 有限责任公司开始发放服装。发放自产的服装视同销售服装。该项业务应确认主营业务收入 400 000 元（1000×400），应交税费——应交增值税（销

项税额）68 000 元，同时应确认销售成本 200 000 元（500×400）。发放服装还使得企业
负债（应付职工薪酬）减少 468 000 元，应记入"应付职工薪酬"账户的借方；主营业
务收入增加了 400 000 元，记入"主营业务收入"账户的贷方；应交税费增加是负债增
加，记入"应交税费——应交增值税（销项税额）"账户的贷方。同时，库存商品减少
了 200 000 元，库存商品的减少是资产的减少，应记入"库存商品"账户的贷方；销售
成本增加了 200 000 元，销售成本的增加是费用的增加，应记入"主营业务成本"账户
的借方。根据分析，编制会计分录如下：

确认收入时：

借：应付职工薪酬——非货币性福利　　　　　　　　　　　468 000
　　贷：主营业务收入　　　　　　　　　　　　　　　　　　　　400 000
　　　　应交税费——应交增值税（销项税额）　　　　　　　　　　68 000

结转销售成本：

借：主营业务成本　　　　　　　　　　　　　　　　　　　200 000
　　贷：库存商品　　　　　　　　　　　　　　　　　　　　　　200 000

3. 制造费用的归集与分配

制造费用是产品制造企业为了生产产品和提供劳务而发生的各种间接费用。其主要
内容包括三部分：第一部分是间接用于产品生产的费用，如机物料消耗费用，车间生产
用固定资产的折旧费、保险费，车间生产用的照明费及劳动保护费等。第二部分是直接
用于产品生产，但管理上不要求或者不便于单独核算，因而没有单独设置成本项目进行
核算的某些费用，如生产工具的摊销费，设计制图费、试验费以及生产工艺用的动力费
等。第三部分是车间用于组织和管理生产的费用，如车间管理人员的工资及福利费，车
间管理用的固定资产折旧费、车间管理用具的摊销费，车间管理用的水电费、办公费、
差旅费等。在生产多种产品的企业里，制造费用在发生时一般无法直接判定其应归属的
成本核算对象，因而不能直接计入所生产的产品成本中，必须将上述各种费用按照发生
的不同空间范围在"制造费用"账户中予以归集汇总，然后选用一定的标准（如生产工
人工资、生产工时等）在各种产品中分配。计算分摊制造费用选择的标准可采用生产人
工工资比例、工时比例、机时比例、耗用原材料的数量或成本等。制造费用的分配率公
式为

$$制造费用分配率＝待分配制造费用总额÷分配标准总额$$

另外，企业的固定资产由于使用等原因会磨损其价值即折旧，因而对固定资产应通
过提取折旧的方式将其磨损的价值计入当期成本或损益。这就需要设置"累计折旧"账
户。该账户的性质是资产类，专门用来核算企业固定资产已提累计折旧情况的账户。其
贷方登记按月提取的折旧额即累计折旧的增加，借方登记因减少固定资产而减少的累计
折旧。期末余额在贷方，表示已提折旧的累计额。

【例 5-26】A 股份有限公司，2016 年 12 月计提固定资产折旧 106 000 元，其中厂部
固定资产折旧额 30 000 元，车间固定资产折旧为 76 000 元。

提取固定资产折旧时，一方面意味着当期的费用成本增加，应根据固定资产的使用范围记入不同的成本、费用类账户，其中车间固定资产提取的折旧额应记入"制造费用"账户的借方，厂部用固定资产提取的折旧额应记入"管理费用"账户的借方；另一方面，固定资产已提折旧额的增加，实际上是固定资产价值的减少，记入"累计折旧"账户的贷方。根据分析，编制会计分录如下：

借：制造费用   76 000

  管理费用   30 000

  贷：累计折旧   106 000

【例 5-27】2016 年 12 月，A 股份有限公司用现金 9 000 元购买车间的办公用品。这项经济业务的发生，使得公司车间的办公用品费增加 9 000 元，同时现金减少 9 000 元。涉及"制造费用"、"库存现金"两个账户。其中，办公用品费的增加是费用的增加，应记入"制造费用"账户的借方；现金的减少是资产的减少，应记入"库存现金"账户的贷方。根据分析，编制会计分录如下：

借：制造费用   9 000

  贷：库存现金   9 000

【例 5-28】承例 5-21，假如 A 股份有限公司 2016 年 12 月只生产两种产品 A 和 B。除了例题中的制造费用外，车间 2016 年 12 月以银行存款支付制造费用 117 500 元。月末分摊制造费用。根据分析，编制会计分录如下：

借：制造费用   117 500

  贷：银行存款   117 500

2016 年 12 月，A 股份有限公司：

制造费用总额＝240 000＋420 000＋76 000＋9 000＋117 500＝862 500（元）

制造费用的分摊率＝862 500÷287 500＝3（元/工时）

A 产品应分摊的制造费用＝160 000×3＝480 000（元）

B 产品应分摊的制造费用＝862 500－480 000＝382 500（元）

将分配的结果计入产品成本时，一方面使得产品生产成本增加 862 500 元，另一方面使得公司的制造费用减少 862 500 元。涉及"生产成本"和"制造费用"两个账户。产品生产费用的增加应记入"生产成本"账户的借方；制造费用的减少是费用的结转，应记入"制造费用"账户的贷方。根据分析，编制会计分录如下：

借：生产成本——A 产品   480 000

    ——B 产品   382 500

  贷：制造费用   862 500

4. 完工产品生产成本的计算与结转

在将制造费用分配由各种产品成本负担之后，"生产成本"账户的借方归集了各种产品所发生的直接材料、直接工资、其他直接支出和制造费用的全部内容，在此基础上就可以进行产品成本的计算了。成本计算是会计核算的主要内容之一。进行产品生产成本的计算就是将企业生产过程中为制造产品所发生的各种费用按照所生产产品的品种、类别等（即成本计算对象）进行归集和分配，以便计算各种产品的总成本和单位成本。计算产品生产成本既为入库产成品提供了计价的依据，也是确定各会计期间盈亏的需要。完工产品的成本计算将在专业会计中详细讲述，本章暂不涉及。

企业生产的产品经过各道工序的加工生产之后，就成为企业的完工产成品。所谓产成品是指已经完成全部生产过程并已验收入库，可以作为商品对外销售的产品。根据完工产品生产成本计算单的资料就可以结转完工、验收入库产品的生产成本。

（1）账户的设置

为了核算完工产品成本结转及其库存商品成本情况，需要设置"库存商品"账户。"库存商品"账户的性质是资产类账户，用来核算企业库存的外购商品、自制产品（产成品）、自制半成品等的实际成本（或计划成本）的增减变动及其结余情况的账户。其借方登记验收入库商品成本的增加，包括外购、自产、委托加工等；贷方登记库存商品成本的减少（发出）。期末余额在借方，表示库存商品成本的期末结余额。"库存商品"账户应按照商品的种类、名称及存放地点等设置明细账，进行明细分类核算。

"库存商品"账户的结构如下：

借方	库存商品	贷方
期初余额：		
本期库存商品成本的增加（验收入库商品成本的增加）	本期库存商品的减少（销售、盘亏、自用等）	
本期发生额合计：	本期发生额合计：	
期末余额：结存的库存商品成本		

（2）完工产品结转的账务处理

当产品完工验收入库时，按照验收合格入库的产品的实际成本借记"库存商品"账户，按结转的生产成本贷记"生产成本"账户。

【例 5-29】2016 年 12 月，A 股份有限公司生产车间生产完工 A、B 两种产品，其中 A 产品 17 200 件，完工总成本为 3 440 000 元，单位成本为 200 元/件；B 产品完工 9 690 件，完工总成本为 2 422 500 元，单位成本为 250 元/件。A、B 产品现已验收入库，结转成本。假设，A 股份有限公司生产的 A、B 两种产品是本月开始投入生产，本月全部完工，而且两种产品都没有期初余额。

产品生产完工入库结转成本时，一方面使得公司的库存商品成本增加，其中 A 产品成本增加 3 440 000 元，B 产品成本增加 2 422 500 元；另一方面由于结转入库商品产品实际成本，而使生产过程中占用的资金减少 5 862 500 元（3 440 000＋2 422 500）。涉及"生产成本"和"库存商品"两个账户。库存商品成本的增加是资产的增加，应记入"库存商品"账户的借方；结转入库商品使生产成本减少，应记入"生产成本"账户的贷方。根据分析，编制会计分录如下：

借：库存商品——A 产品　　　　　　　　　　　　　　3 440 000
　　　　　　　——B 产品　　　　　　　　　　　　　2 422 500
　　贷：生产成本——A 产品　　　　　　　　　　　　　　3 440 000
　　　　　　　——B 产品　　　　　　　　　　　　　　2 422 500

小提示　产品成本由直接费用和间接费用组成，直接费用通过"生产成本"账户核算，间接费用通过"制造费用"账户核算，但制造费用在每个期末按一定的方法在当期生产的产品中分摊，增加当期生产产品成本。分摊之后"制造费用"账户余额为零。

小测验　2016 年 5 月，甲企业车间生产设备的折旧费为 50 万元，修理费为 20 万元，车间管理人员的工资及福利费为 30 万元，则甲企业该月的制造费用为（　　　　）。

5.5　销售过程业务的核算

产品制造企业在销售过程中，通过销售产品，按照销售价格收取产品价款，形成商品销售收入，在销售过程中结转的商品销售成本，以及发生的运输、包装、广告等销售费用，按照国家税法的规定计算缴纳的各种销售税金等都应该从销售收入中得到补偿，补偿之后的差额即为企业销售商品的业务成果即利润或亏损。企业在销售过程中除了发生销售商品、自制半成品及提供工业性劳务等业务即主营业务外，还可能发生一些其他业务，如销售材料、出租包装物、出租固定资产、出租无形资产等业务。

5.5.1　主营业务收支的核算

按照国家有关规定，制造业企业的主营业务范围包括销售商品、自制半成品、代制品、代修品以及提供工业性劳务等。主营业务核算的主要内容就是主营业务收入的确认与计量、主营业务成本的计算与结转、销售费用的发生与归集等。

根据《企业会计准则第 14 号——收入》的规定，销售商品的收入要同时符合下列条件才能加以确认：①企业已将商品所有权上主要风险和报酬转移给购货方；②企业既没有保留通常与所有权相联系的继续管理权，也没有对已售出的商品实施有效控制；③收入金额能够可靠计量；④相关的经济利益很可能流入企业；⑤相关的已发生或将发生的成本能够可靠地计量。符合以上确认条件，就要对其金额进行计量。计量时要注意在销售过程中发生的销售退回、销售折让和现金折扣的内容。

商品销售退回，是指企业售出的商品由于质量、品种等不符合要求而发生的退货。销售退回如果发生在收入确认之前，其处理非常简单，只需转回库存商品即可。如果发生在收入确认之后，应分别情况处理：本年度或以前年度销售的商品，在年度终了（12 月 31 日）前退回，应冲减退回月份的收入，同时转回相关的成本、税金；如果在当年 12 月 31 日至年度财务报告批准报出前退回的，按资产负债表日后事处理。

销售折让是企业因销售商品的质量不合格等原因而在售价上给予购买方的减让，实际发生销售折让，且不属于资产负债表日后事项的，应直接冲减发生当期的销售商品收入。

现金折扣是指债权人为鼓励债务人在规定的期限内付款，而向债务人提供的债务扣除要求。现金折扣通常用符号"折扣率/付款期限"表示，如"2/10，1/20，N/30"，表示在 10 天内付款给予 2%的价格优惠，20 天内交付货款给予 1%的优惠，超过 20 天不给优惠，但最长的信用期为 30 天。对于现金的折扣，企业可采用两种处理方法：一是按合同总价款扣除现金折扣后的净额计量收入；二是按合同总价款全额计量收入。我国会计准则规定采用第二种方法。当实际发生现金折扣时，将其计入当期财务费用。

1. 主营业务收入的核算

（1）账户的设置

为了反映和监督企业销售商品和提供劳务所实现的收入以及因销售商品而与购买单位之间发生的货款结算业务，应设置下列账户：

1）"主营业务收入"账户。该账户的性质是损益类，是用来核算企业销售商品和提供工业性劳务所实现的收入的账户。其贷方登记企业实现的主营业务收入即主营业务收入的增加，借方登记发生销售退回和销售折让时应冲减本期的主营业务收入和期末转入"本年利润"账户的主营业务收入额（按净额结转），结转后该账户月末应没有余额。"主营业务收入"账户应按照主营业务的种类设置明细账，进行明细分类核算。"主营业务收入"账户的结构如下：

借方	主营业务收入	贷方
本期主营业务收入的减少（转入"本年利润"账户、销售退回、销售折让等）	本期实现的主营业务收入增加	
本期发生额合计：	本期发生额合计：	

2）"应收账款"账户。该账户的性质是资产类，是用来核算因销售商品和提供劳务等而应向购货单位或接受劳务单位收取货款的结算情况（结算债权）的账户，代购买单位垫付的各种款项也在该账户中核算。其借方登记由于销售商品及提供劳务等而发生的应收账款（即应收账款的增加），包括应收取的价款、税款和代垫款等，贷方登记已经收回的应收账款（即应收账款的减少）。期末余额如在借方，表示尚未收回的应收账款；期末余额如在贷方，表示预收的账款。该账户应按不同的购货单位或接受劳务单位设置明细账，进行明细分类核算。对于预收账款业务不多的企业，可以不单独设置"预收账款"账户，而将预收的款项直接记入"应收账款"账户的贷方。"应收账款"账户的结构如下：

借方	应收账款	贷方
期初余额： 本期应收账款的增加（除销产品）	本期应收账款的减少（收回、发生坏账、债务重组等）	
本期发生额合计：	本期发生额合计：	
期末余额：应收未收项	期末余额：预收购货单位款	

3）"应收票据"账户。该账户是资产类，是用来核算企业销售商品而收的商业汇票的增减变动及其结余情况的账户。应收票据包括商业承兑汇票和银行承兑汇票。企业收到购买单位开出并承兑的商业汇票，表明企业票据应收款的增加，应记入"应收票据"账户的借方；票据到期收回款项表明企业应收票据款的减少，应记入"应收票据"账户的贷方，期末该账户如有余额应在借方，表示尚未到期的票据应收款项的结余额。该账户可以按照开出，承兑汇票的单位进行明细核算，为了了解每一应收票据的结算情况，还要设置应收票据备查簿逐笔登记每一应收票据的详细资料。

商业汇票是由收款人或付款人（或承兑申请人）签发，由承兑人承兑，并于到期日向收款人或持票人无条件支付款项的票据。商业汇票结算方式适用于企业先发货后收款或者双方约定延期付款的具有真实的交易关系或债权债务关系等款项的结算，同城结算和异地结算均可使用。商业汇票的付款期限最长不超过 6 个月。持票人如果急需资金，可以持未到期的票据到银行办理贴现。"应收票据"账户的结构如下：

借方	应收票据	贷方
期初余额： 本期应收票据的增加（收到的已承兑的商业汇票）	本期应收票据的减少（应收票据到期、背书转让、贴现等）	
本期发生额合计：	本期发生额合计：	
期末余额：未到期的商业汇票		

4）"预收账款"账户。该账户的性质是负债类，是用来核算企业按照合同的规定预收购买单位订货款的增减变动及其结余情况。其贷方登记预收购买单位订货款的增加，借方登记销售实现时冲减的预收货款。期末余额如在贷方，表示企业预收款的结余额，期末余额如在借方，表示购货单位应补付给本企业的款项。本账户应按照购货单位设置明细账户，进行明细分类核算。"预收账款"账户的结构如下：

借方	预收账款	贷方
本期预收账款的减少（结算冲销）	期初余额： 本期预收货款的增加（买方提前预付的款项）	
本期发生额合计：	本期发生额合计：	
期末余额：购货单位应补付的款项	期末余额：预收款项的结余额	

（2）主营业务收入的账务处理

对于正常的销售商品活动，应按照收入确认的条件进行确认和计量，然后对计量的结果进行会计处理。按确认的收入金额与应收取的增值税税额，借记"银行存款"、"应收账款"、"应收票据"等账户；按确定的收入金额，贷记"主营业务收入"账户；按应收取的增值税税额，贷记"应交税费——应交增值税"账户。关于增值税销项税额在前面已经作过说明，是指企业销售应税货物或提供应税劳务而收取的增值税税额，应按照增值税专用发票记载的货物售价和规定的税率进行计算，即

$$增值税销项税额＝销售货物的不含税售价×增值税税率$$

增值税的销项税额计算出来之后，应在"应交税费——应交增值税"账户的贷方反映，以便用以抵扣其借方的增值税进项税额，确定增值税的应交额。为了核算增值税的进、销项税额及增值税的已交和未交情况，需要在应交增值税明细账中设置"进项税额"、"已交税费"、"销项税额"、"出口退税"、"进项税额转出"、"转出未交增值税"及"转出多交增值税"等账户对其进行明细核算。

【例 5-30】2016 年 12 月，A 股份有限公司向红星公司销售 A 产品 400 件，每件售价 600 元；销售 B 产品 400 件，每件售价 1 000 元。增值税税率 17%，A、B 产品售价共计 640 000 元，货款尚未收回。

此项经济业务的发生，引起"资产"、"负债"和"收入"三个会计要素发生变化。一方面销售未收款使应收账款增加了 748 800 元，另一方面实现销售使销售收入增加了 640 000 元，使应交增值税销项税额增加了 108 800 元。涉及"应收账款"、"主营业务收入"和"应交税费"三个账户。应收账款的增加应记入资产类账户"应收账款"账户的借方，销售收入的增加应记入收入类账户"主营业务收入"账户的贷方，增值税销项税的增加应记入负债类账户"应交税费——应交增值税（销项税额）"账户的贷方。根据分析，编制会计分录如下：

借：应收账款——红星公司　　　　　　　　　　　　748 800
　　贷：主营业务收入　　　　　　　　　　　　　　　　640 000
　　　　应交税费——应交增值税（销项税额）　　　　108 800

【例 5-31】2016 年 12 月，A 股份有限公司按照合同规定预收正大工厂订购 B 产品的货款 200 000 元，存入银行，这项经济业务的发生，一方面使得公司的银行存款增加 200 000 元，另一方面使得公司的预收款增加 200 000 元。涉及"银行存款"和"预收账款"两个账户。银行存款的增加是资产的增加，应记入"银行存款"账户的借方；预收款的增加是负债的增加，应记入"预收账款"账户的贷方。根据分析，编制会计分录如下：

借：银行存款　　　　　　　　　　　　　　　　　　200 000
　　贷：预收账款——正大工厂　　　　　　　　　　　　200 000

【例 5-32】2016 年 12 月，A 股份有限公司本月预收正大工厂货款的 B 产品 500 件，每件售价 1 000 元，现已发货，发票注明的价款 500 000 元，增值税销项税额 85 000 元。原预收款不足，其差额部分当即收到存入银行。

公司原预收正大工厂的货款 200 000 元，而现在发货的价税款为 585 000 元（500 000＋85 000），不足款项的差额为 385 000 元（585 000－200 000）。这项经济业务的发生，一

方面使得公司的预收款减少 200 000 元，银行存款增加 385 000 元，另一方面使得公司的主营业务收入增加 500 000 元，增值税销项税额增加 85 000 元。涉及"预收账款"、"银行存款"、"主营业务收入"和"应交税费——应交增值税"四个账户。预收款的减少是负债的减少，应记入"预收账款"账户的借方；银行存款的增加是资产的增加，应记入"银行存款"账户的借方；主营业务收入的增加是收入的增加，应记入"主营业务收入"账户的贷方；增值税销项税额的增加是负债的增加，应记入"应交税费——应交增值税"账户的贷方。根据分析，编制会计分录如下：

```
借：预收账款——正大工厂                               585 000
    贷：主营业务收入                                   500 000
        应交税费——应交增值税（销项税额）                85 000
借：银行存款                                         385 000
    贷：预收账款                                       385 000
```

【例 5-33】2016 年 12 月，A 股份有限公司销售给 B 有限责任公司 B 产品 500 件，该批的单价为 600 元/件，开出的增值税发票上的价款为 300 000 元，增值税为 51 000 元，收到 B 公司开出并承兑的商业汇票一张面值 351 000 元。

这项经济业务的发生，一方面使得公司的应收票据款增加 351 000 元，应收票据的增加是公司债权性质的资产的增加，记入"应收票据"账户的借方；另一方面公司的收入增加了 300 000 元，记入"主营业务收入"账户的贷方；同时增值税销项税额增加了 51 000 元，销项税额的增加是企业债务的增加，记入"应交税费——应交增值税（销项税额）"账户的贷方。根据分析，编制会计分录如下：

```
借：应收票据                                         351 000
    贷：主营业务收入                                   300 000
        应交税费——应交增值税（销项税额）                51 000
```

【例 5-34】承例 5-33，2016 年 12 月，票据到期 B 公司无力偿还购货款。这项经济业务的发生，一方面使得公司的应收票据款减少 351 000 元，另一方面使得公司的应收款增加 351 000 元。涉及"应收票据"和"应收账款"两个账户。应收票据款的减少是资产的减少，应记入"应收票据"账户的贷方；应收账款的增加是资产的增加，应记入"应收账款"账户的借方。根据分析，编制会计分录如下：

```
借：应收账款                                         351 000
    贷：应收票据                                       351 000
```

2. 主营业务成本的核算

（1）账户的设置

企业在销售过程中通过销售商品等，一方面减少了存货，另一方面作为取得主营业务收入而垫支的资金，表明企业发生了费用，我们把这项费用称为主营业务成本。为了核算主营业务成本的发生和结转情况，需要设置"主营业务成本"账户，该账户是损益类，是用来核算企业主营业务而发生的实际成本及其结转情况的账户。其借方登记主营业务成本的实际发生额，贷方登记期末转入"本年利润"账户的主营业务成本。经过结转之后，该账户期末没有余额。"主营业务成本"账户应按照主营业务的种类设置明细账户，进行明细分类核算。"主营业务成本"账户的结构如下：

借方	主营业务成本	贷方
本期主营业务成本的增加（销售产品的成本、提供劳务成本等的增加）		本期主营业务成本的减少（期末转入"本年利润"账户、销售退回冲减主营业务成本等）
本期发生额合计：		本期发生额合计：

（2）主营业务成本的会计处理

企业在销售商品符合确认收入的条件下，才可以确认销售成本。企业按符合确认收入条件的销售商品的实际成本借记"主营业务成本"账户，贷记"库存商品"账户等。

【例 5-35】2016 年 12 月，A 股份有限公司在月末结转本月已销售的 A、B 产品的销售成本，其中 A 产品的成本为 80 000 元（200 元/件×400 件），B 产品的销售成本为 350 000 元（1 400 件×250 元/件）。

这项经济业务的发生，一方面使销售成本增加了 430 000 元，另一方面使得公司的库存商品产品成本减少 430 000 元。涉及"主营业务成本"和"库存商品"两个账户。主营业务成本的增加是费用成本的增加，应记入"主营业务成本"账户的借方；库存商品成本的减少是资产的减少，应记入"库存商品"账户的贷方。根据分析，编制会计分录如下：

借：主营业务成本　　　　　　　　　　　　　　　　430 000
　　贷：库存商品——A 商品　　　　　　　　　　　　　80 000
　　　　　　——B 商品　　　　　　　　　　　　　　350 000

3．税金及附加的核算

"税金及附加"账户是核算企业经营活动发生的消费税、城市维护建设税、资源税、教育费附加及房产税、土地使用税、车船使用税、印花税等相关税费，该账户属于损益类。企业在销售商品过程中，实现了商品的销售额，就应该向国家税务机关缴纳各种销售税金及附加。这些税金及附加一般是根据当月销售额或税额，按照规定的税率计算，于下月初缴纳的。其中：

消费税额＝应税消费品的销售额×消费税税率

城市维护建设税税额＝（当期消费税＋当期增值税的应交额）×城市维护建设税税率

该账户的借方登记本期增加的消费税、资源税、教育附加费等，贷方登记期末转入"本年利润"账户的税金及附加额。经过结转之后，该账户期末没有余额。"税金及附加"账户结构如下：

借方	税金及附加	贷方
本期税金及附加的增加（按照计税依据计算出的消费税、城市维护建设税等）		本期税金及附加的减少（期末转入"本年利润"账户）
本期发生额合计：		本期发生额合计：

5.5.2　其他业务收支的核算

1. 其他业务收入的核算

（1）账户的设置

发生其他业务关于其他业务的范围前已述及，而实现的收入称为其他业务收入。在会计核算过程中，对于其他业务而实现的收入是通过"其他业务收入"账户进行核算的。"其他业务收入"账户的性质是损益类，是用来核算企业除主营业务以外的其他业务收入的实现及其结转情况的账户。其贷方登记其他业务收入的实现即增加，借方登记转入"本年利润"账户的其他业务收入额，经过结转之后，期末没有余额。本账户应按照其他业务的种类设置明细账户，进行明细分类核算。"其他业务收入"账户的结构如下：

借方	其他业务收入	贷方
本期其他业务的减少（转入"本年利润"账户、销售退回、销售折让等）		本期实现的其他业收入增加（销售材料、出租固定资产、出租无形资产等）
本期发生额合计：		本期发生额合计：

（2）其他业务收入的会计处理

对于符合确认条件的其他业务收入按发票账单的应确认金额，借记"银行存款"、"应收账款"等账户，贷记"其他业务收入"账户。涉及增值税的按应交的增值税，贷记"应交税费——应交增值税（销项税额）"账户。

【例5-36】2016年12月，A股份有限公司主营业务为生产并销售A、B两种产品，因为更换品种，有一批乙材料近期用不上，公司决定将该批乙材料销售，其销售价款28 000元，增值税4 760元，款项收到存入银行。

销售材料的收入属于其他业务收入。这项经济业务的发生，一方面使得公司的银行存款增加32 760元（28 000＋4 760），另一方面使得公司的其他业务收入增加28 000元，增值税销项税额增加4 760元。涉及"银行存款"、"其他业务收入"和"应交税费——应交增值税"三个账户。银行存款的增加是资产的增加，应记入"银行存款"账户的借方；其他业务收入的增加是收入的增加，应记入"其他业务收入"账户的贷方；增值税销项税额的增加是负债的增加，应记入"应交税费——应交增值税"账户的贷方。根据分析，编制会计分录如下：

　　借：银行存款　　　　　　　　　　　　　　　　　　　　　　　32 760
　　　　贷：其他业务收入　　　　　　　　　　　　　　　　　　　　28 000
　　　　　　应交税费——应交增值税（销项税额）　　　　　　　　　　4 760

【例 5-37】2016 年 12 月，A 股份有限公司向乙公司转让某专利权的使用权，协议约定转让期为 5 年，每年年末收取使用费 20 000 元。无形资产的转让增值税税率为 6%。

这项经济业务的发生，一方面使得公司的银行存款增加 21 200 元，另一方面使得公司的其他业务收入增加 21 200 元。涉及"银行存款"、"其他业务收入"、"应交税费"三个账户。银行存款的增加是资产的增加，应记入"银行存款"账户的借方；其他业务收入的增加是收入的增加，应记入"其他业务收入"账户的贷方，应交税费的增加是负债的增加，应记入"应交税费"账户的贷方，根据分析，可编制会计分录如下：

借：银行存款　　　　　　　　　　　　　　　　　　　　　　　21 200
　　贷：其他业务收入　　　　　　　　　　　　　　　　　　　　20 000
　　　　应交税费——应交增值税（销项税额）　　　　　　　　　1 200

小提示　　主营业务收入与其他业务收入都是企业日常经营活动取得的收入，其区别在于：主营业务收入是企业主要的经营活动所取得的收入，而其他业务收入是企业次要的经营活动所取得的收入。营业外收入是利得而不是收入，因为营业外收入不是企业日常经营活动取得的经济利益的流入。

2. 其他业务成本的核算

（1）账户的设置

企业在实现其他业务收入的同时，往往还要发生一些其他业务支出，包括与其他业务有关的成本、费用等，如销售材料的成本支出，出租包装物应摊销的成本支出及计算，转让无形资产的使用权应摊销的无形资产的摊销额，出租固定资产应计提的折旧等。为了核算这些支出，需要设置"其他业务成本"账户，该账户的性质属于损益类，是专门核算企业除主营业务以外的其他业务支出的发生及其转销情况的账户。其借方登记其他业务成本包括材料销售成本、提供劳务成本等的发生，即其他业务成本的增加，贷方登记转入"本年利润"账户的其他业务成本额，经过结转后，期末没有余额。该账户应按照其他业务的种类设置明细账户，进行明细分类核算。

"其他业务成本"账户的结构如下：

借方	其他业务成本	贷方
本期其他业务成本的增加（销售材料结转的成本、出租固定资产计提的折旧等）		本期其他业务成本的减少（期末转入"本年利润"账户）
本期发生额合计：		本期发生额合计：

（2）其他业务成本的会计处理

企业按符合确认收入条件的销售商品的实际成本或出租的固定资产、无形资产、包装物等借记"其他业务成本"账户，贷记"原材料"、"累计摊销"、"累计折旧"等账户。

【例 5-38】2016 年 12 月，结转本月销售材料的成本 16 000 元。

这项经济业务的发生，一方面使得公司的其他业务成本增加 16 000 元，应记入"其他业务成本"账户的借方；另一方面使得公司库存材料成本减少 16 000 元，应记入"原材料"账户的贷方。根据分析，编制会计分录如下：

  借：其他业务成本   16 000
    贷：原材料   16 000

【例 5-39】承例 5-37，2016 年 12 月，该专利权计提的摊销额为 10 000 元。

这项经济业务的发生，一方面使得公司的其他业务成本增加 10 000 元，另一方面使得公司的无形资产的摊销额增加了 10 000 元。涉及"其他业务成本"和"累计摊销"两个账户。无形资产的摊销一方面是费用支出的增加，应记入"其他业务成本"账户的借方，另一方面是无形资产价值的损耗是资产的减少，应记入"累计摊销"账户的贷方。根据分析，编制会计分录如下：

  借：其他业务成本   10 000
    贷：累计摊销   10 000

【例 5-40】2016 年 12 月，A 股份有限公司按应交的增值税 61 040 元（108 800＋85 000＋51 000＋1200＋4760－136 000－17 000－36 720）的 7%计算本期应交城市维护建设税 4 272.8 元，按应交增值税的 3%交教育附加费 1 831.2 元。

该项经济业务的发生，引起费用和负债两个会计要素发生变化，一方面使城市维护建设税增加了 4 272.8 元，使教育附加费增加了 1 831.2 元；另一方面使应交税费增加了 6 104 元。涉及"税金及附加"和"应交税费"两个账户。城市维护建设税和教育附加费是企业的一项费用，增加应记入"税金及附加"账户的借方；应交税费是企业的一项债务，增加了应记入"应交税费"账户的贷方。根据分析，编制会计分录如下：

  借：税金及附加   6 104
    贷：应交税费——应交城市维护建设税   4 272.8
        ——应交教育附加费   1 831.2

小测验 销售自产的产品和销售自建固定资产取得经济利益的流入都可以确认为收入。（ ）

5.6 利润与利润分配业务的核算

5.6.1 利润的构成

利润是指企业在一定会计期间的经营成果。利润包括收入减去费用后的净额，直接计入当期利润的利得和损失等。

直接计入当期利润的利得和损失，是指应当计入当期损益、会导致所有者权益发生增减变动的、与所有者投入资本或者向所有者分配利润无关的利得或者损失。

1. 营业利润

营业利润的计算公式为

$$营业利润＝营业收入－营业成本－税金及附加－销售费用－管理费用$$
$$－财务费用－资产减值损失＋公允价值变动损益$$
$$（－公允价值变动损失）＋投资收益（－投资损失）$$

其中，营业收入是指企业经营业务所确定的收入总额，包括主营业务收入和其他业务收入。营业成本是指企业经营业务所发生的实际成本总额，包括主营业务成本和其他业务成本。

资产减值损失是指企业计提各项资产减值准备所形成的损失。

公允价值变动收益（或损失）是指企业交易性金融资产等公允价值变动形成的应计入当期损益的利得（或损失）。

投资收益（或损失）是指企业以各种方式对外投资所取得的收益（或发生的损失）。

2. 利润总额

利润总额的计算公式为

$$利润总额＝营业利润＋营业外收入－营业外支出$$

3. 净利润

净利润的计算公式为

$$净利润＝利润总额－所得税费用$$

4. 营业外收支

（1）营业外收入

营业外收入，是指企业发生的与其日常活动无直接关系的各项利得。营业外收入并不是企业经营资金耗费所产生的，不需要企业付出代价，实际上是经营利益的净流入，不可能也不需要与有关的费用进行配比。营业外收入主要包括非流动资产处置利得、盘盈利得、罚没利得、捐赠利得、确实无法支付而按规定程序经批准后转作营业外收入的应付款项等。

其中，非流动资产处置利得包括固定资产处置净利得和无形资产出售净利得。固定资产处置净利得，指企业出售固定资产所取得价款或报废固定资产的材料价值和变价收入等，扣除处置固定资产的账面价值、清理费用、处置相关税费后的净收益；无形资产出售净利得，指企业出售无形资产所取得价款，扣除出售无形资产的账面价值、出售相关税费后的净收益。

盘盈利得主要指对于现金等清查盘点中盘盈的现金等，报经批准后计入营业外收入的金额。

　　罚没利得指企业取得的各项罚款，在弥补由于对违反合同或协议而造成的经济损失后的罚款净收益。

　　捐赠利得指企业接受捐赠产生的利得。

　　（2）营业外支出

　　营业外支出指企业发生的与其日常活动无直接关系的各项损失，主要包括非流动资产处置损失、盘亏损失、罚款支出、公益性捐赠支出、非常损失等。

　　其中，非流动资产处置损失包括固定资产处置损失和无形资产出售损失。固定资产处置损失，指企业出售固定资产所取得价款或报废固定资产的材料价值和变价收入等，不足以抵补处置固定资产的账面价值、清理费用、处置相关税费所发生的净损失；无形资产出售损失，指企业出售无形资产所取得价款，不足以抵补出售无形资产的账面价值、出售相关税费后所发生的净损失。

　　盘亏损失主要指对于固定资产清查盘点中盘亏的固定资产，在查明原因处理时按确定的损失计入营业外支出金额。

　　罚款支出指企业由于违反税收法规、经济合同等而支付的各种滞纳金和罚款。

　　公益性捐赠支出指企业对外进行公益性捐赠发生的支出。

　　非常损失指企业对于因客观因素（如自然灾害等）造成的损失，在扣除保险公司赔偿后应计入营业外支出的净损失。

5. 管理费用

　　管理费用是指企业为组织和管理企业的生产经营活动而发生的各种费用，包括企业在筹建期间发生的开办费（筹建人员工资、办公费、培训费、差旅费、印刷费、注册登记费及不计入固定资产成本的借款费用等）、董事会和行政管理部门在企业的经营管理中发生的或者应由企业统一负担的公司经费（包括行政管理部门职工薪酬、工会经费、物料消耗、低值易耗品摊销、办公费和差旅费等）、董事会费（包括董事会成员津贴、会议费和差旅费等）、聘请中介机构费、咨询费（含顾问费）、诉讼费、业务招待费、技术转让费、矿产资源补偿费、研究费用、排污费、固定资产修理费（经营租出固定资产修理费计入其他业务成本）等。

6. 销售费用

　　销售费用是指企业在销售商品和材料、提供劳务过程中发生的各项费用，包括企业在销售商品过程中发生的包装费、保险费、展览费和广告费、商品维修费、预计产品质量保证损失、运输费、装卸费等费用，以及企业发生的为销售本企业商品而专设的销售机构的职工薪酬、业务费、折旧费、固定资产的修理费等费用。

　　另外，财务费用在5.2节中已经述及，这里不再重复。

5.6.2　关于利润构成的其他要素的核算

1. 营业外收支的核算

（1）营业外收入的核算

1）账户设置。企业通过"营业外收入"账户，该账户属于损益类，核算营业外收入的取得及结转情况。该账户贷方登记企业确认的各项营业外收入，借方登记期末结转入本年利润的营业外收入。结转后该账户应无余额。该账户应按照营业外收入的项目进行明细核算。"营业外收入"账户的结构如下：

借方	营业外收入	贷方
本期营业外收入的减少（转入"本年利润"账户）	本期发生的营业外收入的增加（处置非流动资产的利得、盘盈利得、罚没利得、无法支付的应付账款等）	
本期发生额合计：	本期发生额合计：	

2）营业外收入的会计处理。企业确认的营业外收入，借记"固定资产清理"、"银行存款"、"库存现金"、"应付账款"等账户，贷记"营业外收入"账户。期末，应将"营业外收入"账户余额转入"本年利润"账户，借记"营业外收入"账户，贷记"本年利润"账户。

【例 5-41】2016 年 12 月，A 股份有限公司收到某单位的违约罚款收入 84 800 元，存入银行。

罚款收入属于企业的营业外收入。这项经济业务的发生，一方面使得公司的银行存款增加 84 800 元，另一方面使得公司的营业外收入增加 84 800 元。涉及"银行存款"和"营业外收入"两个账户。银行存款的增加是资产的增加，应记入"银行存款"账户的借方；营业外收入的增加是利得的增加，应记入"营业外收入"账户的贷方。根据分析，编制会计分录如下：

借：银行存款　　　　　　　　　　　　　　　　　　　　84 800
　　贷：营业外收入　　　　　　　　　　　　　　　　　　　　84 800

（2）营业外支出的核算

1）账户的设置。企业应通过"营业外支出"账户，该账户属于损益类，核算营业外支出的发生及结转情况。该账户的借方登记企业发生的各项营业外支出，贷方登记期末结转如本年利润的营业外支出。结转后该账户应无余额。该账户应按照营业外支出的项目进行明细核算。"营业外支出"账户的结构如下：

借方	营业外支出	贷方
本期营业外支出的增加（非流动资产处置损失、盘亏损失、罚款支出、非常损失等）	本期营业外支出的减少（期末转入"本年利润"账户）	
本期发生额合计：	本期发生额合计：	

2）营业外支出的账务处理。企业发生营业外支出时，借记"营业外支出"账户，

贷记"固定资产清理"、"待处理财产损益"、"库存现金"、"银行存款"等账户。期末，应将"营业外支出"账户余额转入"本年利润"账户，借记"本年利润"账户，贷记"营业外支出"账户。

【例 5-42】2016 年 12 月，A 股份有限公司用银行存款支付税款滞纳金 30 000 元。这项经济业务的发生，一方面使得公司的银行存款减少 30 000 元；另一方面使得公司的营业外支出增加 30 000 元。涉及"银行存款"和"营业外支出"两个账户。营业外支出的增加是损失的增加，应记入"营业外支出"账户的借方；银行存款的减少是资产的减少，应记入"银行存款"账户的贷方。根据分析，编制会计分录如下：

借：营业外支出　　　　　　　　　　　　　　　　　　　　　　30 000
　　贷：银行存款　　　　　　　　　　　　　　　　　　　　　　　30 000

2. 管理费用的核算

企业应通过"管理费用"账户，核算管理费用的发生和结转情况。该账户的性质是损益类，其借方登记发生的各项管理费用，贷方登记期末转入"本年利润"账户的管理费用，经过结转之后，本账户期末没有余额。"管理费用"账户应按照费用项目设置明细账中的专栏，进行明细分类核算。"管理费用"账户的结构如下：

借方	管理费用	贷方
本期管理费用的增加（开办费、工会经费、董事会费等）	本期管理费用的减少（期末转入"本年利润"账户）	
本期发生额合计：	本期发生额合计：	

【例 5-43】2016 年 12 月，A 股份有限公司行政部门发生的办公费、差旅费等费用 25 000 元，均用银行存款支付。

该项经济业务的发生，一方面使企业的办公费和差旅费增加 25 000 元，行政部门支付办公费和差旅费属于管理费用增加，记入"管理费用"账户的借方；另一方面银行存款减少 25 000 元，属于资产类减少记入"银行存款"账户的贷方，这项经济业务涉及"管理费用"和"银行存款"两个账户。根据分析，编制会计分录如下：

借：管理费用　　　　　　　　　　　　　　　　　　　　　　25 000
　　贷：银行存款　　　　　　　　　　　　　　　　　　　　　　25 000

【例 5-44】2016 年 12 月，A 股份有限公司管理人员出差报销差旅费 8 980 元，公司以现金支付。

这项经济业务的发生，一方面使得公司的管理费用增加 8 980 元，另一方面使得公司的库存现金减少了 8 980 元。涉及"管理费用"和"库存现金"两个账户。管理费用的增加是费用的增加，应记入"管理费用"账户的借方，现金的减少是资产的减少，应记入"库存现金"账户的贷方。根据分析，编制会计分录如下：

借：管理费用　　　　　　　　　　　　　　　　　　　　　　8 980
　　贷：库存现金　　　　　　　　　　　　　　　　　　　　　　8 980

【例 5-45】2016 年 12 月，A 股份有限公司本月用银行存款支付办公费 21 000 元。

根据管理费用所包括的具体内容可知，办公费属于管理费用的内容。所以，这项经济业务的发生，一方面使得公司的管理费用增加 21 000 元，另一方面使得公司的银行存款减少 21 000 元。涉及"管理费用"、和"银行存款"两个账户。管理费用的增加是费用的增加，应记入"管理费用"账户的借方；银行存款的减少是资产的减少，应记入"银行存款"账户的贷方。根据分析，编制会计分录如下：

借：管理费用　　　　　　　　　　　　　　　　　　　　　　　21 000
　　贷：银行存款　　　　　　　　　　　　　　　　　　　　　　21 000

3. 销售费用的核算

销售费用是指企业在销售商品和材料、提供劳务过程中发生的各项费用，包括企业在销售商品过程中发生的包装费、保险费、展览费和广告费、商品维修费、预计产品质量保证损失、运输费、装卸费等费用，以及企业发生的为销售本企业商品而专设的销售机构的职工薪酬、业务费、折旧费、固定资产的修理费等费用。

企业应通过"销售费用"账户，核算销售费用的发生和结转情况。该账户借方登记企业所发生的各项销售费用，贷方登记期末结转记入"本年利润"账户的销售费用，结转后该账户应无余额。该账户应按销售费用的费用项目进行明细核算。"销售费用"账户结构如下：

借方	销售费用	贷方
本期销售费用的增加（包装费、广告费、展览费、运输费、专设销售机构费等）	本期销售费用的减少（期末转入"本年利润"账户）	
本期发生额合计：	本期发生额合计：	

【例 5-46】2016 年 12 月，A 股份有限公司为宣传产品发生的广告费为 100 000 元，均用银行存款支付。

这项经济业务的发生，一方面使得公司的销售费用增加 100 000 元，另一方面使得公司的银行存款减少 100 000 元。涉及"销售费用"和"银行存款"两个账户。销售费用的增加是费用的增加，应记入"销售费用"账户的借方；银行存款的减少是资产的减少，应记入"银行存款"账户的贷方。根据分析，编制会计分录如下：

借：销售费用　　　　　　　　　　　　　　　　　　　　　　100 000
　　贷：银行存款　　　　　　　　　　　　　　　　　　　　　100 000

【例 5-47】2016 年 12 月，A 股份有限公司在上海设一个销售机构，除了包含在工资总额中的应付职工薪酬外，该销售机构月耗费的办公费为 3 000 元，办公室月租金为 5 000 元。均以银行存款支付。

这项经济业务的发生，一方面使得公司的销售费用增加计 8 000 元（3 000＋5 000），另一方面使得银行存款减少了 8 000 元。根据分析，编制会计分录如下：

借：销售费用　　　　　　　　　　　　　　　　　　　　　　　8 000
　　贷：银行存款　　　　　　　　　　　　　　　　　　　　　　　8 000

4. 投资收益的核算

企业为了合理有效地使用资金以获取更多的经济利益，除了进行正常的生产经营活动外，还可以将资金投放金融性资产和长期股权投资等，形成企业的对外投资。这样，就形成了企业投资收益的实现或投资损失的发生，无论是实现了投资收益还是发生了投资损失，都会影响企业当期的经营成果。

为了核算投资损益的发生情况，需要设置"投资收益"账户，该账户的性质属于损益类，是用来核算企业对外投资所获得收益的实现或损失发生及其结转情况的账户。其贷方登记实现的投资收益和期末转入"本年利润"账户的投资净损失，借方登记发生的投资损失和期末转入"本年利润"账户的投资净收益。经过结转之后该账户期末没有余额。该账户应按照投资的种类设置明细账户，进行明细分类核算。"投资收益"账户的结构如下：

借方	投资收益	贷方
本期投资收益的减少（发生的投资损失、期末转入"本年利润"账户的投资收益）	本期投资收益的增加（期末转入"本年利润"账户的投资损失、发生的投资收益等）	
本期发生额合计：	本期发生额合计：	

【例 5-48】 2016 年 12 月，A 股份有限公司持有某单位股票作为长期投资，投资后的第二年，被投资单位宣告分派当年的现金股利，其中 A 股份有限公司应得 70 000 元，A 股份有限公司对于股票投资的核算采用成本法。

这项经济业务的发生，一方面使得公司的应收股利增加 70 000 元，另一方面使得公司的投资收益增加 70 000 元。涉及"应收股利"和"投资收益"两个账户。应收股利的增加是资产（债权）的增加，应记入"应收股利"账户的借方；投资收益的增加是收益的增加，应记入"投资收益"账户的贷方。根据分析，编制会计分录如下：

借：应收股利　　　　　　　　　　　　　　　　　　　　　　70 000
　　贷：投资收益　　　　　　　　　　　　　　　　　　　　　　70 000

【例 5-49】 2016 年 12 月，A 股份有限公司取得国债利息收入 20 000 元。

该项经济业务的发生，一方面使得公司的银行存款增加了 20 000 元，另一方面使得公司的投资收益增加了 20 000 元。涉及"投资收益"和"银行存款"两个账户。银行存款的增加是资产的增加记入"银行存款"账户的借方，投资收益的增加是收益的增加，应记入"投资收益"账户的贷方。根据分析，编制会计分录如下：

借：银行存款　　　　　　　　　　　　　　　　　　　　　　20 000
　　贷：投资收益　　　　　　　　　　　　　　　　　　　　　　20 000

5. 利润总额的计算

前已述及，企业在一定时期内所实现的经营成果即利润或亏损总额是由营业利润、投资净收益、营业外收支净额等几项内容所组成。这几项构成内容，我们已在前面通过具体经济业务的实例做了说明，把这些具体经济业务综合起来，就可以计算确定公司在本期所实现的利润或亏损总额。

【例 5-50】 2016 年 12 月，在销售过程的核算中，A 股份有限公司通过销售 A、B 产品，实现的主营业务收入为 1 440 000 元，结转的主营业务成本为 430 000 元，发生的税金及附加为 6 104 元；另外，公司还发生了其他业务收支的内容，其中，其他业务收入为 48 000 元，其他业务成本为 26 000 元；管理费用为 683 980 元；财务费用为 2 500 元；销售费用为 223 000 元；投资收益为 90 000 元；营业外收入为 84 800 元，营业外支出为 30 000 元。根据分析，计算如下：

营业利润＝1 440 000＋48 000＋90 000－430 000－6 104－26 000－683 980

　　　　　－223 000－2 500＝206 416（元）

利润总额＝营业利润＋营业外收入－营业外支出＝206 416＋84 800－30 000

　　　　　＝261 216（元）

6. 所得税费用的核算

企业所得税是对我国境内的企业和其他取得收入的组织的生产经营所得和其他所得征收的所得税。企业所得税等于规定的所得税税率乘以应纳税所得额。企业在计算确定当期所得税以及递延所得税费用（或收益）的基础上，应将两者之和确认为利润表中的所得税费用（或收益）。计算公式为

所得税费用（或收益）＝当期所得税＋递延所得税费用（－递延所得税收益）

　　　　递延所得税费用＝递延所得税负债增加额＋递延所得税资产减少额

　　　　递延所得税收益＝递延所得税负债减少额＋递延所得税资产增加额

（1）当期所得税的计算

在利润总额（会计利润）的基础上，根据税法规定调整并计算应纳税所得额、应交所得税及所得税费用。计算公式为

　　　　应纳税所得额＝税前会计利润＋纳税调整增加额－纳税调整减少额

纳税调整增加主要包括税法规定允许扣除项目中，企业已计入当期费用但超过税法规定的扣除标准的金额（如超过税法规定标准的工资支出、业务招待费支出）及企业已计入当期损失，但税法规定不允许扣除项目的金额（如税收滞纳金、罚款、罚金）。

纳税调整减少额主要包括按税法规定允许弥补的亏损和准予免税的项目，如前五年内的未弥补亏损和国债利息收入等。企业当期所得税的计算公式为

　　　　应交所得税＝应纳税所得额×所得税税率

（2）所得税费用的会计处理

企业为了核算其根据会计准则确认的应从当期利润总额中扣除的所得税费用，应设置"所得税费用"账户，该账户属损益类账户，借方登记本期应计入当期损益的所得税费用额，贷方登记转入"本年利润"账户的所得税费用额，期末结转后本账户没有余额。本账户应按照"当期所得税费用"和"递延所得税费用"账户进行明细核算。"所得税费用"账户的结构如下：

借方	所得税费用	贷方
本期所得税费用的增加（计算出的所得税费用）		本期所得税费用的减少（期末转入"本年利润"账户）
本期发生额合计：		本期发生额合计：

【例 5-51】承例 5-50，A 股份有限公司全年利润总额 261 216 元（即税前会计利润为 12 月份的利润总额）。其中包括本年收到的国库券利息收入 20 000 元，所得税税率为 25%。（假设没有其他调整项目）。

当期应纳税的计算：

当期应纳税所得额＝261 216－20 000＋30 000＝271 216（元）

当期应交所得税额＝271 216×25%＝67 804（元）

这项经济业务的发生，一方面使得公司的所得税费用增加 67 804 元，另一方面使得公司的应交税金增加 67 804 元。涉及"所得税费用"、"应交税费"两个账户。所得税费用的增加是费用支出的增加，应记入"所得税费用"账户的借方；应交税金的增加是负债的增加，应记入"应交税费"账户的贷方。根据分析，编制会计分录如下：

借：所得税费用　　　　　　　　　　　　　　　　　　　67 804

　　贷：应交税费——应交所得税　　　　　　　　　　　　　　　67 804

7. 净利润形成的核算

（1）利润形成的概述

按照我国企业会计制度的要求，企业一般应当按月核算利润，按月核算利润有困难的，经批准，也可以按季或者按年核算利润。企业计算确定本期利润总额、净利润和本年累计利润总额、累计净利润的具体方法有账结法和表结法两种。其中，账结法是在每个会计期末（一般是指月末）将各损益类账户记录的金额全部转入"本年利润"账户。通过"本年利润"账户借、贷方的记录结算出本期损益总额和本年累计损益额，使用这种方法需要在每个会计期末通过编制结账分录，结清各损益类账户；表结法是在每个会计期末（月末）各损益类账户余额不作转账处理，而是通过编制利润表进行利润的结算，根据损益类项目的本期发生额、本年累计数额，填报会计报表（主要是指利润表），在会计报表中直接计算确定损益额即利润总额、净利润额，年终在年度会计决算时再用账结法，将各损益类账户全年累计发生额通过编制结账分录转入"本年利润"账户。"本年利润"账户集中反映了全年累计净利润的实现或亏损的发生情况。

（2）利润核算应设置的科目

为了核算企业一定时期内财务成果的具体形成情况，在会计上需要设置"本年利润"账户。该账户的性质是所有者权益类，是用来核算企业一定时期内净利润的形成或亏损的发生情况的账户。其贷方登记会计期末转入的各项收入，包括主营业务收入、其他业务收入、营业外收入和投资净收益等；借方登记会计期末转入的各项支出，包括主营业务成本、税金及附加、其他业务成本、管理费用、财务费用、销售费用、营业外支出、投资净损失和所得税费用等。该账户年内期末余额如果在贷方，表示实现的累计净利润；如果在借方，表示累计发生的亏损。年末应将该账户的余额转入"利润分配"账户（如果是净利润，应自该账户的借方转入"利润分配"账户的贷方；如果是亏损，应自该账户的贷方转入"利润分配"账户的借方），经过结转之后，该账户年末没有余额。"本年利润"账户的结构如下：

借方	本年利润	贷方
（年内）期初余额：	（年内）期初余额：	
期末转入的各项费用与损失	期末转入的各项收入与利得	
本期发生额合计：	本期发生额合计：	
期末余额：累计亏损	期末余额：累计净利	

（3）利润形成的会计处理

会计期末（月末或年末）结转各项收入时，借记"主营业务收入"、"其他业务收入"、"投资收益"、"营业外收入"等账户，贷记"本年利润"账户；结转各项支出时，借记"本年利润"账户，贷记"主营业务成本"、"税金及附加"、"其他业务成本"、"管理费用"、"财务费用"、"销售费用"、"营业外支出"、"所得税费用"等账户。如果"投资收益"、"公允价值变动损益"账户反映的是损失，则应进行相反的结转。

【例 5-52】承例 5-50，A 股份有限公司期末将各损益类账户的余额转入本年利润账户，结算本期的净利润。

会计期末，企业未结转各种损益类账户之前，本期实现的各项收入及与之相配比的成本费用是分散反映在不同的损益类账户上，为了使本期的收支相抵减，以便确定本期经营成果，需要编制结账分录，结清各损益类账户。

首先，将企业取得的收入、收益和利得转入"本年利润"账户。这样，一方面需要将记录在有关损益类账户中的各项收入、收益、利得予以转销；另一方面使得公司的利润额增加了。涉及"主营业务收入"、"其他业务收入"、"投资收益"、"营业外收入"和"本年利润"五个账户。各项收入和利得的结转，是收入和利得的减少，应记入各收入和利得类账户的借方；利润的增加是所有者权益的增加，应记入"本年利润"账户的贷方。根据分析，编制会计分录如下：

借：主营业务收入　　　　　　　　　　　　　　　　　　　　1 440 000
　　其他业务收入　　　　　　　　　　　　　　　　　　　　　　48 000
　　投资收益　　　　　　　　　　　　　　　　　　　　　　　　90 000
　　营业外收入　　　　　　　　　　　　　　　　　　　　　　　84 800
　　贷：本年利润　　　　　　　　　　　　　　　　　　　　1 662 800

其次，A 股份有限公司将本期发生的各项支出转入"本年利润"账户的借方。这样，一方面需要将记录在有关损益类账户中的各项支出和损失予以转销，另一方面结转支出和损失会使得公司的利润减少。涉及"本年利润"、"主营业务成本"、"税金及附加"、"其他业务成本"、"管理费用"、"财务费用"、"销售费用"、"营业外支出"八个账户。各项支出的结转是费用和损失的减少，应记入"主营业务成本"、"其他业务支出"、"税金及附加"、"管理费用"、"财务费用"、"销售费用"、"营业外支出"账户的贷方；利润的减少是所有者权益的减少，应记入"本年利润"账户的借方。应编制的会计分录如下：

借：本年利润　　　　　　　　　　　　　　　　　　　1 401 584

　　贷：主营业务成本　　　　　　　　　　　　　　　　　　430 000

　　　　税金及附加　　　　　　　　　　　　　　　　　　　　6 104

　　　　其他业务成本　　　　　　　　　　　　　　　　　　　26 000

　　　　管理费用　　　　　　　　　　　　　　　　　　　　683 980

　　　　财务费用　　　　　　　　　　　　　　　　　　　　　2 500

　　　　销售费用　　　　　　　　　　　　　　　　　　　　223 000

　　　　营业外支出　　　　　　　　　　　　　　　　　　　30 000

A 股份有限公司在会计期末将计算出的所得税费用转入"本年利润"账户。A 股份有限公司本期计算出的所得税费用为 59 029 元。这项经济业务的发生，一方面使得公司的所得税费用减少 67 804 元，另一方面使得公司的利润额减少 67 804 元。所得税费用的减少应记入"所得税费用"账户的贷方；利润的减少应记入"本年利润"账户的借方。根据分析，编制会计分录如下：

借：本年利润　　　　　　　　　　　　　　　　　　　　67 804

　　贷：所得税费用　　　　　　　　　　　　　　　　　　　67 804

所得税费用转入"本年利润"账户之后，就可以根据"本年利润"账户的借、贷方记录的各项支出和收入计算确定企业的净利润额，即

$$净利润＝261\ 216－67\ 804＝193\ 412（元）$$

企业通过净利润形成过程的核算，实现了一定时期内的财务成果即净利润。对于实现的净利润，应按照国家的有关规定进行合理的分配。

【例 5-53】A 股份有限公司在期末结转本期实现的净利润。A 股份有限公司本期实现的净利润为 193 412 元。结转净利润这项经济业务的发生，一方面使得公司记录在"本年利润"账户的累计净利润减少 193 412 元，另一方面使得公司可供分配的利润增加 193 412 元。涉及"本年利润"和"利润分配"两个账户。结转净利润时，应将净利润从"本年利润"账户的借方转入"利润分配"账户的贷方（如果结转亏损，则进行相反的处理）。根据分析，编制会计分录如下：

借：本年利润　　　　　　　　　　　　　　　　　　　193 412

　　贷：利润分配——未分配利润　　　　　　　　　　　　193 412

8. 利润分配业务的核算

企业实现的全年净利润，就是企业利润总额扣除所得税以后的数额，即税后利润。企业取得净利润后，加上年初留存的未分配利润，形成可供分配的利润，应当按规定进行分配。利润的分配过程和结果，不仅关系到所有者的合法权益是否得到保护，而且关系到企业能否长期、稳定地发展。利润分配业务的核算首先是利润分配顺序的问题，其次是利润分配的会计处理问题。

(1) 利润分配的顺序

企业实现的净利润，应按照国家的规定和投资者的决议进行合理的分配。企业净利润的分配涉及各个方面的利益关系，包括投资人、企业以及企业内部职工的经济利益，所以必须遵循兼顾投资人利益、企业利益以及企业职工利益的原则对净利润进行分配。根据《中华人民共和国公司法》（以下简称《公司法》）等有关法规的规定，企业当年实现的净利润，首先应弥补以前年度尚未弥补的亏损，对于剩余部分，应按照下列顺序进行分配。

1) 提取法定盈余公积。法定盈余公积是指企业按规定从净利润中提取的企业积累资金。公司制企业的盈余公积金包括法定盈余公积和任意盈余公积。《公司法》规定公司制企业按本年净利润的 10% 提取法定盈余公积金，法定盈余公积达到注册资本的 50%时，企业可以不再提取。

2) 支付优先股股利，是指企业按照利润分配方案分配给优先股股东的现金股利，优先股股利是按照约定的股利率计算支付的。

3) 提取任意盈余公积，公司制企业的任意盈余公积一般按照股东大会决议。非公司制企业经类似权力机构批准，也可以提取任意盈余公积。

企业提取的盈余公积经批准可以弥补亏损、转增资本、发放现金股利或利润等。

4) 支付普通股股利，是指企业按照利润分配方案分配给普通股股东的现金股利，普通股股利一般按各股东持有股份的比例进行分配。如果是非股份制企业则为分配给投资人的利润。

5) 转作资本（或股本）的普通股股利，是指企业按照利润分配方案以分派股票股利的形式转作的资本（或股本）。

可供投资者分配的利润经过上述分配之后，为企业的未分配利润。未分配利润是企业留待以后年度进行分配的利润或等待分配的利润，它是所有者权益的一个重要组成部分。相对于所有者权益的其他部分来说，企业对于未分配利润的使用分配有较大的自主权。

(2) 利润分配业务的会计处理

为了核算企业利润分配的具体过程及结果，全面贯彻企业利润分配政策，以便更好地进行利润分配业务的核算，需要设置以下几个账户。

1) "利润分配"账户。该账户的性质是所有者权益类，是用来核算企业一定时期内净利润的分配或亏损的弥补以及历年结存的未分配利润（或未弥补亏损）情况的账户。

其借方登记实际分配的利润额，包括提取的盈余公积金和分配给投资人的利润以及年末从"本年利润"账户转入的全年累计亏损额；贷方登记用盈余公积金弥补的亏损额等其他转入数以及年末从"本年利润"账户转入的全年实现的净利润额。年末余额如果在借方，表示未弥补的亏损额；年末余额如果在贷方，表示未分配利润额。本账户应按利润分配的相关内容设置明细账，进行明细分类核算。主要的明细账户有"其他转入"、"提取法定盈余公积"、"应付优先股股利"、"提取任意盈余公积"、"应付普通股股利"、"转作资本（或股本）的普通股股利"、"未分配利润"等。年末，应将"利润分配"账户下的其他明细账户的余额转入"未分配利润"明细账户，经过结转后，除"未分配利润"明细账户有余额外，其他各个明细账户均无余额。"利润分配"账户的结构如下：

借方	利润分配	贷方
期初余额：	期初余额：	
（1）已分配的利润额	（1）盈余公积转入	
（2）年末从"本年利润"账户转入的亏损	（2）年末从"本年利润"账户转入的全年净利润	
本期发生额合计：	本期发生额合计：	
期末余额：未弥补的亏损	期末余额：未分配的利润	

2）"盈余公积"账户。该账户的性质属于所有者权益类，是用来核算企业从税后利润中提取的盈余公积金（包括法定盈余公积和任意盈余公积）的增减变动及其结余情况的账户。其贷方登记提取的盈余公积金的增加，借方登记实际使用的盈余公积金的减少。期末余额在贷方，表示结余的盈余公积金。"盈余公积"账户应设置"法定盈余公积"、"任意盈余公积"明细账户。"盈余公积"账户的结构如下：

借方	盈余公积	贷方
本期盈余公积金减少（转增资本、弥补亏损、分配股利）	期初余额：	
	本期盈余公积金增加（年末提取的盈余公积金）	
本期发生额合计：	本期发生额合计：	
	期末余额：结余的盈余公积金	

3）"应付股利"账户。该账户的性质属于负债类，是用来核算企业按照董事会或股东大会决议分配给投资人股利（现金股利）或利润的增减变动及其结余情况的账户。其贷方登记应付给投资人股利（现金股利）或利润的增加，借方登记实际支付给投资人的股利（现金股利）或利润即应付股利的减少。期末余额在贷方，表示尚未支付的股利（现金股利）或利润。这里需要注意的是企业分配给投资人的股票股利不在本账户核算。"应付股利"账户的结构如下：

借方	应付股利	贷方
本期实际支付的利润或股利	期初余额：	
	应付未付的利润或股利	
本期发生额合计：	本期发生额合计：	
	期末余额：尚未支付的利润或股利	

【例 5-54】承例 5-52，根据前述业务可知 A 股份有限公司本年实现的净利润为 193 412 元，因而，提取的法定盈余公积金为 19 341.2 元（193 412×10%），提取的任意盈余公积金为 9 670.6 元（193 412×5%）。

公司提取盈余公积金业务的发生，一方面使得公司的已分配的利润额增加 29 011.8 元（19 341.2＋9 670.6），另一方面使得公司的盈余公积金增加了 29 011.8 元。涉及"利润分配"和"盈余公积"两个账户。已分配利润额的增加是所有者权益的减少，应记入"利润分配"账户的借方；盈余公积金的增加是所有者权益的增加，应记入"盈余公积"账户的贷方。根据分析，编制会计分录如下：

借：利润分配——提取法定盈余公积   19 341.20

     ——提取任意盈余公积   9 670.60

    贷：盈余公积——法定盈余公积   19 341.20

     ——任意盈余公积   9 670.60

【例 5-55】A 股份有限公司按照董事会及股东大会决议，决定分配给股东现金股利 50 000 元，股票股利 50 000 元。

这里首先需要说明，股票股利和现金股利是有区别的。对于现金股利，在董事会确定利润分配方案之后，立即进行账务处理，而股票股利在董事会确定利润分配方案并办理了增资手续之后，才能进行相应的账务处理。这项经济业务的发生，需要处理两部分内容：对于现金股利的分配，一方面使得公司的已分配利润额增加 100 000 元（50 000＋50 000）；另一方面，现金股利虽然已决定分配给股东，但在宣告的当时并不实际支付，所以形成公司的一项负债，使得公司的应付股利增加 50 000 元。对于分配股票股利是所有者权内部的转换，即"利润分配"转换为"股本"，这项业务涉及"利润分配"、"应付股利"和"股本"三个账户。已分配利润的增加是所有者权益的减少，应记入"利润分配"账户的借方；应付股利的增加是负债的增加，应记入"应付股利"账户的贷方；对于股票股利，在分配时，应按面值记入"股本"账户的贷方（如有超面值部分应增加资本公积）。根据分析，编制会计分录如下：

对于现金股利：

借：利润分配——应付普通股股利   50 000

    贷：应付股利   50 000

对于股票股利：

借：利润分配——转作资本（或股本）的股票股利   50 000

    贷：股本   50 000

【例 5-56】A 股份有限公司以前年度累计未弥补亏损 28 000 元，已经超过了用税前利润弥补的期限。经董事会决议，用盈余公积金全额弥补企业发生的亏损。

用盈余公积金弥补亏损，相当于增加可供分配的利润。这项经济业务的发生，一方面使得公司的盈余公积金减少 28 000 元，另一方面使得公司的可供分配利润增加 28 000 元。涉及"盈余公积"和"利润分配"两个账户。盈余公积金的减少是所有者权益的减少，应记入"盈余公积"账户的借方；可供分配利润的增加是所有者权益的增加，应记入"利润分配"账户的贷方。根据分析，编制会计分录如下：

借：盈余公积　　　　　　　　　　　　　　　　　　　　　28 000

　　贷：利润分配——盈余公积补亏　　　　　　　　　　　　　　　28 000

【例 5-57】 A 股份有限公司，会计期末将"利润分配"账户所属的其他明细账户余额结转到"未分配利润"明细账户。

通过前述有关的经济业务的处理，可以确定 A 股份有限公司"利润分配"所属有关明细账户的记录分别为："提取法定盈余公积"明细账户余额为 19 341.2 元，"提取任意盈余公积"明细账户的余额为 9 670.6 元，"应付普通股股利"明细账户的余额为 50 000 元，"转作资本（或股本）的股票股利"明细账户的余额为 50 000 元，"盈余公积补亏"明细账户的余额为 28 000 元（贷方）。结转时，应将各个明细账户的余额从其相反方向分别转入"未分配利润"明细账户中去，也就是借方的余额从贷方结转，贷方的余额从借方结转。根据分析，编制会计分录如下：

借：利润分配——未分配利润　　　　　　　　　　　　　129 011.80

　　贷：利润分配——提取法定盈余公积　　　　　　　　　　　19 341.20

　　　　　　　　——提取任意盈余公积　　　　　　　　　　　9 670.60

　　　　　　　　——应付普通股股利　　　　　　　　　　　　50 000

　　　　　　　　——转作资本（或股本）的股票股利　　　　　50 000

借：利润分配——盈余公积补亏　　　　　　　　　　　　　28 000

　　贷：利润分配——未分配利润　　　　　　　　　　　　　　28 000

小提示　　利润分配的明细账有很多，但是最终其他明细都要转入"利润分配——未分配利润"账户。这也是年度资产负债表中未分配利润的填报依据。中期资产负债表中的未分配利润有可能是上年未分配利润加本年利润的累计额。

小测验　　甲股份有限公司 2016 年全年实现利润总额为 1 000 000 元，其中收到国债利息 200 000 元，因没有按时交税被罚，支出税收滞纳金 100 000 元。所得税税率为 25%，则甲公司 2016 年应交所得税为（　　　）。

小　结

本章是以实际工作中工业企业的资金循环为主线，在第 4 章复式记账理论的基础之上，通过企业供应、生产、销售过程中的资金流动，阐述了借贷记账法在企业筹资业务、购进业务、生产业务、销售业务和利润业务的会计核算体系中的运用。

筹资业务：企业生产经营的启动以资本进入企业为先导。资本的来源有两种：其一是负债的资金，即短期借款和长期借款的核算，本章主要介绍了企业向银行等金融机构借入的资金的核算；其二是接受投资的资金，即实收资本和资本公积的核算。

购进业务：在购进业务中，本章主要阐述固定资产的购进和原材料的购进业务的核算。固定资产和原材料的入账价值根据其来源而定，如外购固定资产的入账价值为买价、运杂费，相关的税费、安装费及培训费；外购材料的入账价值包括买价、运杂费、入库前的挑选整理费等。

生产业务：主要内容是产品的制造成本和管理费用、财务费用、销售费用等的形成、归集及分配等。生产费用的归集和分配以及产品制造成本的构成是会计核算的主要内容。在核算此类业务时要清楚划分直接费用、间接费用和期间费用。产品制造成本由材料费、人工费和其他费用构成，直接费用通过"生产成本"账户核算，间接费用通过"制造费用"账户核算。期间费用不和生产产品直接对应，与其发生的期间相对应，通过"管理费用"、"销售费用"、"财务费用"账户核算。

销售业务：主要内容是销售收入和销售成本及销售税金的确认与计量的核算。销售业务分主营业务和其他业务，要分别掌握其核算方法。符合收入确认条件时，借记"银行存款"、"应收账款"等账户，贷记"主营业务收入"、"其他业务收入"、"应交税费——应交增值税（销项税额）"等账户，并同时结转销售成本借记"主营业务成本"、"其他业务成本"等账户，贷记"库存商品"、"原材料"、"累计折旧"等账户。同时按计算应交的城市维护建设税和教育费附加等借记"税金及附加"账户，贷记"应交税费——应交城市维护建设税"等账户。

利润业务：利润业务部分主要内容是利润的形成、结转与利润分配。企业利润包括营业利润、利润总额和净利润三个层次，其中营业利润加上营业外收支净额形成利润总额；利润总额扣除所得税形成净利润。利润分配是在净利润的基础上按规定提取盈余公积和向投资者分配利润。利润的业务核算就是将所有损益类账户的余额转入"本年利润"账户，结出"本年利润"账户的余额，再将"本年利润"账户余额转入"利润分配"账户，进而将净利润通过"利润分配"账户进行分配的会计核算过程。

思 考 题

1. 企业筹资过程一般发生哪些经济业务？短期借款和长期借款的利息处理有什么不同之处？

2. 企业购进业务一般要发生哪些经济事项？

3. 企业生产业务一般要发生哪些经济事项？

4. 企业销售业务一般要发生哪些经济事项？

5. 企业利润业务一般要发生哪些经济事项？

6. 如何核算产品制造成本？如何分配制造费用？

案例导入分析

企业的盈余公积金包括法定盈余公积和任意盈余公积。企业提取的盈余公积经批准可以弥补亏损、转赠资本、发放现金股利或利润等，而资本公积金可以转作资本而不能分配利润。

实 训 题

实训1

【实训目标】

通过实训，掌握材料购进业务的会计处理。

【实训资料】

某制造企业，购入材料按实际成本核算，发生如下经济业务：

1）向新华工厂购进甲材料20吨，单价1.00元/千克，增值税税率17%，材料已经发出，货款已通过银行付讫。

2）向下列单位购进甲材料一批，材料已经发出，货款未付：

① 光明工厂30吨，单价1.00元/千克，增值税税率17%，计35 100元；

② 光华工厂50吨，单价1.00元/千克，增值税税率17%，计58 500元。

3）以银行存款1 000元支付运输公司承运向新华工厂购进甲材料的运费（不考虑增值税）。

4）向东风工厂购进乙材料400千克，单价100元/千克，增值税税率17%，材料已验收入库，货款已通过银行付讫。

5）向长风工厂购进下列材料一批，货款已由银行支付。

① 丙材料1 000千克，单价20元/千克，增值税税率17%，价税合计为23 400元；

② 丁材料100千克，单价50元/千克，增值税税率17%，价税合计为5 850元。

6）以现金支付购买丙材料和丁材料的运杂费900元，按材料的买价比例计算丙、丁材料各自应负担的运杂费。材料达到企业并验收入库。

7）向光明工厂购进预付货款的丙材料50吨，单价1.00元/千克，增值税税率17%，光明工厂代垫运费1 000元，冲销原预付的货款30 000元，不足部分以银行存款支付。

8）以现金1 800元支付向光明工厂和光华工厂购买甲材料的运费。

9）以银行存款偿还前欠光明工厂和光华工厂的购料款。

10）向新华工厂购进的甲材料已经入库完毕。

【实训要求】

根据以上资料编制会计分录。

实训 2

【实训目标】

通过训练，了解产品制造成本的形成过程并掌握生产成本形成业务的会计处理。

【实训资料】

1）产品生产、车间与企业管理部门领用的各种材料汇总如表 5-4 所示。

表 5-4　材料领用汇总表

部门	甲材料		乙材料		丙材料		丁材料		合计
	数量	金额	数量	金额	数量	金额	数量	金额	金额
A 产品领用	50	50 500	200	2 010	300	6 000			58 510
B 产品领用	40	40 400	100	1 005	200	4 000			45 405
车间一般耗用					200	4 000	60	3 000	7 000
行政部门领用			50	525	100	2 000	30	1 500	4 025
合计	90	90 900	350	3 540	800	16 000	90	4 500	114 940

注：表中数量单位为千克，金额单位为元。

2）计算本月应发放职工工资如下：

A 产品生产工人工资	78 000 元
B 产品生产工人工资	56 000 元
车间管理人员工资	18 000 元
企业管理人员工资	4 000 元
合计	216 000 元

3）从银行提取现金 216 000 元以备发放工资。

4）以现金 216 000 元发放职工工资。

5）开出转账支票支付本月电费 17 160 元，其中：

生产 A 产品耗电	10 050 元
生产 B 产品耗电	5 040 元
企业管理部门耗电	2 070 元

6）以银行存款支付行政办公费 3 000 元。

7）以银行存款支付报纸杂志订阅费 9 000 元。

8）按规定的折旧率计提本月固定资产折旧 79 800 元，其中生产用固定资产折旧 60 000 元，其余为行政管理部门用固定资产折旧。

9）月末，按生产工人工资比例对制造费用进行分配。A 产品 500 件已全部完工验收入库，B 产品全部未完工。

【实训要求】

根据以上交易事项编制会计分录。

实训 3

【实训目的】

通过实训，熟练掌握企业销售阶段经济业务的会计处理。

【实训资料】

某企业 2016 年 6 月发生下列经济业务：

① 向甲公司出售 A 产品 500 件，每件售价 60 元，增值税税率 17%。货款已经收到，存入银行。

② 向乙公司出售 B 产品 300 件，每件售价 150 元，增值税税率 17%。货款尚未收到。

③ 按出售的两种产品的实际销售成本转账(A 产品每件 45 元，B 产品每件 110 元)。

④ 以银行存款支付上述 A、B 两种产品在销售过程中的运输费 800 元，包装费 900 元。

⑤ 结算本月专设销售机构职工工资 20 000 元，并按工资总额的 14%计提职工福利费。

⑥ 向丙工厂出售甲材料 100 千克，每千克售价 12 元增值税税率 17%。货款已收到，存入银行。

⑦ 按出售的甲材料实际销售成本转账（每千克 10 元）。

【实训要求】

1）根据上列各项经济业务编制会计分录。

2）计算主营业务利润。

实训 4

【实训目的】

通过实训，熟练掌握利润的形成，并熟练掌握利润形成业务的会计处理。

【实训资料】

某企业 2016 年 11 月有关损益类总分类账的累计余额如表 5-5 所示，2016 年 11 月 "利润分配" 账户期初借方余额 39 000 元。

12 月份发生以下收支经济业务：

① 出售产品一批，售价 50 000 元，按 17%税率计算增值税。货款收到，存入银行。

② 按出售产品的实际销售成本 35 000 元确认成本。

③ 以现金支付产品销售过程中的运杂费、包装费 900 元。

④ 以现金支付厂部办公费 300 元。

⑤ 以银行存款支付银行借款利息 1 200 元，其中包括前两个月已经预提的利息 1 000 元。

⑥ 以银行存款支付违约罚金 5 000 元。

⑦ 没收某公司逾期未还包装物的押金 3 000 元。

表 5-5　损益类账户的累计余额

账户名称	借方累计余额（元）	贷方累计余额（元）
主营业务收入		650 000
主营业务成本	400 000	
销售费用	30 000	
其他业务收入		20 000
其他业务成本	5 000	
管理费用	8 000	
财务费用	3 000	
营业外收入		6 000
营业外支出	3 000	

【实训要求】

1）根据上述经济业务编制会计分录，所得税年末一次结算。

2）将 1～12 月损益类账户累计余额转入"本年利润"账户。

3）计算全年利润总额（不作会计分录）。

4）按利润总额的 25%计算应交所得税税额。

5）按净利润的 10%计算应提取的盈余公积。

6）按净利润的 50%向投资者分配利润。

7）将全年实现的净利润自"本年利润"账户转入"利润分配"账户。

实训 5

【实训目的】

通过实训，熟练掌握企业资金投入和退出经济业务的会计处理。

【实训资料】

某企业 2016 年 6 月发生资金投入和退出的各项经营业务如下：

① 收甲单位投入资金 400 000 元，存入银行。

② 接受 A 单位投资生产设备一台，原值 200 000 元，已提折旧 90 000 元，经评估价值 120 000 元。

③ 向银行借入临时借款 90 000 元，存入银行，借款期为 3 个月。

④ 因建造厂房向银行借入 500 000 元，准备用于购买建筑材料。

⑤ 临时借款 50 000 元到期，以银行存款偿还（不考虑利息）。

⑥ 以银行存款支付职工工资 50 000 元，支付职工医药费 30 000 元。

【实训要求】

根据以上经济业务编制会计分录。

第 6 章 账 户 分 类
CHAPTER 6

学习目标

- 了解账户按经济内容进行的分类和账户按结构用途进行的分类。
- 掌握账户的设置和应用。

关键概念

科目　账户　登账　结账　复式记账法　借贷记账法　试算平衡

案例导入

贾音是一家化肥厂的会计,该企业存货采用计划成本进行日常核算,2016 年 5 月 31 日结账后发现"制造费用"账户余额为 20 000 元,"销售费用"账户余额为 1 000 元,另外"原材料"账户余额为 700 000 元,"材料成本差异"账户借方余额为 54 300 元。

思考:试用本章所学知识解决下列问题:

1)帮助贾音检查其结账结果是否正确,为什么?

2)帮助贾音计算原材料的实际成本,并叙述理由。

6.1　账户分类的意义与主要标志

6.1.1　账户分类的意义

企业在日常经济业务核算中,要设置和运用一系列账户。每一个账户都有自己的经济性质、用途和结构,只记录经济业务活动的某一个方面,但它们彼此之间又不是孤立存在的,而是相互联系地组成了一个完整的账户体系,来完整地对企业的全部经济业务加以记录。账户的分类就是研究这个账户体系中各账户的个性及各账户之间存在的共性和规律,探明每个账户在账户体系中的地位和作用,以便更好地运用账户对企业的经济业务进行反映,并随着经济发展和经营管理的需要,为研究、设计新的、科学的账户体系提供条件。例如,对于一个企业来说,要完整地反映它的经济活动,为经济管理提供会计信息,就应当设置一些不同类型的账户,这些不同类型的账户各起什么作用,提供哪些指标,账户的借贷两方分别都登记什么,是否有余额,余额表示什么等。对于账户的这种研究,必须通过账户的分类来进行,因此,我们在学习了设置会计科目与账户后,还要进一步来研究账户的分类。

6.1.2 账户分类的主要标志

在众多账户中，要了解每个账户的个性与共性，就必须掌握账户的分类规律。账户按照不同的标志可以分成不同的类别，具体有以下几种。

1）账户按经济内容分类，可分成资产类、负债类、所有者权益类、成本类和损益类等账户。

2）账户按用途和结构分类，可分成盘存类、结算类、资本类、集合分配类、跨期摊配类、成本计算类、收入类、费用类、财务成果类、计价对比类、调整类和过渡类等账户。

3）账户按所提供指标的详细程度分类，可分成总分类账户和明细分类账户。

4）账户按与财务报告的关系分类，可分成资产负债表账户和利润表账户。

5）账户按其所反映的内容是否表示会计实在价值分类，可分成实账户和虚账户。

在账户的各种不同的分类中，账户按经济内容为标准分类是最基本的分类，其他分类都是在这种分类的基础上演变和发展而来的。这里我们主要介绍按照账户的经济内容分类和按账户的用途、结构分类，为正确运用账户、反映经济业务奠定基础。

小提示 账户按照经济内容分为资产类、负债类、所有者权益类、成本类和损益类。其中损益类账户包含的内容比较广，有销售收入、销售成本、期间费用、营业外收支、投资收益（损失）、资产减值损失、公允价值变动损益。

小测验 损益类账户在月末是如何用来计算利润的？

6.2 账户按经济内容的分类

账户经济内容是指账户反映的会计对象的具体内容。账户之间的最本质差别在于其反映的经济内容的不同，因而账户的经济内容是账户分类的基础，账户按经济内容分类是对账户的最基本的分类。

账户所反映和核算的具体内容包括资产、负债、所有者权益、收入、费用和利润等。与此相适应，账户按经济内容的分类，也可以分为资产类账户、负债类账户、所有者权益类账户、收入类账户、费用类账户和利润类账户等六大类账户。但在实践中，为了满足某些指标的需要，在分类时可作适当的调整，以便能充分地体现各账户的特征。例如，企业在一定期间实现的利润，最终都要归属于所有者权益。因此，可以将反映企业利润所得的账户，如"本年利润"、"利润分配"、"盈余公积"等并入所有者权益类账户。为了反映企业，特别是制造加工业的产品成本，专门设置核算产品成本的账户，如"生产成本"、"制造费用"等。又如，企业在一定期间所取得的收入和收益，以及所发生的需要直接从当期收入或收益中扣除的各项费用或损失，都要体现在当期损益的计算中，因此，也可将这类账户归为一类，即损益类账户。

基于以上认识，账户按经济内容分类，可分为五类，即资产类账户、负债类账户、所有者权益类账户、成本类账户、损益类账户。

6.2.1 资产类账户

资产类账户，是用来反映企业资产的增减变动及其结存情况的账户。按照资产的流动性，这类账户又可以分为两类：

1）反映流动资产的账户，如"银行存款"、"应收账款"、"原材料"、"库存商品"等账户。

2）反映长期资产的账户，如"长期股权投资"、"固定资产"、"累计折旧"、"无形资产"、"长期待摊费用"等账户。

资产类账户借方登记企业各项资产的增加额，贷方登记其减少额；余额一般在借方，表示期末某一时点企业实际拥有的资产数额。期末余额的计算公式为

资产类账户期末余额＝期初借方余额＋本期借方发生额－本期贷方发生额

资产类账户的一般结构如下：

借方	资产类账户	贷方
期初余额：期初资产实有数		
发生额：本期资产增加数		发生额：本期资产减少数
本期发生额合计：		本期发生额合计：
期末余额：期末资产结存数		

6.2.2 负债类账户

负债类账户，是用来反映企业债务的增减变动及其结存情况的账户。此类账户按其债务归还期限的长短不同可分为以下两类账户：

1）反映流动负债的账户，如"短期借款"、"应付账款"、"应付职工薪酬"、"应付票据"、"应交税费"及"预计负债"等账户。

2）反映长期负债的账户，如"长期借款"、"应付债券"和"长期应付款"等账户。

负债类账户的贷方发生额登记负债的增加数，借方登记减少数；余额一般出现在贷方，反映企业在期末某一时点所承担的债务的实际数额。期末余额的计算公式为

负债类账户期末余额＝期初贷方余额＋本期贷方发生额－本期借方发生额

负债类账户的一般结构如下：

借方	负债类账户	贷方
	期初余额：期初负债实有数	
发生额：本期负债减少数	发生额：本期负债增加数	
本期发生额合计：	本期发生额合计：	
	期末余额：期末负债实有数	

6.2.3　所有者权益类账户

所有者权益类账户，是用来反映和监督企业所有者权益增减变动及其结存情况的账户。按照其来源的不同，这类账户又可以分为以下两类：

1）反映所有者原始投资的账户，如"实收资本（或股本）"、"资本公积"等账户。

2）反映所有者投资收益的账户，如"本年利润"、"利润分配"及"盈余公积"等账户。

所有者权益类账户的贷方发生额登记所有者权益的增加数，借方登记减少数；余额一般出现在贷方，反映企业所有者拥有的企业净资产的实际数额。期末余额的计算公式为

所有者权益类账户期末余额＝期初贷方余额＋本期贷方发生额－本期借方发生额

所有者权益类账户的一般结构如下：

借方	所有者权益类账户	贷方
	期初余额：期初所有者权益实有数	
发生额：本期所有者权益减少数	发生额：本期所有者权益增加数	
本期发生额合计：	本期发生额合计：	
	期末余额：期末所有者权益实有数	

6.2.4　成本类账户

成本类账户，是用来归集发生的各项费用、计算一定成本计算对象成本的账户。在制造业中，成本类账户按生产经营的阶段可以分为两类：

1）供应过程中的成本计算账户，用来归集材料购入到可供使用状态所发生的价款及采购费用，计算材料的采购成本，如"材料采购"账户。

2）生产过程中的成本计算账户，用来归集产品的生产费用，计算完工产品的成本，如"生产成本"、"制造费用"等账户。

成本类账户和资产类账户的关系十分密切，资产一经生产耗用即刻就转化为成本费用。成本类账户的期末余额属于企业的资产，如"材料采购"和"生产成本"两个账户，其借方余额分别表示为在途材料和在产品，企业的在途材料和在产品都是企业的流动资产。因此，从某种意义上我们可以说，成本类账户也是资产类账户，如"材料采购"账户既可以归入资产类账户，也可归入成本类账户。此账户的特殊性，在学习时要充分注意。

成本类账户借方记录成本费用的增加额，贷方记录转销额，这类账户结转后一般没有期末余额，如有期末借方余额就是企业的资产，如"材料采购"账户的借方余额是企业的在途材料，"生产成本"账户的借方余额是企业的在产品。其结构如下：

借方	成本类账户	贷方
期初余额：		
发生额：本期费用增加数	发生额：本期费用结转数	
本期发生额：	本期发生额：	
期末余额：期末实际结存数		

6.2.5 损益类账户

损益类账户，是指那些核算内容与损益的计算确定直接相关的账户，主要指那些用来反映收入、利得、费用和损失的账户。

1）收入类账户是指反映企业在日常经营活动形成的经济利益总流入的账户，如"主营业务收入"、"其他业务收入"、"投资收益"等账户。

2）利得类账户是指反映企业在偶发交易或事项中产生的经济利益的账户，如"营业外收入"账户。

收入类账户和利得类账户是利润及利润分配的主要来源，其结构贷方反映收益的增加额，借方反映收益的转销额，结转后期末无余额。

收入、利得类账户的结构一般如下：

借方	收入类账户	贷方
发生额：本期收益转销额	发生额：本期收益增加额	
本期发生额合计：	本期发生额合计：	

3）费用类账户是指反映企业在日常经营活动发生的经济利益总流出的账户，如"管理费用"、"销售费用"、"财务费用"、"主营业务成本"、"其他业务成本"、"税金及附加"及"所得税"等账户。

4）损失类账户是指反映企业发生的与生产经营活动无直接关系的各种支出的账户，如"营业外支出"账户。

费用类账户和损失类账户借方记录成本费用的增加额，贷方记录转销额，这类账户结转后一般没有期末余额。

费用类账户的结构一般如下：

借方	费用类账户	贷方
发生额：本期费用增加数	发生额：本期费用结转数	
本期发生额合计：	本期发生额合计：	

下面将主要账户按上述经济内容进行分类，如图6-1所示。

账户
├─ 资产类账户
│ ├─ 反映流动资产的账户
│ │ ├─ 银行存款
│ │ ├─ 应收票据
│ │ ├─ 预付账款
│ │ ├─ 其他应收款
│ │ ├─ 原材料
│ │ ├─ 库存商品
│ │ └─ 长期待摊费用
│ └─ 反映非流动资产的账户
│   ├─ 长期股权投资
│   ├─ 固定资产
│   ├─ 累计折旧
│   ├─ 在建工程
│   ├─ 无形资产
│   └─ 商誉
├─ 负债类账户
│ ├─ 反映流动负债的账户
│ │ ├─ 短期借款
│ │ ├─ 应付账款
│ │ ├─ 应付票据
│ │ ├─ 预收账款
│ │ ├─ 其他应付款
│ │ ├─ 应付职工薪酬
│ │ └─ 应交税费
│ └─ 反映长期负债的账户
│   ├─ 长期借款
│   ├─ 应付债券
│   └─ 长期应付款
├─ 所有者权益类账户
│ ├─ 反映所有者投入资本的账户——实收资本（股本）
│ └─ 反映所有者收益及积累的账户
│   ├─ 资本公积
│   ├─ 盈余公积
│   ├─ 本年利润
│   └─ 利润分配
├─ 成本类账户
│ ├─ 反映供应过程材料采购成本的账户——材料采购
│ └─ 反映生产过程产品成本的账户
│   ├─ 生产成本
│   └─ 制造费用
└─ 损益类账户
   ├─ 主营业务收入
   ├─ 主营业务成本
   ├─ 管理费用
   ├─ 财务费用
   ├─ 销售费用
   ├─ 税金及附加
   ├─ 营业外收入
   ├─ 营业外支出
   ├─ 投资收益
   └─ 所得税费用

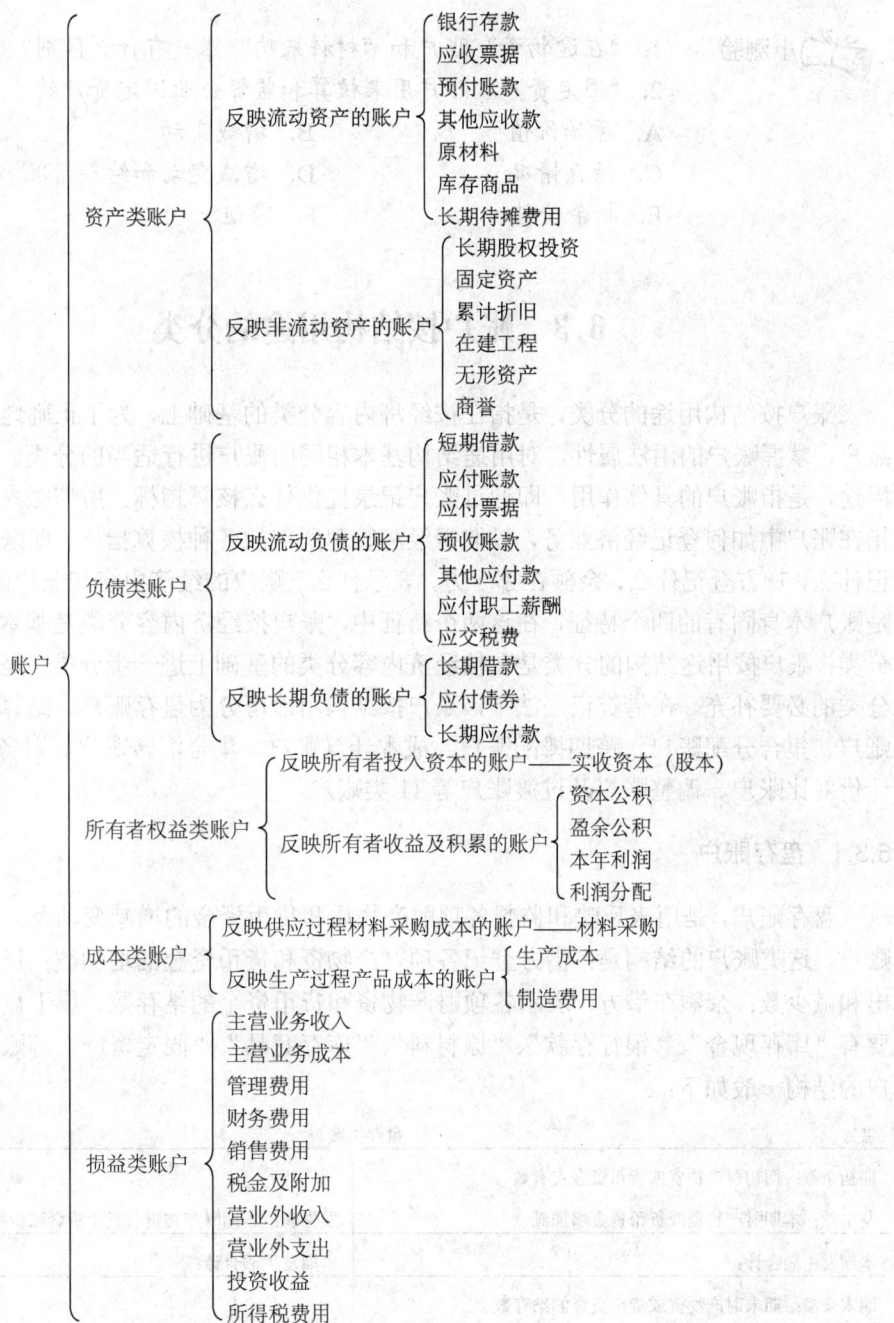

图 6-1 账户按经济内容分类

小提示　月末，损益类账户余额结转"本年利润"账户之后，损益类账户无余额。

小测验 1. "在途物资" 账户和 "材料采购" 账户有什么区别？
2. "固定资产" 账户用来核算和监督企业固定资产的（　　　）。

A. 原始价值   B. 增减变动
C. 结存情况   D. 增减变动和结存情况
E. 折余价值   F. 净值

6.3　账户按结构用途的分类

账户按结构用途的分类，是指在按经济内容分类的基础上，为了正确地设置和运用账户，掌握账户的用法属性，对用途结构基本相同的账户进行适当的分类。所谓账户的用途，是指账户的具体作用，即通过账户记录提供什么核算指标。所谓账户的结构，是指在账户中如何登记经济业务，以取得经济管理所需的各种核算指标，即账户的借方登记什么，贷方登记什么，余额在哪一方，表示什么。账户的经济内容和账户的用途结构，是账户本身固有的两个特征，在这两个特征中，账户按经济内容分类是基本的、主要的分类；账户按用途结构的分类是在按经济内容分类的基础上进一步分类，是对经济内容分类的必要补充。在借贷记账法下，账户按结构用途可分为盘存账户、结算账户、资本账户、集合分配账户、跨期摊配账户、成本计算账户、集合汇转账户、财务成果账户、计价对比账户、调整账户及过渡账户等 11 类账户。

6.3.1　盘存账户

盘存账户，是用来反映和监督各项财产物质和货币资金的增减变动及其结存情况的账户。这类账户的结构是：借方登记各项财产物资和货币资金的增加数；贷方登记其支出和减少数；余额在借方，表示各项财产物资和货币资金的结存数。属于盘存账户的主要有 "库存现金"、"银行存款"、"原材料"、"库存商品"、"固定资产" 等账户。盘存账户的结构一般如下：

借方　　　　　　　　　　　　　　　盘存类账户　　　　　　　　　　　　　　　贷方	
期初余额：期初财产物资或货币资金实有数	
发生额：本期财产物资或货币资金增加额	发生额：本期财产物资或货币资金减少额
本期发生额合计：	本期发生额合计：
期末余额：期末财产物资或货币资金的结存数	

盘存类账户的共同特点：

1）都需要通过财产清查（实地盘点或对账）的方法来确定其实有数与账面数是否相符，以核实财产物资和货币资金在管理和使用上是否存在问题。

2）除 "库存现金" 和 "银行存款" 等反映货币资金的账户外，其他盘存账户的明细账应同时提供实物数量与金额两种指标。

6.3.2 结算账户

结算账户是用来反映和监督企业同其他经济主体在经济往来中发生结算关系而产生的债权、债务等方面的账户。由于债权、债务的性质不同，结算账户又分为债权结算账户、债务结算账户和债权债务结算账户三类。

1. 债权结算账户

债权结算账户是用来反映和监督企业同其他经济主体在经济往来中发生结算关系而产生的债权账户。

属于债权结算账户的有"应收账款"、"预付账款"、"其他应收款"等账户。债权结算账户的结构一般如下：

借方	债权类账户	贷方
期初余额：期初债权实有数		
发生额：本期债权增加数	发生额：本期债权减少数	
本期发生额合计：	本期发生额合计：	
期末余额：期末债权实有数		

2. 债务结算账户

债务结算账户是专门用于核算和监督企业同各个债权单位或个人之间结算业务的账户。这类账户的贷方登记债务的增加数，借方登记债务减少数。余额一般在贷方，表示期末债务的实有数。

属于债务结算账户的有"短期借款"、"应付账款"、"应交税费"和"预收账款"等账户。债务结算账户的结构一般如下：

借方	债务类账户	贷方
	期初余额：期初债务实有数	
发生额：本期债务减少数	发生额：本期债务增加数	
本期发生额合计：	本期发生额合计：	
	期末余额：期末债务实有数	

3. 债权债务结算账户

债权债务结算账户是用于核算和监督企业与某一单位或个人之间发生的债权和债务往来结算业务的账户。

在实际工作中，对于某些与企业经常发生业务往来的单位或者个人来讲，由于某种原因，有时是企业的债权人，有时同时又是企业的债务人。如企业向某一单位销售商品，如果是先发货后收款，则构成了企业的债权；如果是企业先收款后发货，则企业发生了负债。在这种情况下，为了集中反映和监督企业与这些单位的债权、债务的往来结算情况，就有必要设置资产与负债共同性质的账户，即债权债务结算或往来账户。例如，在企业预付账款业务不多时，企业可以不单独设置"预付账款"账户，而用"应付账款"账户同时核算和监督企业应付账款和预付账款的增减变动情况和结果，此时的"应付账款"账户就是一个债权债务结算账户。如果企业预收账款业务不多时，也可以不单独设置"预收账款"账户，而用"应收账款"账户同时核算和监督企业应收账款和预收账款的增减变动情况和结果，此时的"应收账款"账户就是一个债权债务结算账户。

债权债务结算账户的结构是借方登记债权的增加和债务的减少，贷方登记债务的增加和债权的减少。期末根据余额的方向来判断账户的性质，如余额在借方，借方余额表示期末余额债权大于债务的差额，此时该账户为债权结算（资产结算）账户；如期末余额在贷方，贷方余额表示期末债务大于债权的差额，此时该账户表示债务结算（负债结算）账户。"其他往来"账户就是一个典型的债权债务结算账户。债权债务结算账户的结构一般如下：

借方 债权债务结算类账户	贷方
期初余额：期初债权大于债务的差额	期初余额：期初债务大于债权的差额
发生额：本期债权的增加或债务的减少	发生额：本期债务的增加或债权的减少
本期发生额合计：	本期发生额合计：
期末余额：期末债权大于债务的差额	期末余额：期末债务大于债权的差额

结算账户只能提供货币指标，都是按照发生结算业务的对应单位或个人开设明细分类账户，以便及时进行结算和对账。

需要指出的是，在债权债务结算账户中，由于总分类账户的余额不能反映企业与有关单位或者个人之间债权、债务的实际结算情况，因此，在编制资产负债表时，必须根据各类账户所属明细分类账户的有关余额分析计算填列。

6.3.3 资本账户

资本账户又称所有者权益账户，是用来核算与监督企业资本的投入、资本的形成、增减变动及结存情况的账户。这类账户的贷方登记各项资本的增加数和形成数；借方登记资本的减少数或转出数。余额在贷方，表示资本的实有数。

属于资本账户的有"实收资本"、"资本公积"及"盈余公积"等账户。

资本账户的结构一般如下：

借方 资本账户	贷方
	期初余额：期初资本实有数
发生额：本期资本减少数	发生额：本期资本增加数
本期发生额合计：	本期发生额合计：
	期末余额：期末资本实有数

6.3.4 集合分配账户

集合分配账户是用来归集和分配生产经营过程中，某个阶段发生的某种费用的账户。这类账户的借方登记费用的发生数；贷方登记费用的分配数。在一般情况下，当期汇集的费用在期末按一定标准全部分配给各受益对象后，该类账户应无期末余额。因此，集合分配账户具有明显的过渡性质。这种过渡性账户的意义在于：一方面，费用的汇集有利于费用的分析和控制；另一方面，将一定时期所汇集的费用一次性分配，可以大大简化繁琐复杂的摊配手续，提高会计工作的效率。属于集合分配账户的有"制造费用"等账户。集合分配账户的结构一般如下：

借方	集合分配账户	贷方
发生额：汇集本期经营过程中某方面费用的数额	发生额：分配到有关成本计算对象上的数额	
本期发生额合计：	本期发生额合计：	

6.3.5 跨期摊配账户

跨期摊配账户是用来核算和监督应由几个会计期间共同负担的费用，并将这些费用在各个会计期间内进行分摊或预提的账户。设置这类账户的目的是按照权责发生制原则，严格划分费用的受益期间，正确计算各个会计期间的成本和盈亏，以便正确评价企业该期间的经营业绩和经营责任。

跨期摊配账户主要有资产类跨期摊配账户和负债类跨期摊配账户。资产类跨期摊配账户反映的是款项支付在前，摊销期在后的费用，如"长期待摊费用"账户。账户的借方登记费用的实际支出数或发生数；贷方登记应由各个会计期间摊配的费用数或者预计数。期末如为借方余额，表示已支付而尚未摊销的待摊费用数额；期末如为贷方余额，则表示已预计而尚未支付的预计负债的数额。跨期摊配账户的一般结构如下：

借方	跨期摊配账户	贷方
期初余额：期初已支付但尚未摊销的长期待摊费用数额		
发生额：本期长期待摊费用支付数额		
	发生额：本期长期待摊费用的摊配数额	
本期发生额合计：	本期发生额合计：	
期末余额：已支付但尚未摊配的长期待摊费用		

6.3.6 成本计算账户

成本计算账户是用来核算和监督企业在生产经营过程中某一阶段发生的全部费用，并据以计算某阶段各个成本计算对象的实际成本的账户。这类账户的借方登记生产经营过程中某个阶段发生的应计入成本的全部费用（包括直接计入的直接费用和期末通过集合分配账户分配转入的间接费用）；贷方登记转出已完成某个阶段的成本计算对象的实际成本。期末余额在借方，表示尚未完成某个阶段的成本计算对象的实际成本。属于成本计算账户的主要有"生产成本"、"材料采购"等账户。成本计算账户的结构一般如下：

借方	成本计算账户	贷方
期初余额：期初尚未完成经营过程某个阶段的成本计算对象的实际成本		
发生额：汇集经营过程中某一阶段的全部费用数额	发生额：转出已完成经营过程某一阶段的成本计算对象的实际成本	
本期发生额合计：	本期发生额合计：	
期末余额：期末尚未完成经营过程该阶段的成本计算对象的实际成本		

这类账户在结构上的特点：

1）借方登记应计入成本的全部费用，包括直接计入各成本计算对象的费用和按一定标准分配计入各成本计算对象的费用；贷方登记转出的已完成某一过程的成本计算对象的实际成本。期末借方余额，表示尚未完成某一过程的成本计算对象的实际成本。

2）为加强成本管理，挖掘降低成本的潜力，成本计算账户应按成本计算对象设置明细核算。

6.3.7 集合汇转账户

集合汇转账户，是用来核算和监督企业在生产经营过程中在某个会计期间所取得的各种收入及利得和所发生的各种费用和损失的账户。按账户的用途和结构具体分类，又可以分为收入集合汇转账户、利得集合汇转账户、费用集合汇转账户与损失集合汇转账户四种。

1. 收入集合汇转账户

收入集合汇转账户是专门用来核算和监督企业在一定时期内日常经营活动中所取的各种收入的账户。这类账户贷方登记在某会计期间内所发生的收入数；借方登记收入的减少数和期末转入"本年利润"账户的收入。由于当期实现的全部收入都要于期末转入"本年利润"账户的贷方，所以结转后账户期末没有余额。

属于收入集合汇转账户的有"主营业务收入"、"其他业务收入"、"投资收益"、"营业外收入"等账户。收入集合汇转账户的结构如下：

借方	收入集合汇转账户	贷方
发生额：本期收入减少数以及期末转入"本年利润"账户的数额	发生额：本期取得的收入数额	
本期发生额合计：	本期发生额合计：	

2. 利得集合汇转账户

利得集合汇转账户是专门用来核算和监督企业在一定时期内偶发经营活动中所取的各种收益的账户。这类账户贷方登记在某会计期间内所发生的利得数；借方登记利得的减少数和期末转入"本年利润"账户的收入。由于当期实现的全部利得都要于期末转入"本年利润"账户的贷方，所以结转后账户期末没有余额。"营业外收入"账户就是属于利得集合汇转账户。利得集合汇转账户的结构如下：

借方	利得集合汇转账户	贷方
发生额：本期利得减少数以及期末转入"本年利润"账户的数额	发生额：本期取得的利得数额	
本期发生额合计：	本期发生额合计：	

3. 费用集合汇转账户

费用集合汇转账户是专门用来核算和监督企业在一定期间内所发生的应计入当期损益的各项费用的账户。这类账户的借方登记某会计期间费用的增加数；贷方登记费用的减少数及期末转入"本年利润"账户的费用数。由于当期发生的各项费用都要于期末转入"本年利润"账户的借方，所以结转后账户期末没有余额。

属于费用集合汇转账户的有"主营业务成本"、"其他业务成本"、"税金及附加"、"管理费用"、"销售费用"及"财务费用"等账户。费用集合汇转账户的结构如下：

借方	费用集合汇转账户	贷方
发生额：本期各项费用发生额	发生额：本期各项费用减少数和期末转入"本年利润"账户的数额	
本期发生额合计：	本期发生额合计：	

4. 损失集合汇转账户

损失集合汇转账户是专门用来核算和监督企业在一定期间内所发生的与正常经营活动无关的应计入当期损失的账户。这类账户的借方登记某会计期间损失的增加数；贷方登记损失的减少数及期末转入"本年利润"账户的损失数。由于当期发生的各项损失都要于期末转入"本年利润"账户的借方，所以结转后账户期末没有余额。"营业外支出"等账户就是典型的损失集合汇转账户。损失集合汇转账户的结构如下：

借方	损失集合汇转账户	贷方
发生额：本期各项损失发生额	发生额：本期各项损失减少数和期末转入"本年利润"账户的数额	
本期发生额合计：	本期发生额合计：	

集合汇转账户的期末一般都没有余额，这类账户具有明显的过渡性质。

6.3.8　财务成果账户

财务成果账户是用来核算和监督企业在一定时期内全部生产经营活动的最终成果（利润或亏损）的账户。由于财务成果账户将一定时期内形成或者确认的收入和该时期内发生的各项费用对比计算，用货币表示企业经营业务活动的最终成果，因此，从账户体系中各账户的关系来看，财务成果账户是集合汇转账户的纽带。

财务成果账户的贷方登记一定时期内的营业收入、营业外收入和投资收益等，借方登记该时期内的营业成本、销售费用、管理费用、营业费用、财务费用、营业外支出及所得税费用等。期末余额若在贷方表示企业实现的利润；若为借方，余额表示企业发生的亏损数额。账户平时的余额为本年累计的盈利或亏损数，年终结转后，本账户应无余额。属于财务成果账户有"本年利润"账户。财务成果账户的结构如下：

借方　　　　　　　　　　　　　　　财务成果账户　　　　　　　　　　　　　　　贷方	
发生额：汇集本期各项费用支出和损失	发生额：汇集本期各项收入和收益
本期发生额合计：	本期发生额合计：
期末余额：发生的亏损	期末余额：实现的利润
年末无余额：	年末无余额：

6.3.9　计价对比账户

计价对比账户是用来对某一经营过程有关的经济业务，在借贷方按两种不同的计价标准进行对比，以确定其业务成果的账户。按计划成本进行材料日常核算的企业所设置的"材料采购"账户即计价对比账户。以该账户为例，其在结构上的特点是借方登记材料物资的实际采购成本（第一种计价），贷方登记入库材料物资的计划成本（第二种计价），将借贷两方的两种不同计价进行对比，可以确定材料采购的业务成果，即当借方数额大于贷方数额时，表示实际采购成本大于计划成本，为超支；反之，当借方数额小于贷方数额时，为结余。当材料物资到达并验收入库后，无论超支或结余，都要从"材料采购"账户结转记入"材料成本差异"账户。因此，该账户如出现借方余额，则表示期末尚有一部分材料物资尚未运到，或虽已运到企业但尚未验收入库，即在途材料物资的实际成本。计价对比账户的结构如下：

借方　　　　　　　　　　　　　　　计价对比账户　　　　　　　　　　　　　　　贷方	
发生额：经营中某一阶段所完成业务的第一种计价	发生额：经营中某一阶段所完成业务的第二种计价
第一种计价小于第二种计价即节约差异转入有关账户	第二种计价大于第一种计价的超支差异转入有关账户
本期发生额合计：	本期发生额合计：
期末余额：在途材料的实际成本	

6.3.10 调整账户

调整账户是用来调整某个账户（即被调整账户）的余额，以便反映被调整账户的实际余额的账户。在会计核算中，由于经营管理的需要，对某些反映资产或权益的要素项目，往往需要同时开设两个账户，用两种不同的数字进行反映。其中一个账户反映原始数字，另一个账户反映对原始数字的调整数字，将原始数字与调整数字相加或相减，即可求得被调整后的实际余额。调整账户按其调整方式的不同，可以分为备抵调整账户、附加调整账户和备抵附加调整账户三类。

1. 备抵调整账户

备抵调整账户又叫抵减账户，它是用来抵减被调整账户的余额，以求得被调整账户的实际余额的账户。其调整方式可用计算公式表示为

被调整账户余额－备抵调整账户余额＝被调整账户的实际余额

由于上述公式是相减的关系，因此被调整账户的余额与备抵调整账户的余额的方向一定是相反的。即如果被调整账户的余额在借方，那么调整账户（备抵账户）的余额就一定在贷方，反之亦然。

按照被调整账户的性质，备抵调整账户又可以分为资产类备抵调整账户与权益类备抵调整账户两类。

（1）资产类备抵调整账户

资产类备抵调整账户是用来抵减某一资产账户（被调整账户）的余额，以求得该资产类账户的实际余额的账户。例如"累计折旧"账户就是"固定资产"账户的备抵账户。为了全面反映固定资产的情况，需要取得两种指标：固定资产的原始成本和固定资产因使用已损耗的价值。将"固定资产"账户的借方余额减去"累计折旧"账户的贷方余额，即可求出固定资产的净值，这为了解企业的生产能力和固定资产的新旧程度提供了有用信息。属于资产备抵账户的还有"坏账准备"账户，它是"应收账款"账户的备抵账户。资产备抵账户的结构如下：

借方	被调整账户	贷方	借方	资产抵减账户	贷方
余额：某项资产原始额					余额：该项资产抵减数额

> **小提示**　固定资产的账面价值计算公式：固定资产净值＝固定资产原值－累计折旧－固定资产减值准备。

（2）权益类备抵调整账户

权益类备抵调整账户是用来抵减某一权益账户（被调整账户）的余额，以求得该权益账户实际余额的账户。例如"利润分配"账户就是"本年利润"账户的备抵账户。"本年利润"账户的期末贷方余额，反映期末已实现利润数；"利润分配"账户的借方余额，

反映期末已分配的利润数。用"本年利润"账户的贷方余额减去"利润分配"账户的借方余额，其差额表示企业期末尚未分配的利润数。权益备抵账户的结构如下：

借方	被调整账户	贷方	借方	资产抵减账户	贷方
余额：某项权益的原始数额			余额：该项权益的抵减数额		

2. 附加调整账户

附加调整账户是用来增加被调整账户的余额，以求得被调整账户的实际余额的账户。其调整方式可用计算公式表示为

被调整账户余额＋附加调整账户余额＝被调整账户的实际余额

附加调整账户与被调整账户之间的关系正好与备抵调整账户的调整方式相反，因此，被调整账户的余额与附加调整账户的余额的方向一定一致。即如果被调整账户余额在借方，附加调整账户的余额也一定在借方；反之亦然。但在实际工作中，纯粹的附加账户很少应用。

3. 备抵附加调整账户

备抵附加调整账户是既用来抵减、又用来增加被调整账户的余额，以求得被调整账户的实际余额的账户。这类账户同时具备备抵账户与附加账户的功能，但究竟是发挥备抵还是附加的作用，则取决于该账户余额的方向与被调整账户余额的方向是否一致。当备抵附加调整账户的余额与被调整账户的余额方向一致时，其调整方式与附加账户相同，因而起到附加账户的作用；当备抵附加调整账户的余额与被调整账户的余额方向不一致时，则其调整方式与备抵账户相同，因而起到备抵账户的作用。例如，采用计划成本进行材料日常核算的企业，其设置的"材料成本差异"账户，就是"原材料"账户的备抵附加账户。其调整方式可用计算公式表示为

结存材料的实际成本＝结存材料的计划成本＋结存材料的超支成本差异（－结存材料的节约成本差异）

备抵附加调整账户的结构如下：

借方	被调整账户	贷方	借方	抵减附加账户	贷方
余额：某项资产原始额			余额：该项资产的附加数额		余额：该项资产的抵减数额

综上所述，调整账户具有以下特点：

1）调整账户和被调整账户反映的经济内容相同，但用途和结构不同。

2）被调整账户反映会计要素的原始数字，而调整账户反映的是同一要素的调整数字。因此，调整账户不能脱离被调整账户而独立存在。

3）调整方式是指被调整账户的原始数字与调整账户的调整数字进行相加或者相减，

以求得特定意义的数字。调整方式是相加还是相减，取决于被调整账户与调整账户的余额方向是相同还是相反。

6.3.11 过渡账户

为了反映企业和监督企业在财产清查中查明的各种财产物资的盘盈、盘亏和毁损及其处理情况，企业应设置相关的过渡账户，即"待处理财产损益"账户。该账户核算的内容如下：

1）各项待处理财产物资盘盈的价值，在批准前记入该账户的贷方；批准后记入该账户的借方。

2）各项待处理财产物资盘亏、毁损的价值，在批准前记入该账户的借方；批准后记入该账户的贷方。

3）不论是财产物资盘盈还是财产物资盘亏、毁损，在会计期末都应结转完毕，所以，期末该账户没有余额。"待处理财产损益"账户的结构如下：

借方　　　　　　　　　　待处理财产损益　　　　　　　　　　贷方	
财产物资盘亏和毁损的价值 结转处理的财产物资盘盈数	财产物资盘盈的价值 结转处理的财产物资盘亏和毁损数
本期发生额合计：	本期发生额合计：

账户按用途和结构分类如图 6-2 所示。

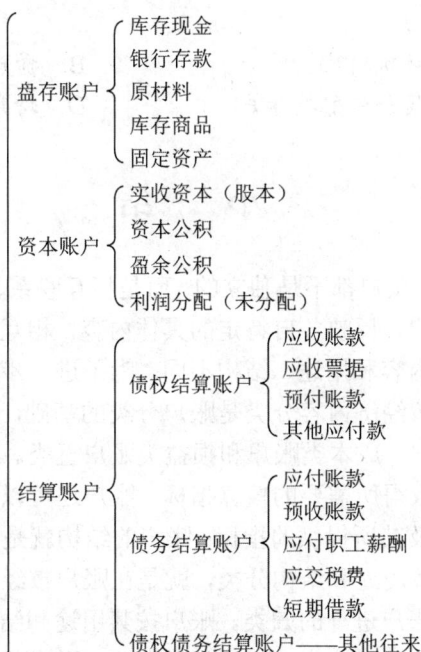

图 6-2　账户按用途和结构的分类

```
账户
       集合分配账户——制造费用
       跨期摊配账户——长期待摊费用
       成本计算账户    材料采购
                      生产成本
                              收入账户    主营业务收入
                                          其他业务收入
                                          营业外收入
       损益计算账户                        主营业务成本
                                          税金及附加
                              费用账户    其他业务成本
                                          管理费用
                                          财务费用
                                          销售费用
                              利得账户——营业外收入
       损失账户——营业外收入
       财务成果账户——本年利润
       计价对比账户——材料采购
       调整账户    备抵账户——累计折旧、坏账准备
                   备抵附加账户——材料成本差异
```

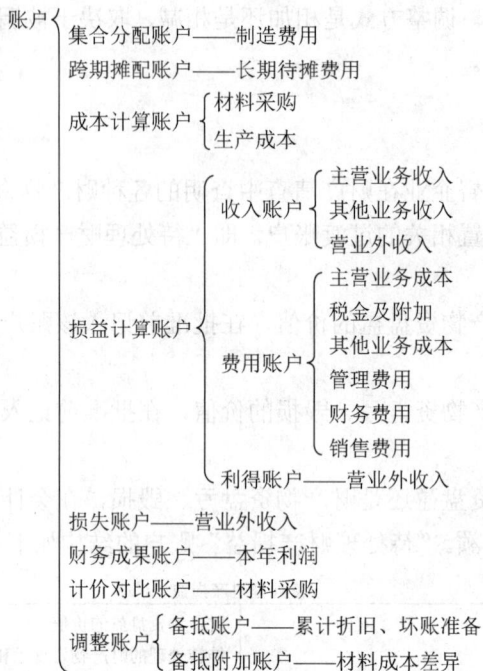

图 6-2 账户按用途和结构的分类（续）

小测验　　材料物资按计划成本核算时，"材料采购"账户按其用途结构分类属于（　　）。

A. 计价对比类账户　　　　　　B. 资产类账户

C. 集合分配类账户　　　　　　D. 跨期摊配类账户

小　结

在会计核算中，每个账户都不是独立的，而是相互联系、构成一个完整的账户体系。组成账户体系的各个账户，反映各自特定的具体内容，相互之间存在一定的区别。这种区别体现在它们的经济内容和用途、结构不同。为了进一步掌握账户的设置和应用，有必要研究账户的分类。按经济内容分类是账户分类的基础，可分为资产类账户、负债类账户、所有者权益类账户、成本类账户和损益类账户五类。这种分类便于了解各个账户核算和监督的内容，并取得所需要的核算指标。账户还可以按用途和结构分类。账户的用途就是指账户的作用及其所提供的指标；账户的结构就是指在账户中如何取得各种所需要的核算资料。账户按用途和结构分类，就是在账户按经济内容分类的基础上，对于用途和结构基本相同的账户进行的归类。账户按其用途和结构，可以分为盘存账户、结算账户、资本账户、集合分配账户、成本计算账户、跨期摊配账户、集合汇转类账户、

计价对比账户、财务成果、调整账户和过渡类账户 11 类。这种分类便于了解各种账户的作用，以及它们如何提供企业经营管理和对外报告所需要的各种核算指标。

思 考 题

1. 为什么要对账户按不同方法进行分类？
2. 账户按经济内容分类可以分为哪几类？
3. 账户按用途和结构分类可以分为哪几类？
4. 什么叫结算账户？结算账户能分为哪几类？举例说明几类结算账户的结构。
5. 集合分配账户和集合汇转账户之间有何区别？

案例导入分析

1）贾音结账的结果有错误：首先"制造费用"账户不应该有余额，因为"制造费用"账户是集合分配账户，其核算的程序就是先归集，到期末分配后本账户没有余额。其次"销售费用"账户不能有余额，因为这类账户是集合汇转账户，其核算的程序是先集合，到期末汇总结转到"本年利润"账户，结转后无余额。

2）原材料的实际成本为 754 300 元（700 000＋54 300），这样计算的原因是"材料成本差异"账户是"原材料"账户的备抵附加账户，又因为"材料成本差异"账户余额在借方，所以此时"材料成本差异"账户为"原材料"账户的附加调整账户。

实 训 题

【实训目标】

通过练习，使学生加深对账户分类和账户核算的认识与理解。

【实训资料】

东方公司 2016 年 4 月 1 日的总账账户余额为固定资产 4 500 000 元，实收资本 4 500 000 元，原材料 136 000 元，短期借款 186 000 元，银行存款 300 000 元，应付账款 250 000 元。该公司4月份发生的经济业务如下：

① 企业收到某公司作为投资投入的新设备一台，价值为 100 000 元。

② 企业当月 1 日从银行取得借款 200 000 元，期限为 6 个月。

③ 购入需安装的机器设备一台，买价 35 000 元，装卸搬运费 2 000 元，共计 37 000 元，全部款项已用银行存款支付。安装过程中耗用原材料 1 400 元，发生工资费用 1 600 元。

④ 上述机器设备安装合格交付使用。

⑤ 企业从 A 公司购入原材料 10 吨，每吨 2 000 元，增值税进项税额 3 400 元，材料运杂费 1 600 元。材料已运达并验收入库，材料运杂费用银行存款支付，货款及税金尚未支付。

⑥ 企业以银行存款 18 000 元向 C 工厂预付购买材料的货款。

⑦ 企业收到 C 工厂发来已预付货款的材料，该批材料买价 15 000 元，运杂费 1 000 元，增值税进项税额 2 550 元，除冲回原预付的 18 000 元外，余款以银行存款支付。

⑧ 计算并结转已验收入库材料的实际采购成本 21 600 元。

⑨ 本月生产车间生产产品领用原材料 14 000 元。

⑩ 结算本月应付工人工资 6 000 元，其中，生产工人工资 4 000 元，车间管理人员工资 2 000 元。

⑪ 月末计提本月固定资产折旧费 5 000 元，车间使用的固定资产计提 3 500 元，厂部管理部门使用的固定资产计提 1 500 元。

⑫ 月末，将本月发生的制造费用 5 500 元予以结转。

⑬ 月末，计算并结转已完工入库的产品实际生产成本 23 500 元。

⑭ 月末，结转本月发生的管理费用 1 500 元。

【实训要求】

1）根据上述经济业务编制会计分录。

2）根据月初余额和会计分录登记总分类账（"T"形账）并计算各账户本期发生额和期末余额。

3）按照经济内容分类，请说明上述经济业务中涉及的账户，分别属于哪一类账户。

第 7 章 会 计 凭 证
CHAPTER 7

学习目标

- 理解会计凭证的意义和作用。
- 掌握原始凭证、记账凭证填制和审核的内容和方法。
- 了解会计凭证的传递和保管。

关键概念

会计凭证　原始凭证　记账凭证　外来原始凭证　自制原始凭证　一次凭证　累计凭证　专用记账凭证　收款凭证　付款凭证　转账凭证　通用记账凭证　单式记账凭证　复式记账凭证

案例导入

2016 年 6 月 8 日，职工陈强出差回来到财务部报销差旅费，原始凭证共计 9 张，金额 2 643 元，会计人员张某审核后予以报销，填制记账凭证（2016 年 6 月 58#凭证）。审计人员在当年 11 月审计时发现 6 月 58#记账凭证上金额是 3 642 元，与所附原始凭证金额不符，相差 999 元。

思考：分析该情况发生的原因，审计人员应如何处理？

7.1 会计凭证概述

7.1.1 会计凭证的含义

会计凭证简称凭证，是记录经济业务发生和完成情况、明确经济责任、作为记账依据的书面证明。填制和审核会计凭证是会计核算工作的起点，是会计核算的基础工作，也是对经济业务活动进行核算和监督的基本环节，是会计核算的基本方法之一。

填制和审核会计凭证是会计核算工作的初始阶段和基本环节，任何企业、单位对所发生的每一项经济业务都必须按照一定的程序和要求，由经办人员取得或自制会计凭证。在填制会计凭证时，应填写经济业务发生的日期、内容、数量、金额，并在会计凭证上签名或盖章，以明确经济责任。一切会计凭证都应经过专人进行严格审核，只有经过审核无误的会计凭证，才能作为登记账簿的依据。

7.1.2　会计凭证的意义

填制和严格审核会计凭证，对完成会计工作任务、实现会计职能、充分发挥会计作用具有以下三个方面的意义：

1. 保证会计核算的准确性

任何一笔经济业务的发生，都必须按照规定及时填制会计凭证，真实、客观地加以记录。会计凭证上记录着经济业务活动发生的日期、内容、数量、金额，通过认真填制和严格审核，保证经济业务如实地反映在会计凭证上，并为账簿记录提供真实、可靠的依据，使账簿记录与实际情况相符，这样就保证了会计核算资料的真实性与准确性。

2. 进行账簿登记的依据

经济业务一旦发生，都必须取得或自制会计凭证，随着经济业务的执行与完成，记载经济业务执行情况的会计凭证逐渐按照规定的程序最终汇集到财务会计部门，成为登记账簿的基本依据。

3. 充分发挥会计的监督作用

会计凭证记录和反映了经济业务活动的发生、进程和完成情况等具体内容，通过对会计凭证的严格审核，可以检查每笔经济业务是否符合党和国家的方针、政策和财经制度；可以查明每笔经济业务活动是否执行了计划、预算；可以查明各项业务中有无违法乱纪和铺张浪费行为，从而促进各单位和经办人员树立遵纪守法的观念，促进各单位健全必要的规章制度，严肃财经纪律，限制和防止各种漏洞，确保企业资产的安全与完整，充分发挥会计的监督作用。

小提示　企业办理经济业务一定要填制会计凭证。

7.1.3　会计凭证的种类

会计凭证按其编制程序和用途的不同，可以分为原始凭证和记账凭证两大类。其中，原始凭证既是填制记账凭证的直接依据，又是登记账簿的原始依据，记账凭证是登记账簿的直接依据。

小测验　1. 将会计凭证划分为原始凭证和记账凭证的依据是（　　　）。
　　A. 取得来源　　　　　　　　　　B. 填制时间
　　C. 反映的经济内容　　　　　　　D. 编制程序和用途
　　2. 原始凭证是编制（　　　）的直接依据。
　　A. 科目汇总表　　　　　　　　　B. 试算平衡表
　　C. 记账凭证　　　　　　　　　　D. 汇总记账凭证
　　3. 判断：所有的会计凭证都是登记账簿的直接依据。（　　　）

7.2 原 始 凭 证

7.2.1 原始凭证的含义

原始凭证亦称单据，是在经济业务发生或完成时，由业务经办人员直接取得或者填制、用以表明某项经济业务已经发生或其完成情况并明确有关经济责任的一种凭证。它是组织会计核算的原始资料和重要依据，各单位在经济业务发生时，不但必须取得或填制原始凭证，而且还必须将原始凭证及时送交本单位的会计机构，以保证会计核算工作的顺利进行。

7.2.2 原始凭证的分类

原始凭证可以按不同标志分类。

1. 按照来源分类

（1）外来原始凭证

外来原始凭证是指在经济业务活动发生或完成时，从其他单位或个人直接取得的原始凭证。如购买货物时取得的增值税专用发票、销售发票、银行转来的各种结算凭证，职工出差取得的火车票、汽车票、飞机票，对外单位支付款项时取得的各种收据等。各凭证如图 7-1～图 7-3 所示。

河南省增值税专用发票

4100061140   No: 0732755

购货单位	名称				密码区			
	纳税人识别号							
	地址、电话							
	开户行及账号							
货物或应税劳务、服务名称		规格型号	单位	数量	单价/元	金额/元	税率	税额
合计								
价税合计（大写）						（小写）¥		
销货单位	名称				备注			
	纳税人识别号							
	地址、电话							
	开户行及账号							

收款人：   复核：   开票人：   销货单位：（章）

图 7-1 河南省增值税专用发票

河南省增值税普通发票

410016432　　　　　　　　　　　　　　　　　　　　　　　No: 33963901

购买方	名　称		密码区	
	纳税人识别号			
	地址、电话			
	开户行及账号			

货物或应税劳务、服务名称	规格型号	单位	数量	单价/元	金额/元	税率	税额
合计							

价税合计（大写）　　　　　　　　　　　　　　　　　　（小写）¥

销货方	名称		备注	
	纳税人识别号			
	地址、电话			
	开户行及账号			

收款人：　　　　　复核：　　　　　　开票人：　　　　　　　销货方：（章）

第三联　发票联

图 7-2　河南省增值税普通发票

收据

年　　月　　日　　　　　　　　　　No

付款单位＿＿＿＿＿＿＿＿＿＿＿＿＿＿＿＿收款方式＿＿＿＿＿＿＿＿＿＿＿＿＿

人民币（大写）＿＿＿＿＿＿＿＿＿＿＿＿＿＿（小写）¥＿＿＿＿＿＿＿＿＿＿＿＿

收款事由＿＿＿＿＿＿＿＿＿＿＿＿＿＿＿＿＿＿＿＿＿＿＿＿＿＿＿＿＿＿＿＿＿

第　　联

收款单位（盖章）：　　　　　审核：　　　　经手：　　　　出纳：

图 7-3　收据

（2）自制原始凭证

自制原始凭证是指本单位内部具体经办业务的部门和人员，在执行或完成某项经济业务时所填制的原始凭证。如收料单、领料单、产品入库单、产品出库单、制造费用分配表、借款单、工资发放明细表、折旧计算单、成本计算表、限额领料单等。各凭证如图 7-4～图 7-7 所示。

收料单

供货单位：　　　　　　　　　　　　　　　　　　　　收料编号：

发票号码：　　　　　　　　　年　　月　　日　　　　收料仓库：

材料编号	材料规格及名称	计量单位	数量		价格/元	
			应收	实收	单价	金额
备注					合计	

保管员：　　　　　　　　收料人：　　　　　　　　　记账：

第　联

图 7-4　收料单

领料单

领料部门：　　　　　　　　　　　　　　　　　　　　　　　　　领料编号：
领料用途：　　　　　　　　　　　　　年　月　日　　　　发料仓库：

| 材料编号 | 材料规格及名称 | 计量单位 | 数量 | | 价格/元 | | 第 |
			请领	实领	单价	金额	
							联
备注					合计		

审批：　　　　　　　领料人：　　　　　　　发料人：　　　　　　记账：

图 7-5　领料单

产品入库单

交库单位：　　　　　　　　　　　　　年　月　日　　　　编　号：
　　　　　　　　　　　　　　　　　　　　　　　　　　　产品仓库：

| 产品编号 | 产品名称 | 规格 | 单位 | 交付数量 | 检验结果 | | 实收数量 | 单价 | 金额合格 | 第 |
					合格	不合格				
										联
备注										

记账：　　　　　　检验：　　　　　　仓库：　　　　　　经手：

图 7-6　产品入库单

制造费用分配

　　　　　　　　　　　　　　　年　月　日　　　　　　　单位：元

| 产品名称 | 分配标准 | 制造费用 | | 第 |
		分配率	分配金额	
A产品				联
B产品				
合计				

图 7-7　制造费用分配

2．按用途分类

（1）通知凭证

通知凭证是对某些经济业务进行通知或指示的原始凭证，如罚款通知书、付款通知单、银行进账单等。银行进账单格式如图 7-8 所示。

（2）执行凭证

执行凭证是用来证明某项经济业务正在进行或已经完成的原始凭证，如发票、收料单、领料单、收据等格式。

（3）计算凭证

计算凭证是对已完成的经济业务进行计算而编制的原始凭证，如产品成本计算单、制造费用分配表、工资计算表等。

银行进账单（回单或收款通知）

第×号　　　　　　　　　　　　　年　　月　　日

收款人	全称		付款人	全称									
	账号			账号									
	开户银行			开户银行									
人民币（大写）			千	百	十	万	千	百	十	元	角	分	
票据种类													
票据张数													
单位主管：　会计：　复核：　记账：			收款人开户银行盖章										

此联是收款人回单

图 7-8　银行进账单（回单或收款通知）

3. 按填制手续分类

（1）一次凭证

一次凭证是指在经济业务发生时一次填制完成的原始凭证，是用以反映一笔经济业务或同时反映若干同类经济业务的凭证，如现金收据、收料单、领料单、购货发票、销售发票、借款单、银行结算凭证等。

外来原始凭证都是一次凭证，自制凭证大多数是一次凭证，有少数是累计凭证，如自制原始凭证中的限额领料单就不属于一次凭证。

（2）累计凭证

累计凭证是指在一定时期内连续多次记载同类重复发生的经济业务并在一张凭证中多次填制才能完成的原始凭证。累计凭证是多次有效的原始凭证，即可以多次填写使用。最常见的累计凭证是企业为了控制生产成本，在领用材料时填写的限额领料单，如图 7-9 所示。限额领料单用来规定某种材料在一定时期（一般为一个月）内的领用限额，每次领料在凭证上逐笔登记，并随时结出领用累计量，到月末时结出该种材料的本月实际领用量和金额，送交有关部门，作为会计核算的依据。

限额领料单

领料部门：　　　　　　　　　　　　　　　　　　　凭证编号：
用途：　　　　　　　　　　　　　年　月　日　　发料仓库：

材料类别	材料编号	材料名称及规格	计量单位	领用限额	实际领用	单价/元	金额/元	备注

供应部门负责人：　　　　　　　　　　　　生产计划部门负责人：

日期	数量		领料人签章	发料人签章	扣除代用数量	退料			限额结余
	请领	实发				数量	收料人	发料人	

图 7-9　限额领料单

累计凭证的特点是平时随时登记发生的经济业务，随时结算出累计数和余额，并按照费用限额进行控制，期末按实际发生数进行记账。

（3）汇总凭证

汇总凭证是指对一定时期内反映经济业务内容相同的若干张原始凭证，按照一定的标准综合填制的原始凭证。汇总原始凭证大大简化了记账工作量。如发出材料汇总表，格式如图 7-10 所示。

发出材料汇总表

年　　月　　日

会计科目	领料部门	领用材料			
		原材料	周转材料	其他材料	合计
生产成本	一车间				
	二车间				
	小计				
	供电车间				
	供水车间				
	小计				
制造费用	一车间				
	二车间				
	小计				
管理费用	行政部门				

图 7-10　发出材料汇总表

4．按格式分类

1）通用凭证

通用凭证是指由有关部门统一印制，在一定范围内使用的具有统一格式和使用方法的凭证。通用凭证的使用范围，因制作部门不同而异，可以是某一地区、某一行业，也可以是全国通用。如中国人民银行统一印制的银行承兑汇票，在全国通用；由各省自治区、直辖市税务部门印制的销货发票在该行政区域内通用。

2）专用凭证

专用凭证是指一些具有特定内容和专门用途的原始凭证，如增值税专用发票只限于交纳增值税的单位领购使用。由单位自行印制，仅在本单位使用的领料单、差旅费报销单、工资计算单等均属于专用凭证。

以上是按不同的标志对原始凭证所做的分类，它们之间是相互依存、密切联系的。如发票对销售单位来讲是自制原始凭证，而对购货单位来讲则是外来原始凭证，同时又是一次凭证。

7.2.3　原始凭证的基本内容

填制原始凭证是会计工作的起点，也是会计核算的基础。原始凭证的质量在一定意义上决定了分类核算和会计报表的质量。

经济业务的内容是多种多样的，记录经济业务的原始凭证所包括的具体内容也各不相同，各有其不同的要求和特点。但每一种原始凭证都必须客观地、真实地记录和反映经济业务的发生、完成情况，都必须明确有关单位、部门及人员的经济责任。这些共同的要求，决定了每种原始凭证都必须具备以下几个方面的基本内容：

1）原始凭证的名称。

2）填制凭证的日期和凭证编号。

3）填制凭证单位的名称或填制人姓名。

4）经办人员的签名或盖章。

5）经济业务的内容（含数量、计量单位、单价和金额等）。

6）接受凭证单位的名称（抬头人）。

7）原始凭证的附件（如与业务有关的经济合同、费用预算等）。

8）填制单位签章。

原始凭证除了应当具备上述内容外，还应当符合下列要求：

1）从外单位取得的原始凭证，必须盖有填制单位的公章；对外开出的原始凭证，必须加盖本单位公章。

2）自制的原始凭证，必须有经办单位的领导人或者由单位领导人指定人员签名或者盖章。

3）购买实物的原始凭证，必须有验收证明。

4）支付款项的原始凭证，必须有收款单位和收款人的收款证明，不能仅以支付款项的有关凭证如银行汇款凭证等代替。

5）发生销货退回的，除填制退货发票外，还必须有退货验收证明；退款时，必须取得对方的收款收据或者汇款银行的凭证，不得以退货发票代替收据。

6）职工公出借款凭据，必须附在记账凭证之后。收回借款时，应当另开收据或者退还借款副本，不得退还原借款收据。

7）上级有关部门批准的经济业务，应当将批准文件作为原始凭证的附件。

7.2.4　原始凭证的填制

原始凭证是根据经济业务活动的执行和完成情况来填制，并具有法律效力的书面证明。为了保证原始凭证能够正确、及时、清晰地反映各项经济业务活动的真实情况，提高会计核算的质量，并真正具备法律效力，原始凭证的填写必须严格按如下要求进行。

1. 记录要真实

要求严肃、认真地记录各项经济业务的实际发生或完成情况，凭证上的日期、经济业务内容、所有数据都必须真实可靠，符合实际情况。经办人员和有关部门的负责人都要在凭证上签字或盖章，对凭证的真实性、正确性负责。从外单位取得的原始凭证，必须有填制单位的公章或专用章；从个人取得的原始凭证，必须有填制人签名或盖章。自制原始凭证，必须有部门负责人和经办人员的签名或盖章，对外开出的原始凭证，必须加盖本单位的公章或有关部门的专用章。

2. 内容要完整

要求严格按规定的格式和内容逐项填写经济业务的完成情况，所有的项目必须填写齐全，不得省略或漏填。

3. 书写要清晰规范

具体要求如下：

1）原始凭证要按规定填写，文字要简要，字迹工整、清晰，易于辨认，不得使用未经国务院公布的简化汉字。

2）大小写金额必须相符且填写规范。大写金额用汉字壹、贰、叁、肆、伍、陆、柒、捌、玖、拾、佰、仟、万、亿、元、角、分、零、整等表示，一律用正楷或行书字书写，大写金额前未印有"人民币"字样的，应加写"人民币"三个字，"人民币"字样和大写金额之间不得留有空位，大写金额到元或角为止的，后面要加写"整"或"正"字，有分的不写"整"或"正"字。如壹仟柒佰叁拾元陆角整、壹仟柒佰叁拾元陆角捌分。小写金额要用阿拉伯数字逐个填写，不得连写。

小写金额前要冠以人民币符号"￥"（用外币计价、结算的凭证，金额前应标明外币符号），币值符号与阿拉伯数字中间不留空位，如不能表示为"￥115.23"，而应该表示为"￥115.23"。金额数字一律填写到角、分，无角、分的要写"00"；有角无分的，分位写"0"，而不得用符号"—"代替。例如："人民币壹佰贰拾伍元整"，应该写成"￥125.00"，而不能写成"￥125"；"人民币壹佰贰拾伍元陆角整"，应该写成"￥125.60"，而不能写成"￥125.6—"。

3）一式几联的凭证，必须用复写纸套写，单页凭证必须用钢笔填写。

> **小提示**   在用阿拉伯数字书写人民币金额时，要在金额首位之前加一个人民币"￥"符号，既可防止在金额前添加数字，又可表明是人民币的金额数量。由于"￥"本身表示人民币的单位，所以，凡是在金额前加了"￥"符号的，金额后就不需要再加"元"字。

4. 编号要连续

各种凭证都必须连续编号，以备查考。一些事先印好编号的重要凭证作废时，在作废的凭证上应加盖"作废"戳记，连同存根一起保存，不得随意撕毁。

5. 填制要及时

原始凭证应在经济业务发生或完成时及时填制，并按规定的程序和手续传递给有关部门，以便及时办理后续业务，进行会计审核和记账。

6. 手续要完备

自制的原始凭证，应有经办人员和经办单位负责人的签名或盖章；从外单位取得的原始凭证，除某些特殊的外来原始凭证如火车票、汽车票外，必须盖有填制单位的公章或财务专用章，没有公章或财务专用章的原始凭证应视为无效凭证，不能作为编制记账凭证的依据；从个人处取得的原始凭证，必须有填制人员的签名或签章。购买实物的原始凭证，必须有验收证明；支付款项的原始凭证，必须有收款单位和收款人的收款证明，付款人不能自己证明自己已付出款项；出纳人员在办理收款或付款业务后，应在凭证中加盖"收讫"或"付讫"的戳记，以避免重收重付。

7. 不得涂改、刮擦、挖补

原始凭证如有错误，应当由出具单位重开或更正，更正处应当加盖出具单位印章。原始凭证金额有错误的，应当由出具单位重开，不得在原始凭证上更正。

7.2.5 原始凭证的审核

《会计法》明确规定："会计机构、会计人员必须按照国家统一的会计制度的规定对原始凭证进行审核，对不真实、不合法的原始凭证有权不予接受，并向单位负责人报告；对记载不准确、不完整的原始凭证予以退回，并要求按照国家统一的会计制度的规定更正、补充。"

为了正确反映经济业务的发生或完成情况，充分发挥会计的监督作用，保证原始凭证的合理性、合法性和真实性，会计负责人或经其指定的审核人员必须认真地、严格地审核原始凭证。原始凭证的审核内容主要包括真实性、合法性、合理性、完整性、正确性和及时性。

1. 真实性

真实性是指审核原始凭证的日期是否真实，业务内容是否真实，数据是否真实。

2. 合法性

合法性是指根据有关政策、法令、制度，审核经济业务活动是否合法，是否符合有关规定，有无弄虚作假、违法乱纪、贪污舞弊等行为，审核经济活动的内容是否符合规定的审核权限和手续等。

3. 合理性

合理性是指审核原始凭证所记录的经济业务是否符合企业生产经营活动的需要，是否符合提高经济效益的要求，是否符合企业有关的计划、预算。如果发生与企业经营活动无关的经济业务，或严重超计划、预算，有可能存在管理不善或违法乱纪现象。

4. 完整性

完整性是指审核原始凭证各项基本要素是否齐全，是否有漏项情况，日期是否完整，数字是否清晰，文字是否工整，有关人员签章是否齐全，凭证联次是否正确等。

5. 正确性

正确性是指审核原始凭证上数字计算是否准确，大、小写金额是否相符，有无涂改。

6. 及时性

及时性是指审核是否在经济业务发生或完成时及时填制有关原始凭证，填制完成的原始凭证是否及时送交财务部门。

原始凭证的审核是一件十分严肃的工作，会计人员必须坚持原则、坚持制度、履行职责。在审核中，对内容不完整、手续不全、书写不清、计算有错的原始凭证，应退回有关部门和人员，及时补办手续或进行更正；审核人对违法收支不予制止和纠正，又不向单位领导人提出书面意见的，也应当承担责任；对严重违法、损害国家和社会公众利益的收支应向主管单位或者财政、审计、税务机关报告，接到报告的机关应当负责处理。

总之，审核原始凭证是会计机构、会计人员结合日常业务工作进行会计监督的基本形式，它可以保证会计核算的质量，防止发生贪污、舞弊等违法乱纪行为。

小测验

1. 销售发票属于（　　）。
A. 自制原始凭证　　　　　　B. 外来原始凭证
C. 记账凭证　　　　　　　　D. 累计凭证
2. 下列一般不能作为原始凭证的是（　　）。
A. 购货发票　　　　　　　　B. 销售发票
C. 工资结算单　　　　　　　D. 生产计划

7.3 记 账 凭 证

7.3.1 记账凭证的含义

记账凭证又称记账凭单，是会计人员根据审核无误的原始凭证或原始凭证汇总表，按照经济业务的内容加以归类整理，用来确定账户名称、记账方向（应借、应贷）和金额而填制的直接作为登记账簿依据的一种会计凭证。

由于原始凭证种类繁多、数量庞大、格式不一，不能直接作为记账依据，因此一般都需要根据各种原始凭证另行填制记账凭证。这样不仅可以大大简化记账工作和减少记账差错，而且有利于会计检查和会计核算。原始凭证和记账凭证虽然统称为会计凭证，是登记账簿的依据，但二者有着显著的不同，具体表现为：

1. 填制人员不同

原始凭证由经办人员填制，根据业务内容不同，填制人员可能是企业内部人员，也可能是企业外部人员；可能是财会人员，也可能是非财会人员。而记账凭证一律由企业财会人员填制。

2. 填制依据不同

原始凭证根据已经发生或完成的经济业务填制，而记账凭证则是根据审核无误的原始凭证填制的。

3. 填制方式不同

原始凭证仅用于记录、证明已经发生或已经完成的经济业务，格式不一。而记账凭证则要根据会计科目，对已经发生或完成的经济业务进行初步归类，整理编制。

4. 发挥作用不同

原始凭证是记账凭证的附件和填制记账凭证的直接依据，而记账凭证是登记会计账簿的直接依据。

7.3.2　记账凭证的分类

1. 按其适用的经济业务分类

（1）专用记账凭证

专用记账凭证按其反映的经济内容不同，又分为收款凭证、付款凭证和转账凭证三种。

1）收款凭证，是用于记录现金和银行存款收入业务的记账凭证，它是会计人员根据现金收入业务和银行存款收入业务的原始凭证编制的，据以作为登记现金和银行存款有关账户的依据，也是出纳人员收入款项的依据。收款凭证又可以分为现金收款凭证和银行存款收款凭证。基本格式如图 7-11 所示。

2）付款凭证，是用于记录现金和银行存款付出业务的记账凭证，它是会计人员根据现金支出业务和银行存款支出业务的原始凭证编制的，据以作为登记现金和银行存款有关账户的依据，也是出纳人员付出款项的依据。付款凭证又可以分为现金付款凭证和银行存款付款凭证。基本格式如图 7-12 所示。

收款凭证

应借科目：银行存款　　　　　　2016 年 10 月 9 日　　　　　　收字第 1 号

摘要	应贷科目		记账	金额
	一级科目	二级或明细科目		
收到阳光公司偿还欠款	应收账款	阳光公司		50 000.00
合计				¥50 000.00

会计主管：　　　记账：　　　出纳：　　　复核：　　　制单：

图 7-11　收款凭证

付款凭证

应贷科目：库存现金　　　　　　2016 年 10 月 9 日　　　　　　付字第 1 号

摘要	应借科目		记账	金额
	一级科目	二级或明细科目		
王红借差旅费	其他应收款	王红		1 000.00
合计				¥1 000.00

会计主管：　　　记账：　　　出纳：　　　复核：　　　制单：

图 7-12　付款凭证（一）

注意：使用收款凭证和付款凭证时，如果发生的经济业务同时涉及现金与银行存款的收付，如从银行提取现金或将现金存入银行，为了避免重复记录，则只填制付款凭证。例如，从银行提取现金时，根据该项经济业务的原始凭证，只填制一张银行存款付款凭证，记账时，根据该记账凭证同时记入"库存现金"和"银行存款"账户（借：库存现金，贷：银行存款）。基本格式如图 7-13 所示。把现金存入银行时，根据该项经济业务的原始凭证，只填制一张现金付款凭证，记账时，根据该记账凭证同时记入"库存现金"和"银行存款"账户（借：银行存款，贷：库存现金）。基本格式如图 7-14 所示。

3）转账凭证，是用于记录不涉及现金和银行存款收付业务的记账凭证，转账凭证是登记有关总分类账和明细分类账的依据。转账凭证的基本格式如图 7-15 所示。

收款凭证、付款凭证和转账凭证的划分，有利于区别不同经济业务进行分类管理，有利于经济业务的检查，但其缺点是工作量较大，适用于规模较大、收付款业务较多的单位。

付款凭证

应贷科目：银行存款　　　　　　2016 年 10 月 9 日　　　　　　付字第 2 号

摘要	应借科目		记账	金额
	一级科目	二级或明细科目		
从银行提取现金	库存现金			2 000.00
合计				¥2 000.00

会计主管：　　　记账：　　　出纳：　　　复核：　　　制单：

图 7-13　付款凭证（二）

付款凭证

应贷科目：库存现金　　　　　　　　　　2016 年 10 月 9 日　　　　　　　　　付字第 3 号

| 摘　要 | 应借科目 | | 记账 | 金额 | 附件1张 |
	一级科目	二级或明细科目			
将现金存入银行	银行存款			1 500.00	
合计				¥1 500.00	

会计主管：　　　　　记账：　　　　　出纳：　　　　　复核：　　　　　制单：

图 7-14　付款凭证（三）

转账凭证

2016 年 10 月 13 日　　　　　　　　　转字第 1 号

摘要	一级科目	二级或明细科目	记账	借方金额	贷方金额	附件12张
材料入库	原材料	钢材		80 000.00		
	材料采购	钢材			80 000.00	
合计				¥80 000.00	¥80 000.00	

会计主管：　　　　　记账：　　　　　　　　　复核：　　　　　制单：

图 7-15　转账凭证

（2）通用记账凭证

通用记账凭证不再区分收款、付款和转账业务，而是将所有经济业务统一编号，在同一格式的凭证中进行记录。通用记账凭证适用于经济业务比较简单、规模较小、收付款业务较少的单位。通用记账凭证基本格式如图 7-16 所示。

记账凭证

2016 年 10 月 13 日　　　　　　　　　0001 号

摘要	一级科目	二级或明细科目	记账	借方金额	贷方金额	附件12张
收到阳光公司偿还欠款	银行存款			50 000.00		
	应收账款	阳光公司			50 000.00	
合计				¥50 000.00	¥50 000.00	

会计主管：　　　　　记账：　　　　　出纳：　　　　　复核：　　　　　制单：

图 7-16　记账凭证

2. 按其用途分类

（1）分录凭证

分录凭证是直接根据原始凭证编制，载明会计科目、记账方向和金额的凭证。前述记账凭证就属于分类凭证。

（2）汇总凭证

汇总凭证是将许多同类记账凭证逐日或定期加以汇总后填制的、据以登记分类账的记账凭证。如将收款凭证、付款凭证和转账凭证按一定时间间隔（3 天、5 天、10 天、半月等）分别汇总，编制汇总收款凭证、汇总付款凭证和汇总转账凭证，然后依此登记入账；又如，将一段时间的记账凭证按相同会计科目的借方和贷方分别汇总，编制"记账凭证汇总表"，然后依此登记入账等。记账凭证汇总表格式如图 7-17 所示。

记账凭证汇总表

年　　　月　　　日　　　　　　　　　　总　字第　号

会计科目	借方金额	记账	贷方金额	记账
合计				

会计主管：　　　　　记账：　　　　　审核：　　　　　制表：

图 7-17　记账凭证汇总表

（3）联合凭证

联合凭证是既有原始凭证或原始凭证汇总表的内容，同时具备记账凭证内容的凭证。如自制原始凭证或原始凭汇总表上同时印有对应科目，用以代替记账凭证，作为记账的依据。

3. 按其编制方式分类

（1）单式记账凭证

单式记账凭证是在一张凭证上只填列一个会计科目的记账凭证。填列借方账户的称为借项记账凭证，填列贷方账户的称为贷项记账凭证。一项经济业务涉及几个账户，就分别填制几张凭证，并采用一定的编号方法将它们联系起来。其优点是内容单一，便于记账工作的分工，也便于按科目汇总，并可加速凭证的传递；其缺点是凭证张数多，内容分散，在一张凭证上不能完整地反映一笔经济业务的全貌和所涉及的会计科目之间的对应关系。故需加强凭证的复核、装订和保管工作。单式记账凭证的格式如图 7-18 和图 7-19 所示。

借项记账凭证

对应科目：材料采购　　　　　　2016 年 12 月 5 日　　　　　　编号：5 号

摘要	一级科目	二级或明细科目	金额	记账	
材料入库	原材料	水泥	100 000.00		附件
					张
合计			¥100 000.00		

会计主管：　　　记账：　　　　审核：　　　出纳：　　　制单：

图 7-18　借项记账凭证

贷项记账凭证

对应科目：原材料　　　　　　　　　　2016 年 12 月 5 日　　　　　　　　　编号：6 号

摘要	一级科目	二级或明细科目	金额	记账	
材料入库	材料采购	水泥	100 000.00		附
					件
					张
合计			¥100 000.00		

会计主管：　　　　　记账：　　　　审核：　　　　出纳：　　制单：

图 7-19　贷项记账凭证

（2）复式记账凭证

复式记账凭证是把一项经济业务所涉及的会计科目集中填制在一张记账凭证中的记账凭证。其优点是可以把一笔经济业务完整地反映在一张凭证上，且填写方便，附件集中，便于凭证的分析和审核；其缺点是不便于分工记账，也不便于科目汇总。以上列举的收款凭证、付款凭证和转账凭证及通用记账凭证都是复式记账凭证。

7.3.3　记账凭证的基本内容

记账凭证同原始凭证一样有许多种类，每一种类格式也不一样，但主要作用在于对原始凭证进行分类、整理，按照复式记账的要求，运用会计科目，编制会计分录，据以登记账簿。因此，为了满足以上要求，一般记账凭证都必须具备以下内容：

1）记账凭证的名称，如"收款凭证"、"付款凭证"和"转账凭证"。

2）填制凭证的日期和凭证的编号。

3）经济业务所涉及的会计科目（包括一级科目、二级科目或明细科目）、借贷方向和金额。

4）经济业务的内容摘要。

5）附原始凭证的张数。

6）记账标记。

7）填制凭证人员、审核人员、记账人员、机构负责人、会计主管人员签名或盖章。此外，收款和付款凭证还需有出纳人员的签章。

7.3.4　记账凭证填制的要求

记账凭证是账簿登记的直接依据，记账凭证的填制除了做到真实可靠、内容完整、填写及时、书写清楚外，还必须注意遵守以下基本要求：

1. 准确填写会计分录

一级科目必须按会计制度统一规定的会计科目，或者会计科目和编号填写，不得任意简化或改动，不得只写科目编号、不写科目名称。需要登记明细账的还要列明明细科目的名称，同时注明记账方向，以便于记账。

2. 摘要简明扼要

记账凭证的摘要应使用简明扼要的语言，正确表达出经济业务的主要内容，既要防止简而不明，又要防止过于繁琐。

3. 格式相对稳定

记账凭证的使用格式应相对稳定，特别是在同一会计年度内，不宜随意更换，以免引起编号、装订、保管方面的不便与混乱。

4. 附有原始凭证，并注明张数

除期末转账和更正错误的记账凭证可以没有原始凭证外，其他记账凭证都必须有原始凭证，并注明张数。如两个或两个以上的记账凭证依据同一原始凭证，则应在未附原始凭证的记账凭证上注明。例如，原始凭证××张附在××号记账凭证上。

5. 手续齐全

记账凭证上必须有填制人员、审核人员、记账人员和会计主管签章，对收款凭证和付款凭证，必须先审核后办理收付款业务。出纳人员应在有关凭证上签章，以明确经济责任。对已办妥收款或付款的凭证和所附的原始凭证，出纳人员要当即加盖"收讫"或"付讫"戳记，以免重收、重付。

6. 连续编号，不能漏号、重号

记账凭证在一个月内应连续编号，不能漏号、重号，以便查阅。

在使用通用记账凭证时，可以采用总字编号法，即按照记账凭证编制的时间顺序依次编号。

在采用专用记账凭证时，可以使用字号编号法分别连续编号。如果企业采用的是三种格式的记账凭证，其编号应区分收款凭证、付款凭证和转账凭证三个序列，分别连续编号；如果企业采用的是五种格式的记账凭证，则应分别按照现收字×号、银收字×号、现付字×号、银付字×号、转字×号分别按顺序编号。

如果一笔业务比较复杂，一个记账凭证涉及的会计科目较多，需填制两张或两张以上的，可以采用分数编号法编号。例如2号记账凭证需要填制三张，正确的编号应该是2（1/3）（表示2号凭证中的第一张）、2（2/3）（表示2号凭证中的第二张）、2（3/3）（表示2号凭证中的第三张）。

7. 记账凭证发生错误，应当重新填制

具体规定如下：
1）已经登记入账的记账凭证在当年内发现填写错误时，可以用红字（仅指金额）

填写一张与原内容相同的记账凭证，在摘要栏内注明"注销某月某日某号凭证，在某月某日某号凭证订正"的字样，同时再用蓝字填写一张正确的记账凭证，并在摘要栏内注明"订正某月某日某号凭证"。

2）虽然已经登记入账，但会计科目没有发生错误，仅仅是金额错误，也可以将正确数字与错误数字之间的差额，另填制一张调整的记账凭证，调增金额用蓝字，调减金额用红字，同时在摘要栏注明"订正某月某日某号凭证"。

3）如果还没有登记入账，也没有装订成册，也可以作废，再填制一张正确的记账凭证。

4）发现以前年度记账凭证有错误的，应当用蓝字填制更正的记账凭证。

记账凭证可以根据一张原始凭证填制，也可以根据几张原始凭证汇总填制，还可根据原始凭证汇总表填制，但不得将不同内容和不同类别的原始凭证填制在一张记账凭证上。例如，不得将购货发票和销货发票填制在一张记账凭证上。

8. 其他要求

1）记账凭证金额填写完毕后应加计金额合计数。记账凭证的借方和贷方不论是一个会计科目或若干个会计科目，都应按借方和贷方金额分别加计合计数后填写在相应的"合计栏"内，合计金额前应加注币值符号，如人民币符号"¥"。

2）记账凭证填制完会计事项后，如有空行，应当自金额栏最后一笔数字下的空行处至合计数上的空行处划线注销。

3）记账凭证上的日期指的是编制记账凭证的日期，并不是经济业务发生的日期。

7.3.5 记账凭证的审核

记账凭证是根据审核无误的原始凭证填制的，是登记账簿的依据。为了保证账簿记录的准确性，记账前必须对已编制的记账凭证由专人进行认真、严格的审核。审核的内容主要有以下几个方面：

1. 内容是否真实

审核记账凭证是否以原始凭证为依据，是否同所附原始凭证的内容相符。

2. 项目是否齐全

审核记账凭证各项目的填写是否齐全，日期、凭证编号、摘要、会计科目、金额、所附原始凭证张数及有关人员签章等。

3. 科目是否正确

审核记账凭证的应借、应贷科目是否正确，账户的对应关系是否清晰，所使用的会计科目是否符合国家统一的会计制度的规定。

4. 金额是否正确

审核记账凭证所记录的金额与原始凭证的有关金额是否一致，计算是否正确。

5. 书写是否正确

审核记账凭证中的记录是否文字工整、清晰，是否按要求书写，是否按规定的方法进行错误更正。

在审核中如发现记账凭证有记录不全或错误时，应由原填制人重新填制或按规定办理更正手续。只有经过审核无误的记账凭证，才能据以登记账簿。

小提示　会计凭证种类非常多，尤其是原始凭证，不同的业务涉及不同的原始凭证，不同的原始凭证填写要求也各不一样，例如企业填写支票时出票日期一定要大写，而其他原始凭证不需要这样。

原始凭证填制日期一般是业务发生的日期，而记账凭证填制的日期一般是填制记账凭证的日期。

所以学习时应通过实际操作，掌握各式各样会计凭证的填制方法和要求，《基础会计实训》教材中有许多真实的凭证供大家学习。另外如果条件允许的话，可以到实际单位财会部门工作现场观摩。

小测验　1. 将记账凭证分为收、付、转的依据是（　　　）。
A. 凭证填制的手续
B. 凭证的来源
C. 凭证所反映的经济业务内容
D. 凭证所包含的会计科目是否单一
2. 生产领用材料应填制的专用凭证是（　　　）。
A. 转账凭证　　　　　　　　B. 收款凭证
C. 付款凭证　　　　　　　　D. 以上均不是
3. 企业将库存现金存入银行，应填制（　　　）。
A. 银行存款付款凭证　　　　B. 银行存款收款凭证
C. 库存现金付款凭证　　　　D. 库存现金收款凭证

7.4　会计凭证的传递和保管

7.4.1　会计凭证的传递

会计凭证的传递是指会计凭证从填制或取得起，经过审核、记账、装订到归档为止，在有关部门和人员之间按规定的时间、路线办理业务手续和进行处理的过程。会计凭证的传递是会计核算得以正常、有效进行的前提。会计凭证的传递要求能够满足内部控制制度的要求，同时尽量节约传递时间、减少传递的工作量。

正确、合理地组织会计凭证的传递，有利于有关部门和人员及时了解经济业务活动的情况，加速对经济业务的处理；同时，有利于加强各有关部门的经济责任，也有利于实现会计监督，以充分发挥会计的监督作用，提高会计信息质量。

企业生产经营组织特点、经济业务的内容和管理要求不同，会计凭证传递也有所不同，所以在会计凭证的传递中，也应根据具体情况，确定每一种凭证的传递程序和方法，作为业务部门和会计部门处理会计凭证的工作规范。

各单位应根据经济业务的特点、机构设置和人员分工情况，明确会计凭证填制的联数和传递程序。既要保证会计凭证经过必要的环节进行处理和审核，又要避免会计凭证在不必要的环节停留，使有关部门和人员及时了解情况、掌握资料，按规定手续进行工作。

关于凭证的传递时间，应考虑各部门和有关人员的工作内容和工作量在正常情况下完成的时间，明确规定各种凭证在各个环节上停留的最长时间，不能拖延和积压会计凭证，以免影响会计工作的正常秩序。一切会计凭证的传递和处理，都应在报告期内完成，不允许跨期，否则，将影响会计核算的准确性和及时性。

会计凭证传递过程中的衔接手续，应该做到既完备严密又简便易行。凭证的收发、交接都应按一定的手续办理，以保证会计凭证的安全和完整。

7.4.2　会计凭证的保管

会计凭证的保管是指记账后的整理、装订、归档和存查工作。会计凭证是各项经济活动的历史记录，是重要的经济档案。为了防止散乱丢失，保证会计凭证的安全和完整，必须认真负责地加以整理，妥善保管。对会计凭证的保管既要做到完整无缺，又要便于翻阅查找，其主要要求如下：

1）各种记账凭证，连同所附原始凭证和原始凭证汇总表，要分类按顺序编号，定期（每天、每五天、每旬或每月）装订成册，并加具封面，在封面上要注明单位名称、凭证种类、所属年月和起讫日期、起讫号码、凭证张数等。为防止任意拆装，应在装订处贴上封签，并由经办人员在封签处加盖骑缝章。

2）对一些性质相同、数量很多或各种随时需要查阅的原始凭证，可以单独装订保管，在封面上写明记账凭证的日期、编号、种类，同时在记账凭证上注明"附件另订"字样。

3）各种经济合同和重要的涉外文件等凭证，应另编目录，单独登记保管，并在有关原始凭证和记账凭证上注明。

4）其他单位因有特殊原因需要使用原始凭证时，经本单位领导批准，可以复制，但应在专门的登记簿上进行登记，并由提供人员和收取人员共同签章。

5）会计凭证装订成册后，应有专人负责分类保管，年终应登记归档。会计凭证的保管期限和销毁手续，应严格按照《会计档案管理办法》进行管理。

会计档案的保管期限从会计年度终了后的第一天算起。会计档案的保管期限按其重要程度分为定期和永久两类，会计档案的保管期限具体如下：

原始凭证、记账凭证及汇总凭证为 15 年；总账、明细账、日记账及其他辅助账簿为 15 年，其中现金和银行存款日记账保管期限 25 年；固定资产卡片报废清理后保管 5 年；中期财务报告为 3 年，年度会计报告为永久保管。保管期满后，要按照会计档案管理办法的规定，由财会部门和档案部门共同鉴定，报经批准后进行处理。

6）会计凭证在归档后，应按年月顺序排列，以便查阅。对已归档凭证的查阅、调用和复制，都应得到批准并办理一定的手续。会计凭证在保管中应防止霉烂破损和鼠咬虫蛀，以确保其安全和完整。

小提示　企业会计凭证的传递程序和方法取决于该企业生产经营组织特点、经济业务的内容和管理要求，所以不同企业会计凭证的传递程序和方法不完全一样。不同类别的会计凭证，保管期限也不一样。

小测验　会计凭证在单位内部各有关部门和人员之间按规定的时间、路线办理业务手续和进行处理的过程称为（　　　　）。
A. 会计凭证的传递　　　　B. 会计凭证的保管
C. 会计凭证的填制　　　　D. 会计凭证的销毁

小　结

会计凭证是记录经济业务发生和完成情况、明确经济责任、作为记账依据的书面证明。会计凭证的意义主要体现在：①保证会计核算的准确性。②是进行账簿登记的依据。③能充分发挥会计的监督作用。会计凭证按其编制程序和用途的不同，可以分为原始凭证和记账凭证两大类。

原始凭证是在经济业务发生时取得或编制的，用以记录和证明经济业务发生和完成情况，并明确有关经济责任，具有法律效力的书面证明。它是组织会计核算的原始资料和重要依据。原始凭证的填制必须真实可靠、内容完整、书写清晰规范、填制及时。审核原始凭证，主要是审核其真实性、合法性、合理性、完整性、正确性和及时性。

记账凭证是会计人员根据审核无误的原始凭证或原始凭证汇总表，按照经济业务的内容加以归类整理，用来确定账户名称、记账方向和金额而填制的直接作为登记账簿依据的一种会计凭证。记账凭证按其反映的经济内容不同，可分为收款凭证、付款凭证和转账凭证。只有经过审核无误的记账凭证，才能据以登记账簿。

会计凭证的传递是指会计凭证从填制或取得起，经过审核、记账、装订到归档为止，在有关部门和人员之间按规定的时间、路线办理业务手续和进行处理的过程。会计凭证的保管是指记账后的整理、装订、归档和存查工作。会计凭证的整理、归档、保管必须严格执行会计制度的有关规定。

思 考 题

1. 什么是会计凭证？准确填制和严格审查会计凭证有什么意义？
2. 会计凭证分为哪几类？有什么区别？
3. 原始凭证的填写和审核有哪些要求和内容？
4. 记账凭证的填写和审核有哪些要求和内容？
5. 原始凭证与记账凭证有什么区别？
6. 为什么要正确、合理地组织会计凭证的传递？
7. 整理、保管会计凭证的要求是什么？

案例导入分析

根据会计核算原理的要求，记账凭证与所附原始凭证必须相符，不相符就表明有问题。对于上述情况，审计人员做出两种判断，一种是会计人员在编制记账凭证时，误将 2 463 元写成 3 462 元，系 2 和 3 的颠倒，属于工作疏忽造成的会计错误；另一种是会计人员故意进行多汇总，以此贪污公款（999 元）。

审计人员以此为线索，采取核对法，对记账凭证上注明的制单人张某所经办业务期间（2016 年 1 月 1 日～12 月 1 日）的所有会计凭证及有关会计资料进行审阅、核对与检查，发现记账凭证与原始凭证金额不符的共有 15 笔，且都是现金付款业务。记账凭证上的金额大于所付原始凭证合计金额，不符金额合计 5 600 元。由此可以初步判断，张某故意以此手法进行贪污。后经审计人员调查、询问有关人员，审阅、检查有关会计资料，同时对张某采取攻心策略，张某承认该款是其和出纳员合谋贪污，证实了上述判断。

该业务存在的问题是记账凭证与原始凭证不相符，本案所采取的舞弊手法是会计人员利用所附原始凭证张数较多、多数情况下审计人员是采用抽查的方法下进行检查的漏洞，进行贪污。对于上述问题，应该追究张某和出纳员的责任及有关人员的责任，追回赃款，同时也暴露出该公司的内部管理混乱，没有建立一个良好的内部控制制度。

对上述业务进行以下账务调整：

借：其他应收款——张某　　　　　　　　　　　　　　　　5 600
　　贷：管理费用　　　　　　　　　　　　　　　　　　　　　　　5 600
借：库存现金　　　　　　　　　　　　　　　　　　　　　5 600
　　贷：其他应收款——张某　　　　　　　　　　　　　　　　　　5 600

实　训　题

实训 1

【实训目标】

通过记账凭证的编制方法，学会对通用记账凭证的使用。

【实训资料】

某单位 2016 年 10 月发生下列经济业务：

① 10 月 5 日，收到 A 公司归还前欠货款 200 000 元，存入银行。

② 10 月 9 日，向 B 厂购入甲材料 400 000 元，增值税税率 17%，开出 6 个月商业承兑汇票一张，材料已验收入库。

③ 10 月 15 日，从银行提取现金 52 900 元。

④ 10 月 16 日，销售甲产品一批，计 320 000 元，增值税税率 17%，收到银行汇票一张。

⑤ 10 月 22 日，车间领用甲材料 115 000 元，用以生产甲产品。

⑥ 10 月 23 日，管理人员王某出差回来，报销差旅费 3 330 元，交回现金 670 元，原预支 4 000 元。

⑦ 10 月 26 日，售给 C 公司乙产品一批，计 134 200 元，增值税税率 17%，货款未收。

⑧ 10 月 30 日，以银行存款支付生产车间使用的电费 5 240 元，水费 1 480 元。

【实训要求】

为上述经济业务编写通用记账凭证。

实训 2

【实训目标】

通过记账凭证的编制方法，学会对专用记账凭证的使用。

【实训资料】

某单位 2016 年 11 月发生下列经济业务：

① 2 日，从银行提取现金 2 000 元以备零用。

② 4 日，通过银行向华美公司支付前欠购料款 14 200 元。

③ 5 日，职工张红预借差旅费 1 000 元，以现金付讫。

④ 6 日，向华兴厂购入 A 材料一批，货款 54 000 元、增值税额 9 180 元和运杂费 800 元已通过银行存款支付，材料已验收入库。

⑤ 9 日，领用材料一批，其中生产甲产品耗用 27 000 元，管理部门一般耗用 12 000 元。

⑥ 12 日，计算职工工资，其中甲产品生产工人工资 21 000 元，管理人员工资 14 000 元。

⑦ 18 日，从银行提取现金 35 000 元，以备发工资。

⑧ 18 日，以现金 35 000 元发放工资。

⑨ 21 日，张红报销差旅费 750 元，余款以现金交回。

⑩ 22 日，收到神马公司上月欠购货款 28 000 元，存入银行。

⑪ 23 日，向华夏公司销售甲产品一批，价款 140 000 元，增值税 23 800 元，货款从银行收讫。

⑫ 24 日，以 1 000 元银行存款支付销售产品的费用。

⑬ 25 日，本月发生固定资产修理费 1 500 元，其中生产车间修理费 1 200 元，行政管理部门修理费 300 元，以银行存款支付。

⑭ 29 日，按规定比例计提固定资产折旧额，其中生产车间应提折旧 4 000 元，行政管理部门应提折旧 1 200 元。

⑮ 30 日，结转本月完工产品成本 40 000 元。

⑯ 30 日，计算应交城市维护建设税 1 462 元，教育费附加 627 元。

⑰ 30 日，结转已销产品的制造成本 70 500 元。

⑱ 30 日，结转主营业务收入 140 000 元，主营业务成本 70 500 元，管理费用 28 050 元，销售费用 1 000 元。

【实训要求】

1）编制通用记账凭证。

2）编制专用记账凭证。

3）通用记账凭证和专用记账凭证的编制有什么区别？

第 8 章　会 计 账 簿

CHAPTER 8

学习目标

- 了解设置和登记会计账簿的意义。
- 了解会计账簿的种类。
- 熟悉各类账簿的格式和内容。
- 掌握和运用登记账簿的方法和规则，以及对账和结账的要求和方法。

关键概念

会计账簿　总分类账　日记账　明细分类账　三栏式账簿　多栏式账簿　数量金额式账簿　对账　结账

案例导入

审查人员在抽查银行对账单时发现银行对账单上有多笔金额相同且间隔时间不长一收一付两笔业务，这引起审查人员的高度重视。对于这种情况，审计人员做出两种判断：一种是巧合；另一种是有挪用公款嫌疑。

思考：为何审计人员会做出以上两种判断？试用本章所学知识对此案例进行分析。

8.1　会计账簿的意义及种类

8.1.1　会计账簿的概念

会计账簿是以会计凭证为依据，对全部经济业务进行全面、系统、连续、分类记录和核算的簿籍。会计账簿是由专门格式并以一定形式联结在一起的账页所组成的。

通过会计凭证的填制和审核，虽然将每日发生的经济业务记录和反映在会计凭证上，但会计凭证数量多、资料分散，每张凭证只能记载个别的经济业务，所提供的资料是零星的。为了全面、系统、连续地反映企事业单位的经济活动和财务收支情况，需要把会计凭证所记载的大量分散的资料加以分类、整理，这一任务是通过设置和登记会计账簿来实现的。通过账簿记录，既能对经济活动进行序时核算，又能进行分类核算；既可提供各项总括的核算资料，又可提供明细核算资料。由此可见，设置和登记会计账簿是会计工作的重要环节，是会计核算的基本方法之一。

8.1.2　设置和登记会计账簿的意义

合理地设置和登记账簿，系统地记录和提供企业经济活动的各种数据，对加强企业经济核算、改善和提高经营管理有着重要意义。

1. 为企业经营管理提供连续、系统和全面的会计核算资料

在会计核算中，通过设置和登记账簿，把大量零星分散的资料进一步加以归类整理，把企业经营活动情况，收入的构成和支出的情况，财物的购置、使用、保管情况全面、系统地反映出来，用于监督计划、预算的执行情况和资金的合理有效使用，促使企业改善经营管理。

2. 为编制会计报表提供依据

会计人员对账簿上记载的全面、系统的会计资料按照一定的方法进一步加工整理，就可以编制会计报表。账簿是编制会计报表的直接依据，账簿设置和登记正确、及时与否，直接影响对外提供会计信息的质量和及时性。

3. 为开展财务分析和会计检查提供依据

通过对账簿资料的检查、分析，可以了解企业贯彻有关方针、政策、制度的情况，可以考核各项计划的完成情况。另外，对资金使用是否合理，费用开支是否符合标准，经济效益有无提高，利润的形成与分配是否符合规定等做出分析、评价，从而找出差距，挖掘潜力，提出改进措施。

8.1.3　会计账簿的种类

在日常会计核算中，会计账簿的种类多种多样，会计账簿按不同的标准可以分为不同的种类。按照不同的标准对账簿进行分类，可以更好地了解和正确地运用账簿，以满足经营管理对账簿资料的要求。

1. 账簿按用途分类

账簿按用途不同可分为序时账簿、分类账簿和备查账簿三种。

（1）序时账簿

序时账簿简称序时账或日记账，是按照经济业务发生的时间先后顺序，逐日、逐笔进行登记，每日结出余额的账簿。序时账簿按照记录经济业务范围的不同，又分为普通序时账簿和特种序时账簿。普通序时账簿是用来登记全部经济业务的发生情况；特种序时账簿是用来登记某一类经济业务的发生情况。实际工作中常见的是特种序时账簿，如现金日记账、银行存款日记账。现金日记账和银行存款日记账可以用来核算和监督企业现金和银行存款的收支和结余情况。

小提示　　在我国，为了加强对现金和银行存款的管理，要求各单位必须设置现金日记账和银行存款日记账。

（2）分类账簿

分类账簿简称分类账，它是对全部经济业务按照总分类账户和明细分类账户进行分类登记的账簿。分类账簿按照其反映经济内容详细程度的不同，可分为总分类账簿和明细分类账簿。

1）总分类账簿，也称总分类账，简称总账，是按总分类账户开设的、用以分类核算与监督各项资产、负债、所有者权益、费用、成本和收入等总括核算资料的账簿。

2）明细分类账簿，也称明细分类账，简称明细账，是按明细分类账户开设的、用来分类登记某类经济业务详细情况、提供明细核算资料的账簿。

需要指出的是，在实际工作中，经济业务比较简单、所设置的总账科目不多的单位，为了简化记账工作，可以把序时账簿和分类账簿结合在一本账簿中进行登记，这种账簿称为联合账簿。例如，日记总账就是兼有序时账簿和总分类账簿作用的联合账簿，但采用日记总账的单位，为了加强对现金和银行存款的核算和管理，另外仍应设置现金和银行存款日记账。

（3）备查账簿

备查账簿也称辅助账，是指对某些在序时账簿和分类账簿等主要账簿中不予登记或登记不够详细的经济业务事项进行补充登记时使用的账簿，主要用来记录一些供日后查考的有关经济事项，如代销商品登记簿、租入固定资产登记簿、委托加工材料登记簿及应收票据登记簿等。设置和登记备查账，可以对某些经济业务的内容进行必要补充，为加强经营管理提供必要的参考资料。备查账簿是根据单位的需要设置的，并非每个单位都需要设置。备查账只是对账簿记录的一种补充，与其他账簿之间不存在严密的依存、钩稽关系，它不是根据会计凭证登记的账簿，也没有固定的格式。

2. 账簿按外表形式分类

账簿按外表形式的不同，可分为订本式账簿、活页式账簿和卡片式账簿三种。

（1）订本式账簿

订本式账簿简称订本账，是在启用前就把顺序编号的若干账页固定装订成册的账簿。其优点是可以防止账页的散失和非法抽换，比较安全；其缺点是账页固定后，同一账簿在同一时间只能由一人登记，不便于分工记账，也不能根据记账需要增减账页。订本账一般用于现金日记账、银行日记账和总分类账。

（2）活页式账簿

活页式账簿简称活页账，它是在启用前不固定账页和编号，而是把零散的账页装订在账夹内，可以随时增添或取出账页的账簿。其优点是可以根据需要增添或重新排列账页，并且可以组织同时分工记账，提高工作效率；其缺点是账页容易丢失和被抽换，极不安全。因此，在使用过程中应严加管理，建立严密的登记手续。活页账簿要在会计期末装订成册，并由有关人员在账页上盖章，装订完毕后，应按实际账页数顺序编号并加目录。这种账簿主要用于明细分类账。

（3）卡片式账簿

卡片式账簿简称卡片账，是由专门格式、分散的卡片作为账页组成的账簿。这种账一般用卡片箱装置，可以随取随放，它实际上也是一种活页账。卡片账除具有一般活页账的优缺点外，它无须每年更换，可以跨年度使用。这种账簿多用于固定资产明细账。使用计算机后，卡片账的形式将会有所变化。

3．账簿按账页格式分类

账簿按账页格式不同分为两栏式账簿、三栏式账簿、数量金额式账簿和多栏式账簿。

（1）两栏式账簿

两栏式账簿是指只有借方、贷方两个基本金额栏目的账簿，如普通日记账和转账日记账一般采用两栏式账簿。

（2）三栏式账簿

三栏式账簿是指设有借方、贷方和余额三个基本金额栏目的账簿，如特种日记账、总分类账以及资本、债权、债务明细分类账。

（3）数量金额式账簿

数量金额式账簿是指在借方、贷方和余额三个基本金额栏目下又分别设数量、单价和金额三个小栏目，借以反映财产资产的实物量和价值量，如原材料、库存商品等明细账。

（4）多栏式账簿

多栏式账簿是在账簿的两个基本栏目借方和贷方下按照需要分设若干个专栏的账簿，如多栏式日记账、收入、费用明细账。

8.1.4 会计账簿的内容

虽然账簿的种类繁多，格式不一，但账簿都应具备封面、扉页和账页三项基本内容。

1．封面

每种账簿都应设置封面，用来标明账簿名称和使用单位名称，便于查阅和保护账页安全。

2．扉页

扉页即打开账簿封面后的第一页，指账簿启用及接交表，主要用来标明账簿的使用信息。主要内容和基本格式如表 8-1 所示。

3．账页

账页是账簿的主体，是账簿中用来具体记录经济业务的部分，其格式因反映经济业务内容的不同而有所不同，但基本内容应包括账户名称（总分类账户名称和明细分类账户名称）、记录经济业务发生的日期栏、简要说明业务内容的摘要栏、记账凭证的种类和号数栏、金额栏、总页次（账簿总页数）和分户页次（该账户所在的页数）栏等基本内容。

表 8-1　账簿启用及接交表

单位名称								单位公章
账簿名称								
账簿编号		字 第　　号 第　　册 共　　册						
账簿页数		本账簿共　页						
启用日期		年　　月　　日						
经管人员		接管		移交		会计负责人		印花税票粘贴处
姓名（盖章）	年	月	日	年	月	日	姓名	盖章	

小测验　1. 将账簿划分为序时账簿、分类账簿和备查账簿的依据是（　　　）。

A. 会计账簿的登记方式　　　　B. 会计账簿的用途

C. 会计账簿的外表形式　　　　D. 会计账簿登记的内容

2. 总分类账、现金和银行存款日记账适用的外表形式是（　　　）。

A. 卡片式　　　B. 活页式　　C. 订本式　　　D. 三栏式

3. 必须日清月结，做到账实相符的账簿是（　　　）。

A. 总分类账　　　　　　　　B. 明细分类账

C. 现金日记账　　　　　　　D. 银行存款日记账

8.2　会计账簿的设置和登记

会计账簿的设置，包括确定账簿的种类、设计账页的格式、内容和规定账簿登记的方法等。

8.2.1　会计账簿的设置原则

各单位都应按照国家统一会计制度的规定，根据本单位经济业务的特点和管理要求，科学、合理地设置账簿。账簿设置的好坏，直接影响会计核算的质量和时效性。各单位应设置哪些种类的账簿，各类账簿采用什么样的格式，不能强求一律，应结合本单位经济活动的特点和管理上的要求合理设置，既要符合会计制度的要求，又要有利于充分发挥账簿的作用，力求科学、严密、层次分明、结构合理。因此，设置账簿应遵循以下原则：

1）设置账簿必须遵循国家有关会计制度的规定，不得以表代账或无账会计。

2）设置账簿必须做到繁简适当、结构合理，既要便于财会人员的分工，节省工作时间和工作量，提高工作效率；又要结合本单位特点，满足各方面经营管理对会计信息的需要。

3）设置账簿必须能够保证全面、系统地核算和监督经济活动的发生、完成情况，为经营管理提供系统、分类的核算资料。

8.2.2　会计账簿的设置和登记方法

不同的会计账簿由于反映的经济业务内容和详细程度不同，因此其账页格式、登记方法也有一定的区别。

1. 日记账的格式和登记方法

这里讲的日记账是指特种日记账，特种日记账是用来序时地记录和反映某一类经济业务发生和完成情况的账簿。企业通常设置的特种日记账有现金日记账和银行存款日记账。

（1）现金日记账的格式和登记方法

现金日记账是用来序时登记库存现金收入、支出和结存情况的账簿。一般有三栏式和多栏式两种。

1）三栏式现金日记账。三栏式现金日记账的基本结构为"收入"、"支出"和"结余"三栏，格式如表 8-2 所示。

出纳人员在每日业务终了，应将收付款项逐笔登记，并结出余额，同实存现金相核对，借以检查每日现金的收、付、存情况以及库存现金限额的执行情况。

表 8-2　现金日记账

第　　页

2016 年		凭证		摘要	对方科目	收入	支出	结余
月	日	字	号					
5	1			月初余额				700
5	1	银付	1	从银行提取现金	银行存款	1 500		
5	1	现付	2	王虹借差旅费	其他应收款		800	
5	1	现付	3	购买办公用品	管理费用		500	900
5	10	现付	4	上缴印花税	管理费用		700	
5	10	现收	1	差旅费余额交回	其他应收款	100		300
				本期发生额及期末余额				

2）多栏式现金日记账。多栏式现金日记账如进一步细分，可以分为现金收入日记账和现金支出日记账。现金收入日记账的格式，如表 8-3 所示。现金支出日记账的格式，

如表 8-4 所示。

表 8-3 现金收入日记账

第 页

2016年		凭证		摘要	贷方科目					支出合计	结余
月	日	字	号		银行存款	其他应收款			收入合计		
5	1			月初余额							700
5	1	银付	1	从银行提取现金	1 500				1 500		
5	1			转记						1 300	900
5	10	现收	1	差旅费余额交回		100			100		
5	10			转记						700	300
				本期发生额及期末余额							

表 8-4 现金支出日记账

第 页

2016年		凭证		摘要	贷方科目					支出合计	结余
月	日	字	号		其他应收款	管理费用			收入合计		
5	1	现付	2	王虹借差旅费	800						
5	1	银付	1	从银行提取现金	1 500				1 500		
5	1	现付	3	购买办公用品		500				1 300	1 300
5	10	现付	4	上缴印花税		700				700	2 000
				本期发生额及期末余额							

采用多栏式现金日记账格式时，其结构要点：现金收入日记账要按收入现金的对应科目，将金额计入有关的"贷方科目"栏内，同时加计收入合计栏；现金支出日记账要按支出现金的对应科目，将金额计入有关的"借方科目"栏内，同时加计支出合计栏；每日终了要将现金支出日记账的支出合计，登入现金收入日记账的支出合计栏，并结出余额。

（2）银行存款日记账的格式和登记方法

银行存款日记账是由出纳人员根据审核无误的银行存款收、付凭证，序时、逐笔登记的账簿。银行存款日记账的格式，与现金日记账相同，可以采用三栏式（表 8-5），也可以采用多栏式（表 8-6 和表 8-7）。银行存款日记账的登记方法类似于现金日记账，所不同的是银行存款日记账比现金日记账多设一个"结算凭证种类和号数"栏，原因是银行存款的收付均是根据银行结算凭证办理，为了便于和银行对账，需单独列示每笔存款收付时所依据的结算凭证种类及号码。为了保证企业银行存款日记账记录正确，企业应定期将银行存款日记账同银行传递过来的银行对账单进行核对，并编制银行存款余额调节表。银行存款日记账要求每天结出余额，以便企业及时了解银行存款情况。

表 8-5　银行存款日记账

第　　页

2016 年		凭证		摘要	结算凭证		对应科目	收入	支出	结余
月	日	字	号		种类	号数				
				本期发生额及期末余额						

表 8-6　银行存款收入日记账

第　　页

2016 年		凭证		摘要	结算凭证		贷方科目			支出合计	结余
月	日	字	号		种类	号数	库存现金	应收账款	收入合计		
				本期发生额及期末余额							

表 8-7　银行存款支出日记账

第　　页

2016 年		凭证		摘要	结算凭证		借方科目			支出合计	结余
月	日	字	号		种类	号数	库存现金	应付账款	其他		
				本期发生额及期末余额							

2．分类账簿的设置和登记方法

分类账簿是用来分类登记经济业务的账簿，根据提供资料的详细程度不同，分类账簿可以分为总分类账簿和明细分类账簿两类，分别介绍如下：

（1）总分类账簿

总分类账簿也称总账，是按总分类账户（一级会计科目）进行分类登记的账簿。由于只能提供总括资料,因此总分类账只用来登记货币金额的增减变动,总括地反映和记录经济业务引起的资金运动和财务收支情况。

总分类账通常使用订本式,其账页格式一般为三栏式账页,设置借方、贷方和余额三个基本栏目。业务简单,账户设置较少的企业,也可采用多栏式,即将所有账户合设在一张账页上。三栏式总分类账簿格式如表 8-8 所示。

表 8-8   总分类账

账户名称: 第   页

2016 年		凭证		摘要	借方	贷方	借或贷	余额
月	日	字	号					
				本期发生额及期末余额				

总分类账的登记方法取决于企业采用的账务处理程序,它可以按记账凭证逐笔进行登记,也可按记账凭证汇总表进行登记,还可按科目汇总表登记,有关详细内容在账务处理程序章节介绍。

(2)明细分类账

明细分类账簿也称明细账,是按明细分类账户(子目或细目)进行分类登记的账簿。明细分类账能分类详细地反映和记录资产、负债、所有者权益、费用、成本、收入和利润的各种资料。

明细分类账通常使用活页式,其账页格式有三栏式、多栏式、数量金额式。

1)三栏式明细分类账,同总分类账的格式基本相同,设有借方、贷方和余额三个栏目,使用于只进行金额核算而不进行数量核算的账户,如债权、债务等账户。其格式如表 8-9 所示。

表 8-9   明细分类账

二级或明细科目: 第   页

2016 年		凭证		摘要	借方	贷方	借或贷	余额
月	日	字	号					
				本期发生额及期末余额				

2)数量金额式明细账,在收入、发出、结存三大栏中分别下设"数量"、"单价"、"金额"三个小栏,适用于既需要进行金额核算,又需要提供数量指标的经济业务,如"原材料"、"库存商品"等账户的明细核算。此外,为了满足管理上的需要,在账页上

端，还需要设计一些必要的项目，以便取得相关资料。其格式如表 8-10 所示。

表 8-10　原材料明细分类账

计量单位：
最低储量：
最高储量：

材料名称：
材料规格：　　　　　　　　　　　　　　　　　　　　　　　　　　　　第　　页

2016 年		凭证		摘要	收入			发出			结存		
月	日	字	号		数量	单价	金额	数量	单价	金额	数量	单价	金额
				本期发生额及期末余额									

3）多栏式明细分类账，根据经济业务内容和提供资料的要求，在一张账页上的"借方"或"贷方"下面按明细科目分设若干专栏，集中反映有关明细项目的核算资料，如"制造费用明细账"、"管理费用明细账"和"生产成本明细账"等。其格式如表 8-11 所示。

表 8-11　制造费用明细分类账

明细科目：A 车间　　　　　　　　　　　　　　　　　　　　　　　　第　　页

2016 年		凭证		摘要	借方					贷方	金额
月	日	字	号		工资和福利费	折旧费	修理费	办公费	水电费		
				本期发生额及期末余额							

不同类型经济业务的明细分类账可根据管理的需要，依据记账凭证、原始凭证逐日逐笔登记或定期登记。其中，债权、债务等明细账应逐日逐笔登记；库存商品、原材料等收、发明细账以及收入、费用明细账可以逐日登记，也可以定期汇总登记。

小提示　　根据企业财务内部控制制度，出纳人员只能登记特种日记账，不能登记总分类账和明细分类账，也不能填制记账凭证。

小测验　　1. 多栏式明细账适用于（　　）。
A. 现金存款日记账　　　　　B. 应收账款明细账
C. 库存商品明细账　　　　　D. 管理费用明细账
2. 银行存款日记账的登记依据包括（　　）。
A. 银行存款收款凭证　　　　B. 银行存款付款凭证
C. 库存现金付款凭证　　　　D. 转账凭证

8.3　会计账簿的登记规则和错账更正

8.3.1　账簿的登记规则

账簿登记必须遵循以下原则：

1）为了保证账簿记录的合法性、合理性，保证账簿资料的完整性，防止舞弊行为，明确记账责任，会计人员启用新的会计账簿时，应在账簿的扉页上填制"账簿启用表"。

2）为了保证账簿记录的准确性，必须根据审核无误的会计凭证，及时地登记各种账簿。登记账簿时，应将会计凭证的日期、编号、摘要、金额等逐项登记入账，做到数字准确、摘要简明清楚、登记及时。

3）账簿登记完毕，应在"过账"栏内注明账簿的页数或标注"√"符号，表示已登记入账，以免重登、漏登，也便于查阅、核对，并在记账凭证上签名或盖章。

4）账簿中文字和数字的书写必须符合要求。填写时，文字、数字均要紧靠每行的底线书写（数字 4、7、9 除外），其高度以二分之一行高为宜，最大不能超过行高的三分之二，预留一定的空间是为了更改错误，文字之间不能留有空隙。

5）为了使账簿记录清晰，防止涂改，记账时必须用蓝黑墨水或碳素墨水的钢笔书写，不能使用铅笔或圆珠笔登账，红色墨水只能在结账划线、改错和冲账时使用。

6）各种账簿必须逐页、逐行顺序连续登记，不得隔页、缺号、跳行，如不慎发生隔页、跳行情况，应在空页或空行处用红色墨水划对角线注销，并注明"作废"字样，同时由经手人员在更正处盖章。对各种账簿的账页不得任意抽换和撕毁，以防舞弊。

7）凡需要结余额的账户，结出余额后，应在"借或贷"栏内写明"借"或"贷"。没有余额的账户在"借或贷"栏内写"平"字，并在"余额"栏内"元"对应的下方用"0 中间加波浪线的特殊符号"表示。

8）每一账页登记完毕结转下页时，应当结出本页发生额合计数及余额，写在本页最后一行和下页第一行有关栏内，并在摘要栏内分别注明"过次页"和"承前页"字样。

8.3.2　更正错账的规则

账簿记录发生错误时，不得刮、擦、挖补、随意涂改或用褪色药水更改字迹，应根据错误的情况，按规定的方法进行更正。由于记账差错的具体情况不同，更正错误的方法也不同，一般常用的更正错误的方法有划线更正法、红字更正法和补充登记法三种。

小提示　错账的主要原因有：①记账方向错误；②漏记；③重记；④记错科目；⑤数字位数移位；⑥数字位数颠倒；⑦结账时计算错误；⑧其他。

1. 划线更正法

记账凭证正确，在记账或结账过程中发现账簿记录中文字或数字有错误，应采用划线更正法。更正时，先在错误的文字或数字（整个数字）上划一红线注销，并使原来的字迹仍可辨认，然后在红线上方空白处用蓝字填上正确的文字或数字，并在更正处由记账人员盖章。

对改正错误的数字一定要用红线全部划去，不能只改个别数字。如将 5 600 写成 6 500，应将 6 500 整个数字全部用红线划去，再在红线上面空白处用蓝字写 5 600 予以更正。

2. 红字更正法

红字更正法也叫赤字冲账法或红笔订正法。具体可分以下两种情况。

第一种情况：记账后，发现原记账凭证上的应记科目和金额发生错误，更正时，先用红字金额填制一张内容与错误记账凭证完全相同的记账凭证，并在摘要中写明"冲第×号凭证，在第×号凭证更正"，并据以用红字金额登记入账，冲销原有的错误记录；然后，再用蓝字重填一张正确的记账凭证，登记入账。同时，在原错误凭证上注明"已在×月××号凭证注销"。现举例说明如下：

【例8-1】新星有限公司购进材料 10 000 元（不考虑增值税），尚未付款，编制记账凭证时，贷方账户误写为"银行存款"并已登记入账。

1）已登记入账的错误分录：

借：材料采购   10 000
  贷：银行存款   10 000

2）更正上述错误，用红字金额填制一张内容与原来一样的记账凭证（括号内为红字）：

借：材料采购   （10 000）
  贷：银行存款   （10 000）

3）重新填制一张正确的记账凭证：

借：材料采购   10 000
  贷：应付账款   10 000

将上述 2）、3）两张记账凭证登记入账后，账簿记录的错误得以更正。账簿更正过程如下所示：

借方	银行存款	贷方	借方	材料采购	贷方
		10 000	1)	10 000	
		（10 000）	2)	（10 000）	

借方	应付账款	贷方			
		10 000	3)	10 000	

注：（）表示为红字。

第二种情况：在记账后发现记账凭证中的会计科目没有错，只是所填金额大于应填金额，可按所填金额大于应填金额的差额填制一张红字金额记账凭证，并在"摘要"栏内注明"冲减第×号凭证多计数"，并据以入账，以冲销原来多计的金额。同时，在原错误凭证上注明"多计金额已在×月×号凭证上冲减"。

【例 8-2】新星有限公司车间领用材料 10 000 元，编制记账凭证时，将金额记为 100 000 元，并登记入账。

1）已登记入账的错误分录：

借：制造费用　　　　　　　　　　　　　　　　　　　　　　　100 000

　　贷：原材料　　　　　　　　　　　　　　　　　　　　　　　100 000

2）发现错误后，应将上述账户中多记的 90 000 元，填制一张红字金额的记账凭证（括号内为红字）。

借：制造费用　　　　　　　　　　　　　　　　　　　　　　（90 000）

　　贷：原材料　　　　　　　　　　　　　　　　　　　　　（90 000）

将上述记账凭证 2）计入有关账户后，原账簿中的错误记录便得到更正。

账簿更正过程如下所示：

借方	原材料	贷方	借方	制造费用	贷方
		100 000	1）→	100 000	
		（90 000）	2）→	（90 000）	

3．补充登记法

补充登记法适用于记账后发现记账凭证中会计科目正确，但所填的金额小于正确金额的情况。对于这种错误，可采用补充登记法，也可以采用红字更正法。

采用补充登记法时，将少填的金额（即正确金额与错误金额之间的差额）用蓝字填制一张记账凭证，在"摘要"栏内注明"补记第×号凭证少计数"，并据以登记入账。同时，在原错误凭证上注明"少计金额已在×月×号凭证上补计"。

现举例说明如下。

【例 8-3】新星有限公司车间领用材料 10 000 元，编制记账凭证时，将金额记为 1 000 元，并登记入账。

1）已登记入账的错误分录：

借：制造费用　　　　　　　　　　　　　　　　　　　　　　　1 000

　　贷：原材料　　　　　　　　　　　　　　　　　　　　　　　1 000

2）发现错误后，应将上述少计的 9 000 元填制一张蓝字记账凭证（方框内为蓝字）。

借：制造费用　　　　　　　　　　　　　　　　　　　　　　　9 000

　　贷：原材料　　　　　　　　　　　　　　　　　　　　　　　9 000

将上述记账凭证 2）登记入账后，原账簿记录中的错误记录就得到更正。

账簿更正过程如下所示：

借方	原材料	贷方	借方	制造费用	贷方
		1 000	1) ➡	1 000	
		9 000	2) ➡	9 000	

📜 **小测验**
1. 会计上允许使用的更正错账的方法有（　　　　）。
A. 红字更正法　　　　B. 划线更正法
C. 补充登记法　　　　D. 用涂改液修正法
2. 对于划线更正法，下面说法正确的是（　　　　）。
A. 在错误的文字和数字（单个数字）上划上一条红线注销
B. 在错误的文字和数字（整个数字）上划上一条红线注销
C. 在错误的文字和数字（整个数字）上划上一条蓝线注销
D. 在错误的文字和数字（单个数字）上划上一条蓝线注销

8.4　对账和结账

8.4.1　对账

对账，是指在会计核算中，对账簿记录的有关数据加以检查和核对，这种核对工作，在会计上叫对账。它是会计核算的一项重要内容。为了保证各种账簿记录真实、准确与完整，必须建立良好的对账制度，做到账证相符、账账相符、账实相符。对账内容主要包括账证核对、账账核对、账实核对。

1. 账证核对

账证核对是指将账簿记录与会计凭证相核对，具体指账簿记录与原始凭证、记账凭证中的时间、凭证字号、内容、金额和数量是否一致，记账方向是否相符。

2. 账账核对

账账核对是指各种账簿之间有关数字应核对相符。主要有：
1）总账有关账户余额相核对，具体指全部账户的借方余额合计数应同贷方余额合计数相符，一般是通过对总账科目编制试算平衡表来完成的。
2）总账与所属明细账相核对，具体指总账账户的期末余额与其所属明细账户期末余额之和核对相符。
3）总账与日记账相核对，具体指现金日记账期末余额和银行存款日记账期末余额应分别与现金和银行存款总账的期末余额核对相符。

4）明细账之间的核对，具体指会计部门有关财产物资的明细分类账的余额，与财产物资保管部门或使用部门相应的明细账（卡）余额核对相符。

3. 账实核对

账实核对是指财产物资与实有数量之间的核对、债权债务账面余额与往来单位之间的核对。主要有：

1）有关财产物资明细账的结存量应定期同实存量核对相符。

2）现金日记账的账面余额应同现金的实际库存数每日核对相符。

3）银行存款日记账的余额与银行对账单核对相符。

4）债权、债务账面余额与往来单位或个人核对相符。

8.4.2　结账

结账就是把一定时期内发生的经济业务全部登记入账后，将各种账簿记录结出本期发生额和期末余额，进行试算平衡，并结转下期或下一年度账簿的一种方法。

1. 结账前的准备工作

1）在结账前，应先检查本期所发生的各类经济业务是否都已填制会计凭证并登记入账。对已经发生的债权、债务、所有者权益、费用，已实现的收入，已完工的产品成本，已查明的财产物资的盘盈、盘亏等，都应在结账前全部登记入账。为了准确计算当期的经营成果和成本，结账时间不能提前，也不能迟延，一定要定期、及时。

2）按会计制度规定和成本计算要求，结转各收入、成果账户和费用、成本账户，计算本期的产品成本、销售成本、营业成本和期间成本，并确定本期的财务成果。

3）按有关规定，结转本年利润及利润分配账户。

2. 结账的方法

经过上述账务处理后，分别结出各种日记账、总分类账、明细分类账的本期发生额和期末余额，并按规定在账簿上做出结账的手续，在实际工作中，一般采用划线结转的方法进行。结账方法如表 8-12 所示。

（1）月结

月结是指月度结账时，在各账户的最后一笔数字下，结出本月借方发生额、贷方发生额和期末余额，在摘要栏内注明"本月合计"字样，在"借或贷"栏内写明"借"或"贷"；然后在本栏的没有余额的账户的"借或贷"栏内写"平"字，并在"余额"栏内用"0 中间加波浪线的特殊符号"表示。

表 8-12　原材料总分类账

第　页

2016年		凭证		摘要	借方	贷方	借或贷	余额
月	日							
1	1			上年结转			借	25 000
	10			科目汇总表	100 000	80 000		
	31			本月合计	400 000	390 000	借	35 000
2	1							
	28			本月合计	350 000	350 000	借	35 000
				本期累计	750 000	740 000	借	35 000
8	31			本月合计	370 000	390 000	借	375 000
				本期累计	2 350 000	2 000 000	借	375 000
				……				
12	1			科目汇总表	250 000	200 000		
	31			本月合计	270 000	290 000	借	75 000
				本年累计	3 250 000	3 200 000	借	75 000

注：本月合计上下的虚线表示单红线，本年累计下的曲线表示双红线。

对需要逐月结转累计发生额的账户，在计算本月发生额及期末余额后，应在下一行结出本期累计借方发生额、贷方发生额和余额，在摘要栏内注明"本期累计"字样，然后再在本栏的下端划一条红线。

（2）年结

年结是指年度结账时，在计算本月发生额及期末余额后，应在下一行结出本年累计借方发生额、贷方发生额和余额，在摘要栏内注明"本年累计"字样，然后再在"本年累计"栏的下端划双红线，表示"封账"。年度结账后，根据各账户的年末余额，过入新账簿，结转下年度。

小提示　　划线结转的方法仅应用于手工账簿。

8.4.3　账簿的更换与保管

1. 账簿的更换

为了保持会计账簿资料的连续性，在每一会计年度结束，新的会计年度开始时，应按会计制度规定，进行账簿的更换。

账簿更换的具体做法如下：

1）总账分类账簿、日记账簿和大部分的明细账簿，每年更换一次。年初，将旧账簿中各账户的年末余额直接记入新账簿中有关账户新账页的第一行"余额"栏内，同时，在新账页第一行"摘要"栏内加盖"上年结转"戳记，在旧账页最后一行"摘要"栏内加盖"结转下年"戳记，并将旧账页最后一行数字下的空格，划一条斜红线注销。

在年度内，订本账记满更换新账时，办理与年初更换新账簿相似的手续。

2）财产物资明细账和债权债务明细账可以跨年度使用。因为财产物资种类、规格繁多，债权债务往来单位较多，更换新账工作量较大，所以不必每年更换，可以跨年度使用。另外固定资产明细账，因年度内变动不多，年初也不必更换账簿。但在"摘要"栏内要加盖"结转下年"戳记，以划分新旧年度之间的金额。各种备查账簿也可以连续使用。

2. 账簿的保管

会计账簿、会计凭证和会计报表等都是企业重要的经济档案和历史资料，必须妥善保管，不得任意丢失和销毁。年末结账后，必须装订成册，统一编号，由财会部门保管一年后转入档案管理部门管理。

各种账簿应按年度分类归档，编制目录，妥善保管。既保证在需要时能迅速查阅，又保证各种账簿的安全和完整。

各种账簿的保管年限应按会计制度的规定严格执行，保管期满后，报经有关部门批准，集中销毁。

有关账簿保管期限（自会计年度终了后第一天算起）规定如表 8-13 所示。

表 8-13　账簿保管期限规定

账簿名称	保管期限	备注
日记账	15 年	
其中：现金日记账和银行存款日记账	25 年	
明细账	15 年	
总账	15 年	
固定资产卡片	5 年	自固定资产清理后算起
辅助账簿	15 年	
涉及外事和对外改造的账簿	永久	

小测验　1. 年度结束后，对于账簿的保管应做到（　　　）。

A. 装订成册　　　　　　　B. 加上封面

C. 统一编号　　　　　　　D. 归档保管

2. 特种日记账的保管期限为（　　　）。

A. 5 年　　　B. 15 年　　　C. 20 年　　　D. 25 年

小　结

会计账簿是以会计凭证为依据，对全部经济业务进行全面、系统、连续、分类地记录和核算的簿籍。设置和登记会计账簿是会计工作的重要环节。本章讲述了企业应该设置哪些账簿，如何设置账簿，重点说明总分类账、明细分类账、日记账等账簿的设置和登记方法。为了保证账簿记录的正确、真实、可靠，在结账之前需要对账，对账的内容有账证核对、账账核对和账实核对。为了编制会计报表，在每一会计期末需进行结账，结出本期发生额和期末余额。本章还介绍了错账的更正方法及账簿的使用规则。

思　考　题

1. 会计账簿有什么作用？
2. 总账、明细账、日记账和辅助账簿有什么区别？各自的作用是什么？
3. 活页账与订本账各有什么特点？卡片账适用于哪几类账户？
4. 什么是特种日记账？为什么要设置特种日记账？
5. 明细分类账页有哪几种格式？
6. 登记账簿有哪些规则？如何更正错账？
7. 账簿的更换和保管要注意哪些方面？
8. 为什么要对账？应从哪几方面进行对账？
9. 月度结账与年度结账的方法有什么区别？

案例导入分析

审查人员采取核对法，将银行存款日记账上的收支业务逐笔与银行对账单核对，发现本案例所涉及的经济业务有 25 万元银行存款日记账上没有记录，后又到银行调查收付业务的具体内容，发现是应收账款业务。在强大的心理攻势下，在事实面前，出纳员刘某承认公款私存，吞食利息 3 万元的犯罪事实。

本业务存在的问题是账单不相符，即银行存款日记账与银行对账单不相符。本案所采取的违法舞弊手法是会计、出纳合谋，银行存款不入账，挪用公款，公款私存，贪污公款私存的利息。因此该公司应当加强内部控制的建立，健全稽核工作，对现金、银行存款严格财务收支结算制度。

对该笔经济业务进行以下调账：

借：其他应收款——刘某　　　　　　　　　　　　　　　　　　280 000
　　贷：应收账款　　　　　　　　　　　　　　　　　　　　　　250 000
　　　　财务费用　　　　　　　　　　　　　　　　　　　　　　 30 000

借：银行存款　　　　　　　　　　　　　　　　　　　　280 000
　　贷：其他应收款——刘某　　　　　　　　　　　　　　　280 000

实 训 题

实训 1

【实训目标】

练习登记银行存款和现金日记账，练习错账更正方法，加深对企业会计实务的理解。

【实训资料】

新华机械有限公司 2016 年 8 月 31 日银行存款日记账余额为 300 000 元、现金日记账余额为 4 000 元。9 月上旬发生下列银行存款和现金收付业务：

① 1 日，投资者投入现金 25 000 元，存入银行。

② 1 日，以银行存款 10 000 元归还短期借款。

③ 2 日，以银行存款 20 000 元偿付应付账款。

④ 2 日，以现金 1 000 元存入银行。

⑤ 3 日，用现金暂付职工差旅费 800 元。

⑥ 3 日，从银行提取现金 2 000 元备用。

⑦ 4 日，收到应收账款 50 000 元，存入银行。

⑧ 5 日，以银行存款 40 000 元支付购买材料款。

⑨ 5 日，以银行存款 10 000 元支付购入材料运费。

⑩ 6 日，从银行提取现金 10 000 元，准备发放工资。

⑪ 6 日，用现金 10 000 元发放职工工资。

⑫ 7 日，以银行存款支付本月电费 1 800 元。

⑬ 8 日，销售产品一批，收到货款 51 750 元，存入银行。

⑭ 9 日，用银行存款支付销售费用 410 元。

⑮ 10 日，用银行存款上交销售税金 3 500 元。

【实训要求】

登记银行存款日记账和现金日记账。

实训 2

【实训目标】

学习更正错账。

【实训资料】

2016 年 11 月 30 日，神鹰股份有限公司将账簿记录与记账凭证进行核对时，发现下列经济业务内容的账簿记录有误：

① 开出现金支票 600 元，支付企业管理部门日常零星开支。原编记账凭证的会计

分录如下：

　　　借：管理费用　　　　　　　　　　　　　　　　　　　　　　　600

　　　　　贷：库存现金　　　　　　　　　　　　　　　　　　　　　　600

　　② 签发转账支票 3 000 元，支付本月职工养老金。原编记账凭证的会计分录如下：

　　　借：管理费用　　　　　　　　　　　　　　　　　　　　　　3 000

　　　　　贷：银行存款　　　　　　　　　　　　　　　　　　　　　3 000

　　③ 结转本月实际完工产品的生产成本 59 000 元。原编记账凭证的会计分录如下：

　　　借：库存商品　　　　　　　　　　　　　　　　　　　　　95 000

　　　　　贷：生产成本　　　　　　　　　　　　　　　　　　　　95 000

　　④ 收到购货单位偿还上月所欠货款 9 600 元。原编记账凭证的会计分录如下：

　　　借：银行存款　　　　　　　　　　　　　　　　　　　　　6 900

　　　　　贷：应收账款　　　　　　　　　　　　　　　　　　　　6 900

　　⑤ 计提本月车间用固定资产折旧费 4 100 元。原编记账凭证的会计分录如下：

　　　借：管理费用　　　　　　　　　　　　　　　　　　　　　1 400

　　　　　贷：累计折旧　　　　　　　　　　　　　　　　　　　　1 400

　　⑥ 分配本月应付职工工资，其中：生产工人工资为 14 000 元，管理人员工资为 3 400 元。原编记账凭证的会计分录如下：

　　　借：生产成本　　　　　　　　　　　　　　　　　　　　14 000

　　　　　管理费用　　　　　　　　　　　　　　　　　　　　3 400

　　　　　贷：应付职工薪酬　　　　　　　　　　　　　　　　　17 400

登记该转账凭证时，其"管理费用"借方金额误记为 4 300 元。

　　⑦ 结转本期主营业务成本 590 000 元。原编记账凭证的会计分录如下：

　　　借：主营业务成本　　　　　　　　　　　　　　　　　　590 000

　　　　　贷：本年利润　　　　　　　　　　　　　　　　　　　590 000

　　⑧ 用银行存款支付所欠供货单位货款 9 600 元。原编会计分录如下：

　　　借：应付账款　　　　　　　　　　　　　　　　　　　　6 900

　　　　　贷：银行存款　　　　　　　　　　　　　　　　　　　6 900

　　⑨ 以现金预借采购人员差旅费 2 000 元。原编记账凭证的会计分录如下：

　　　借：其他应付款　　　　　　　　　　　　　　　　　　　2 000

　　　　　贷：库存现金　　　　　　　　　　　　　　　　　　　2 000

【实训要求】

将上列各项经济业务的错误记录，分别以适当的更正错账方法予以更正。

第9章 财产清查

学习目标

- 了解财产清查的意义及分类。
- 了解财产清查的一般程序和内容。
- 理解并掌握财产清查的方法，存货盘存制度（实地盘存制和永续盘存制）的含义、优缺点以及财产清查结果的账务处理方法。

关键概念

财产清查　永续盘存制　实地盘存制　结果　会计处理

案例导入

赵彝从财专毕业后，于2016年3月和A股份公司签约，进本公司的财务处做一名会计。该公司的主营业务是制造并销售家用电器，正好到月底该公司进行财产清查，财务主管让赵彝负责应收、应付账项和银行存款的清查盘点工作。赵彝刚到企业，工作非常积极认真，经允许他先把总账和明细账拿出来，一笔一笔地对了"应收账款"、"应付账款"的总账和明细账并没有发现错误，他松了一口气。接着他又打电话到开户银行询问了本企业的存款余额，发现银行存款余额和"银行存款"总分类账和"银行存款"日记账的数额不符。他又对每笔银行存款仔细检查并没有发现差错，又了解到银行方面也没有出差错，这是怎么回事？他一时被眼前的问题所困惑。

思考：

1）赵彝对应收、应付账项的清查盘点方法对吗？正确的方法是什么？

2）帮赵彝解决他所遇到的困难。

9.1 财产清查概述

9.1.1 财产清查的含义

财产清查也叫财产检查，就是对各项财产进行盘点、核对和查询，确定财产物资、货币资金和债权债务的实存数，查明账存数与实存数是否相符的一种会计核算的专门方法。这种方法对于正确组织会计核算和改善经营管理，提高管理水平，具有重要意义。

任何单位对日常发生的每一项经济业务，都必须根据原始凭证填制记账凭证，并经审核无误后登记入账，以保证账簿记录的真实性和正确性，为经营管理提供正确的会计信息。但在实际工作中，由于一些主观原因和客观原因，使得账簿记录的结存数与实际结存数之间不相一致，但账簿记录的正确性并不能保证核算资料的客观真实性。因为在实际工作中，除了记账的错误外，还有以下原因可能造成账实不符。

1）财产物资在保管过程中，会发生自然损耗。

2）因非常事故，如水灾、火灾、风灾等造成的非常损失。

3）在财产管理工作中，由于收发手续不严、计量检验不准确等，发生错收、错付或在账簿中漏记、重记和错记等情况。

4）由于管理人员失职造成的财产破损、变质、短缺或对会计资料的人为调整。

5）由于不法分子营私舞弊、贪污盗窃及有关人员作弊所造成的财产损失。另外，还有一种不易引起人们注意的情况，就是由于企业经营管理不善和企业外部环境的变化，尤其是市场供求变化，会造成某些产品物资虽然账实数量相符，但其实际价值已经发生了变化，如积压、变质、滞销产品等，由于它们没有及时进入流通和消费，其价值有的可能已低于其账面成本价值。还有些债权、债务长期没有解决成为呆账甚至坏账。这些情况给企业造成的损失，简单地从账面和数量上不易发现，与前几种原因造成的账实不符情况相比，只是价值上的不符，不发生数量的增减，一般称为隐性的账实不符。

小提示　　造成账实不符的原因除了有非常事故，账簿中漏记、重记和错记，管理人员失职，不法分子营私舞弊、贪污盗窃等原因外，还有一个原因就是财产物资的自然损耗。账实不符的原因不同，财产清查的结果也不同。

总之，无论哪一种情况所造成的账实不符，都要通过财产清查发现问题，并进行调整，所以财产清查对于保护企业财产的安全、完整是十分必要的。财产清查的意义如下：

1）可以保证会计核算资料的真实性。通过财产清查，可以确定各项财产的实存数，查明财产实存数与账存数是否相符，以及发生盘盈、盘亏的原因和责任，及时调整账面数字，做到账实相符，进一步加强财产物资的管理，确保会计核算资料的真实性。

2）可以保护财产的安全和完整。通过财产清查，可以查明企业单位的财产物资是否完整，有无缺损、霉变现象，以便改进工作，建立和健全财产管理和核算制度，确实保证财产的安全和完整。

3）可以挖掘财产物资潜力，提高物资使用效率，加速资金周转。通过财产清查，可以查明各项财产物资的储备和利用情况，对储备不足的，应予以补充，确保生产经营所需，对超储、积压、呆滞的财产物资，应及时处理，防止盲目采购和不合理储备，充分挖掘财产物资的潜力，提高资金使用效果，加速资金周转，最终提高经济效益。

4）可以保证财经纪律和结算制度的执行。通过对财产物资、货币资金及往来款项的清查，可以查明有关业务人员是否遵守财经纪律和结算制度，有无贪污盗窃、挪用公款的情况；查明各项资金使用是否合理，是否符合国家规定的各项方针政策和法规，以及企业制定的各项管理制度；及时清理债权、债务，避免发生坏账损失。

9.1.2 财产清查的种类

1. 按照清查的对象和范围分类

财产清查按其清查的对象和范围的不同，可以分为全面清查和局部清查。

（1）全面清查

全面清查，就是对所有的财产进行全面的盘点和核对。其清查的对象主要有：

1）所有的固定资产、在建工程、材料、在产品、产成品和其他物资。

2）现金、银行存款、有价证券、银行借款。

3）长期投资、实收资本、预算缴拨款、其他债权债务。

4）在途材料、商品和物资。

5）委托加工物资、寄销品等。全面清查范围广、工作量大，一般说来，在以下情况下需要进行全面清查：①年终结算之前；②单位撤销、合并或改变隶属关系时；③按照国家规定和部署进行清产核资时等。

（2）局部清查

局部清查，也称重点清查，是指根据需要对一部分财产所进行的清查。

1）对于流动性较大的物资，如材料、在产品、产成品等，除了年度清查外，年内还要轮流盘点或重点抽查。

2）对于各种贵重物资，每月都应清查盘点一次。

3）对于现金，应由出纳人员当日清点。

4）对于银行存款和银行借款，每月至少要同银行核对一次。

5）对于债权债务，每年至少要核对一至两次。

2. 按其清查时间分类

财产清查按其清查时间的不同，分为定期清查和不定期清查。

（1）定期清查

定期清查，就是按预先计划安排的时间对财产进行的清查。一般是在年度、季度或月度终了后进行。定期清查的对象和范围，应视具体情况而定，可以是全面清查，也可以是局部清查。

（2）不定期清查

不定期清查，也称临时清查，就是事先并无规定清查时间，而是根据实际需要所进行的临时性清查。一般是在更换财产物资保管人员，要对有关人员保管的财产物资、货币资金等进行清查，以分清经济责任；企业撤销或合并时，要确认资产的现有价值，需要进行清查；发生非常灾害和意外损失时，要对受灾损失的有关财产进行清查，确认损失情况；国家有关部门对本单位进行会计检查时，应按检查的要求和范围进行清查，以验证会计资料的真实性和准确性等。不定期清查的对象和范围，也应视具体情况而定，可以是全面清查，也可以是局部清查。

　　小测验　财产清查可以挖掘财产物资的潜力，提高物资的使用效率，加速资金周转，最终提高（　　）。

9.2　财产的盘存制度

　　财产的盘存制度，是确定财产物资账面结存数的一种方法。按确定账面结存数方法的不同分为永续盘存制和实地盘存制。

9.2.1　永续盘存制

　　永续盘存制也叫账面盘存制，是通过设置财产明细账，逐笔或逐日登记增加数和减少数，并能随时计算出结存数的一种方法。采用这种方法，财产明细账按每一种品名、规格等设置，在明细账中都要根据会计凭证连续登记收、发、存数量，有时还要登记金额。本制度依据的计算公式为

$$期初结存数＋本期增加数－本期减少数＝期末结存数$$

　　永续盘存制的主要优点：能从账簿资料中及时反映企业各项财产物资的结存数，为及时掌握企业财产物资增减变动及结存情况提供可靠依据，便于加强对企业财产物资的管理。此外，明细账上的结存数，还可以随时与预定的最高和最低库存限额进行对比分析，取得库存积压或不足的资料，以便及时组织财产物资的购销或处理工作，加速资金的周转。

　　永续盘存制的缺点：财产物资的明细分类核算工作量较大；尽管能在账簿中及时反映财产物资的结存数，但也会发生因管理不善等原因造成的账实不符现象。因此，采用永续盘存制确定账面结存数的单位，必须对各项财产物资进行清查盘点，以查明账实是否相符，以及账实不符的原因。

9.2.2　实地盘存制

　　实地盘存制是在期末通过盘点实物，来确定财产物资的数量，并据以计算出减少数量的一种方法。在商品流通企业又称"以存计销制"，在工业企业又称"以存计耗制"。采用这种方法，平时只在账簿中登记财产物资的增加数，不登记其减少数，到月末，根据实地盘点的数量，来确定账面结存数，倒挤出本月财产物资减少数。本制度依据的计算公式为

$$期初结存数＋本期增加数－期末结存数＝本期减少数$$

　　采用这种盘存制度，对财产物资清查盘点的目的是利用盘点结果，确定账面结存数。这种盘存制度的优点是，不需每天记录财产的减少数，存货账户可以按大类或全部

商品设置,核算工作比较简单。其主要缺点是,不能随时反映财产的销售和结存成本;收发物资的相关手续不严密,极容易将贪污盗窃、管理不善等原因造成的财产物资缺损数计入成本费用中,难以通过会计记录来加强财产物资的管理控制,影响成本费用计算的准确性。

永续盘存制和实地盘存制比较,在控制和保护财产物资安全方面有明显的优越性。所以在实际工作中,多数企业都采用永续盘存制。在商品流通企业,实地盘存制一般只适用于那些价值低、品种杂、交易频繁的商品和一些损耗大、数量不稳定的鲜活商品;在工业企业,实地盘存制只适用于一些廉价的大堆材料。

小提示 永续盘存制提供的清查结果比较准确,但是前提条件是收发计量、账簿记录不能有误。实地盘存制提供数据比较粗略,但是这种方法比较简单,易于操作。所以这两种盘存方法各有利弊,各有各的使用范围。

小测验 1. "期初结存数+本期增加数-期末结存数=本期减少数"这个公式适合于财产物资的( )盘存制,而"期初结存数+本期增加数-本期减少数=期末结存数"适合于财产物资的( )盘存制。

2. 施工企业施工现场的大堆沙子最适合( )盘存制,施工企业储存在仓库里的钢材最适合( )盘存制。

9.3 财产清查的内容和方法

9.3.1 财产清查前的准备工作

财产清查是一项复杂细致的工作,涉及面广、政策性强、工作量大。因此,在进行财产清查之前,必须有领导、有组织、有步骤地认真做好各方面的准备工作。主要从组织方面和业务方面做好如下准备工作:

1. 组织准备

首先,应在本单位资产负责人的领导下,组织财产清查的专门班子(如财产清查领导小组),具体负责清查的组织和领导工作。其主要任务如下:

1)制订财产清查的详细计划。例如,确定清查的对象和范围,安排清查工作的进度,配备清查人员,明确清查任务。

2)在清查过程中,做好具体组织、检查和督促工作,及时研究和处理清查中出现的问题。

3)在清查结束后,应将清查的结果及其处理的意见和建议,书面报告上级和有关部门审批处理。

2. 业务准备

为了做好财产清查工作，各业务部门，特别是会计部门和会计人员，应主动配合，积极做好如下几个方面的准备工作：

1）会计部门和会计人员，应在进行财产清查之前，将有关账目登记完整，结出余额，核对清楚，计算正确，为财产清查提供正确可靠的依据。

2）财产物资部门和保管人员，应将截至清查日止的经济业务，办理好凭证手续，全部登记入账，并结出余额。对所保管的各种财产物资，应整理、排列清楚，挂上标签，在标签上标明品种、规格和结存数量，以便盘点查对。

3）准备好各种必要的计量器具和有关清查的登记表册。

4）银行存款和银行借款及结算款项的清查，还必须取得对方的对账单。

9.3.2　财产清查的方法

财产清查的方法，主要有实地盘点法、技术推算盘点法和核对账目法三种。实地盘点法，是具体通过逐一清点或用计量器来确定清查物资实存数量的一种财产清查方法。这种方法适用范围较广，适用于对大多数财产物资的清查。技术推算盘点法，就是通过技术测算方法，推算出财产物资实存数量的一种财产清查方法。对于那些大量成堆，难以逐一清点的财产物资，一般都是采用这种方法。核对账目法，就是将本企业所记载的，同对方单位有关联的资产、负债、所有者权益，与对方单位进行逐一核对，确定该项资产、负债、所有者权益实有数量的一种财产清查方法。

1. 实物的清查

对这类财产的清查，可按其实物的特点，采用实地盘点法或技术推算盘点法，来确定其财产的实存数量。对于实物质量的检测方法，可根据不同的实物采用不同的方法。例如，有的物资可采用物理方法，有的物资可采用化学方法来检查实物的保管质量。

在财产清查过程中，为明确经济责任，在进行盘点时，实物保管人员必须在场，并参加盘点工作。对盘点的结果，应及时登记在盘存单上，并由盘点人员和实物保管人员签章。盘存单是记录实物盘点结果的书面证明文件，也是反映财产物资实有数的原始凭证。其格式如表9-1所示。

为了进一步查明盘点结果与账面结存数是否一致，确定盘盈盘亏情况，还要根据盘存单和有关账簿的记录，填制实存账存对比表。实存账存对比表是调整账簿记录的重要原始依据，也是分析产生差异原因，明确经济责任的依据。其一般格式如表9-2所示。

表9-1 盘存单

单位名称： 编号：

财产类别： 盘点时间： 年 月 日 存放地点：

编号	名称	计量单位	数量	单价	金额	备注

盘点人签章： 实物保管人签章：

表9-2 存账存对比表

单位名称： 年 月 日

编号	类别及名称	计量单位	单价	实存		账存		对比结果				备注
								盘盈		盘亏		
				数量	金额	数量	金额	数量	金额	数量	金额	

主管人员： 会计： 制表：

2. 库存现金和有价证券的清查

清查库存现金是通过实地盘点进行的，由于现金的收支业务十分频繁，容易出现差错，因此出纳人员应当经常进行现金盘点并与现金账的现有余额核对。清查前，出纳员应将现金收、付凭证全部登记入账。清查时出纳员要在场，现钞应逐张查点。一切借条、收据不准抵冲现金，并查明库存现金是否超过限额，有无坐支现金等问题，然后将清查结果编制库存现金盘点报告表。其格式如表9-3所示。

表 9-3　库存现金盘点报告表

单位名称：　　　　　　　　　　　　　　年　　月　　日

实存金额	账存金额	对比结果		备注
		盘盈	盘亏	

盘点人签章：　　　　　　　　　　　　　　　　　　出纳员签章：

有价证券主要包括国库券、其他金融债券、公司债券、股票等，其清查方法和现金相同。

3. 银行存款的清查

银行存款的清查与实物、现金的清查方法不同，它是采取与开户银行核对账目的方法进行的，即将单位登记的银行存款日记账与银行送来的对账单逐笔核对收付金额和同一日期的余额。通过核对，往往发现双方账目不会一致，其主要原因：一是正常的未达账项，即一方已经入账，另一方由于凭证传递时间影响没有入账的款项；二是一方或双方账目发生记账错误。

在同银行对账单核对账目之前，先检查本单位银行存款日记账，力求正确与完整，然后与银行送来的对账单逐笔核对。如果发现错账、漏账，应及时查明更正。对于未达账项，则应于查明后编制银行存款余额调节表，以检查双方的账目是否相符。企业与银行之间的未达账项，主要有以下四种情况：

1）企业已记收，作为企业银行存款的增加，但银行尚未记收。例如，企业在银行打出对账单之日，收到银行返回的进账单或收账通知等。

2）企业已记付，作为企业银行存款的减少，但银行尚未记付。例如，企业在银行打出对账单日之前，开出银行支票或其他付款凭证，而持票人尚未到银行办理划转手续。

3）银行已记收，记作企业在银行存款的增加，但企业尚未记收。例如，银行直接代收的款项，银行已记为企业存款的增加，企业在收到对账单之日，尚未收到收账通知。

4）银行已记付，记作企业在银行存款的减少，但企业尚未记付。例如，银行直接代付的款项，银行已记为企业存款的减少，企业在收到对账单之日，尚未收到付款通知。

上述任何一种情况的发生，都会使企业和银行的账簿记录出现未达账项，从而使双方的账面余额不一致。除此之外，企业与相关各方的经济往来业务，有时也会出现未达账项。如果发现有未达账项，应据以编制银行存款余额调节表，以便检验双方的账面余额是否一致。

下面举例说明编制银行余额调节表的方法。

【例 9-1】某企业 2016 年 10 月 31 日银行存款余额为 50 000 元，银行对账单当日余额为 45 000 元，经逐笔核对，查明有以下几笔未达账项：

1）企业于 10 月 31 日收到其他单位送来的转账支票 3 800 元，同日收到银行返还的进账单回单，银行尚未入账。

2）企业于 10 月 30 日开出转账支票一张，金额 1 800 元，持票人尚未到银行办理转账，银行尚未入账。

3）企业委托银行代收销货款 8 000 元，银行已经收到入账，但企业尚未收到收账通知，没有入账。

4）企业委托银行代付电话费 11 000 元，但企业尚未收到付款通知，没有入账。根据以上资料，编制银行存款余额调节表。其基本格式如表 9-4 所示。

表 9-4　银行存款余额调节表

2016 年 10 月 31 日　　　　　　　　　　　　　　　　　　　　　　单位：元

项目	金额	项目	金额
企业银行存款的账面余额	50 000	银行对账单的存款余额	45 000
加：银行已记增加，企业未记增加的账项	8 000	加：企业已记增加，银行未记增加的账项	3 800
减：银行已记减少，企业未记减少的账项	11 000	减：企业已记减少，银行未记减少的账项	1 800
调节后的存款余额	47 000	调节后的存款余额	47 000

上表系将双方账面余额，各自补记对方已入账而本单位尚未入账的金额（包括增加金额和减少金额），然后验证经过调节以后的账面余额是否相等。如果相等，表明双方所记账目相符；否则，说明记账有错误，应及时查明原因予以更正。

对双方账面余额也可以用另一种方法进行调节，即将本单位已入账而对方尚未入账的金额（包括增加金额和减少金额），从本单位账面余额中冲销，然后验证经过调节以后的账面余额是否相等，如就上例资料计算，企业调节后的账面余额为 48 000 元（50 000＋1 800－3 800），银行对账单调节后的账面余额亦为 48 000 元（45 000＋11 000－8 000）。调节方法不同，所得结果一致。

调节银行存款余额的方法，最常用的是第一种方法，此种方法调节的银行存款余额，是企业在银行存款的实有数额。需要指出的是，调节账面余额并不是更改账簿记录，对于银行已经入账而本单位尚未入账的未达账项不作账务处理，等接到正式的银行结算凭证，再按有关规定进行账务处理。但对于长期悬置的未达账项，应及时查阅凭证、账簿及有关资料，查明原因，必要时应与银行联系，查明情况，及时解决悬账问题。由于企业与银行之间的往来款项很多，又涉及与其他单位或个人的货币结算关系，所以必须及时做好银行往来账项的核对工作。此外，为防止透支，企业也不能根据调节后的银行存款余额，开具银行存款付款凭证，只能根据银行对账单余额，作为企业可以支配的最高限额。

4. 往来款项的清查

各种往来款项的清查，也采用与对方单位核对账目的方法。清查时，应在检查本单位各项往来款项账目正确性和完整性的基础上，根据有关明细分类账的记录，按户编制对账单，送交对方单位进行核对。对账单一般一式两联，其中一联作为回单。如果对方单位核对相符，应在回单上盖章后退回；如果数字不符，则应将不符的情况在回单上注明，或另抄对账单退回，以便进一步清查。在核对过程中，如果发现未达账项，双方都应采用调节账面余额的办法，来核对往来款项是否相符。在结算往来款项的清查过程中，应注意查明有无双方发生争议的款项、没有收回希望的款项及无法支付的款项，以便及时采取措施进行处理，避免或减少坏账损失。企业根据收回的对账单回单，区别不同情况，填制往来账项清查表。其格式如表 9-5 所示。

表 9-5　往来账项清查表

总分类账户名称：　　　　　　　　　年　　月　　日

明细分类账户		清查结果		核对不符原因分析		
名称	账面余额	核对相符金额	核对不符金额	未达账项金额	有争议款项金额	其他

财务负责人：　　　　　　　　　审核：　　　　　　　　　制表：

小提示　　实物、库存现金、有价证券等一般采用实地盘点法进行清查，银行存款、往来款项采用对账的方法进行清查。

小测验　　银行存款的清查与实物、现金的清查方法不同，它是采取与开户银行核对账目的方法进行的，即将单位登记的（　　　）与银行送来的（　　　）逐笔核对收付金额和同一日期的余额；应收账款也采用与对方单位核对账目的方法。清查时，应在检查本单位各项应收账款正确性和完整性的基础上，根据有关明细分类账的记录，按（　　　），送交（　　　）进行核对。

9.4　财产清查结果的会计处理

9.4.1　财产清查结果处理的原则与步骤

财产清查的结果，必须以国家有关的政策、法令和制度为依据，严肃认真地予以处理。为此，应切实做好以下几个方面的工作。

1. 认真分析差异的性质和差异产生的原因，按规定程序报批

对于通过财产清查所确定的实存数量与账存数量之间的差异和质量上的问题，如财产物资的盘盈、盘亏、毁坏和其他多种损失，应核准数字，调查分析发生差异的原因，明确经济责任，据实提出处理意见，并按规定的程序，呈报有关领导部门审批处理对于定额以内的或是自然原因引起的盘盈、盘亏，应当按规定办理手续，及时转账。

2. 积极处理积压呆滞物资，认真清理长期不清的债权债务

对于财产清查中所发现的积压、呆滞物资及长期不清或有争议的债权、债务，应查明原因，应当按照国家法令及合同、协议，报请有关领导，及时组织清理，或提请有关部门仲裁。

3. 认真总结经验教训，提出改进工作的具体措施，建立健全财产管理制度

对于那些由于保管人员失职所引起的财产盘亏和损失，必须查清失职的情节和原因，按规定的程序，报请有关领导进行处理；对于贪污盗窃引起的财产损失，应当会同有关部门或报送有关单位处理；对于那些由于自然灾害等引起的财产非常损失，如属已经向保险公司投保财产保险的，还应向保险公司索取赔偿。清查中暴露出来的有关经济管理和会计核算上存在的问题，应协助有关部门，认真总结经验教训，并提出改进工作的具体措施，以进一步加强财务管理，做好会计核算工作，提高经营管理水平。

4. 调整账簿记录，使账实相符

对于上述各项差异及对差异的处理结果，都应当及时进行账务处理，主要是调整账簿记录、保证账实相符。国有企业所拥有的各项财产，主要是国家对企业的投资。企业必须对国家负有完全的经济责任。对于因种种原因而发生的财产盘盈、盘亏和损失，企业均无权擅自处理，必须在查明原因并按规定的程序报经有关领导部门审批后，才能加以处理。因此，在会计上对各项差异的具体处理，应分两步进行：

1）在审批之前，根据已经查明属实的财产盘盈、盘亏和损失的数字，编成记账凭证，据以登记有关账簿，使各项财产的账存数和实存数取得一致。

2）按照差异发生的原因和批准处理的意见，再根据有关批文，编制记账凭证，记录有关账簿。

9.4.2 财产清查结果的具体会计处理

为了反映和监督企业在财产清查中财产物资的盘盈、盘亏和毁损情况，应当设置和运用"待处理财产损益"账户。

"待处理财产损益"账户，用来核算在财产清查中所发现的除固定资产以外的各项财产物资的盘盈、盘亏及其处理情况。该账户的贷方登记待处理财产物资的盘盈数，及

经批准后的财产物资盘亏、毁损的转销数；借方登记待处理财产物资的盘亏和毁损数，及经批准后的财产物资盘盈的转销数。贷方余额表示尚待批准的财产物资净盘盈数。借方余额表示尚待批准处理的财产物资净盘亏和毁损数。盘盈的固定资产在"以前年度损益调整"账户核算。"待处理财产损益"账户可按盘盈、盘亏的资产种类和项目进行明细核算。

> 小提示　　固定资产盘盈不通过"待处理财产损益"账户进行账务处理，而是作为前期会计差错，通过"以前年度损益调整"账户进行账务处理。

下面举例说明财产清查结果的账务处理方法。

1. 财产物资盘盈的账务处理

【例 9-2】某企业在财产清查中，盘盈账外机器一台，估计重置价值 30 000 元。

根据新的《企业会计准则第 28 号——会计政策、会计估计变更和差错更正》，企业财产清查中盘盈的固定资产，作为前期差错处理。按实存账存对比表所确定的固定资产盘盈数，编制如下会计分录：

借：固定资产　　　　　　　　　　　　　　　　　　　　　　30 000
　　贷：以前年度调整　　　　　　　　　　　　　　　　　　　　　30 000

确定应交纳的所得税时：

借：以前年度损益调整　　　　　　　　　　　　　　　　　　　9 900
　　贷：应交税费——应交所得税　　　　　　　　　　　　　　　　9 900

结转为留存收益时：

借：以前年度损益调整　　　　　　　　　　　　　　　　　　　20 100
　　贷：盈余公积——法定盈余公积　　　　　　　　　　　　　　　2 010
　　　　利润分配——未分配利润　　　　　　　　　　　　　　　18 090

【例 9-3】某企业在财产清查中，发现盘盈材料 6 000 千克，价值 6 000 元。

在审批之前，根据实存账存对比表所确定的原材料盘盈数，编制如下会计分录：

借：原材料　　　　　　　　　　　　　　　　　　　　　　　6 000
　　贷：待处理财产损益——××材料　　　　　　　　　　　　　6 000

在审批之后，根据审批意见，编制会计分录：

借：待处理财产损益——××材料　　　　　　　　　　　　　　6 000
　　贷：管理费用　　　　　　　　　　　　　　　　　　　　　　6 000

2. 财产物资盘亏的账务处理

【例 9-4】某企业在财产清查中，发现短缺机器一台，其原始价值 100 000 元，已提折旧 20 000 元。

在审批之前，应根据实存账存对比表所确定的固定资产盘亏数，编制如下会计分录：

借：待处理财产损益——固定资产 80 000

  累计折旧 20 000

 贷：固定资产 100 000

在审批之后，根据审批意见，编制会计分录：

借：营业外支出——盘亏损失 80 000

 贷：待处理财产损益——固定资产 80 000

【例9-5】某企业在财产清查中，发现盘亏材料5 000千克，价值5 000元。在审批之前，根据实存账存对比表所确定的原材料盘亏数，编制如下会计分录：

借：待处理财产损益——××材料 5 000

 贷：原材料 5 000

在审批之后，根据审批意见，属于定额范围内的自然损耗1 000元，计入管理费用；属于管理人员过失造成的损失1 000元，应由过失人赔偿；属于自然灾害造成的损失3 000元，计入营业外支出。

借：管理费用 1 000

  其他应收款 1 000

  营业外支出 3 000

 贷：待处理财产损益——××材料 5 000

3. 清理债权、债务的账务处理

【例9-6】某企业在财产清查中，查明应收某单位的货款5 000元，因其单位撤销，确实无法收回。经有关部门批准，作为坏账处理。

根据上述资料，编制如下会计分录：

借：资产减值损失 5 000

 贷：坏账准备——某单位 5 000

【例9-7】某企业在财产清查中，查明应付某单位的货款3 000元，因其单位撤销，确实无法支付。经有关部门批准，作为营业外收入。

根据上述资料，编制如下会计分录：

借：应付账款——某单位 3 000

 贷：营业外收入 3 000

小测验 "待处理财产损益"账户，用来核算在财产清查中所发现的除固定资产以外的各项财产物资的盘盈、盘亏及其处理情况。盘盈的固定资产在（ ）账户核算。

小 结

财产清查是指通过对货币资金、各项财产物资、债权、债务、票据等进行盘点和核对，查明其实有数与有关账簿记录是否相符，并查明账实不符的原因的一种会计核算的专门方法。通过财产清查并根据清查结果对账面记录进行调整，可保证账簿记录的真实性和正确性，同时也有利于各种财产物资管理制度的建立、健全和贯彻落实，保证企业财产物资的安全完整。

财产清查可按不同的标准进行分类。如按照财产清查的对象和范围可分为全面清查和局部清查，按照财产清查的时间可分为定期清查和不定期清查。对财产清查按照不同的标准进行分类，有利于合理组织单位的财产清查工作。

财产清查涉及面广，工作量大，是一项极为复杂、细致的工作。因此，应认真组织，包括遵循合理的清查程序、采取有效的清查方法进行财产清查等。

企业的财产清查主要包括货币资金的清查、往来款项的清查和实物资产的清查三项内容。由于不同的清查对象各具特点，所以其清查的具体程序、方法和要求也有所不同。学习中应注意区分不同的清查对象，把握财产清查的具体程序和方法。

在存货的清查中，清查结果的用途取决于企业所采用的存货盘存制度。存货盘存制度有两种，即实地盘存制和永续盘存制。实地盘存制下，存货清查的结果用于确定期末结存存货的数量和成本，并倒挤出当期发出存货的数量和成本。永续盘存制下，进行财产清查的目的在于查明各项存货的账面记录与实存数是否相符。实地盘存制和永续盘存制各有优缺点。

在财产清查中，如发现账实不符的现象（即盘盈或盘亏），应按照盘盈或盘亏的金额，及时调整有关财产物资的账面记录，使账实相符。同时应查明账实不符的原因，并据此提出处理意见。在未查明原因或未经批准处理之前，财产物资的盘盈或盘亏，应通过"待处理财产损益"账户进行核算。待查明原因或经批准处理时，再对财产物资的盘盈或盘亏做出相应的处理。

思 考 题

1. 财产清查有何重要意义？
2. 财产清查是如何分类的？
3. 简述永续盘存制与实地盘存制各自的优缺点及适用条件。
4. 财产清查的方法有几种？各适用于什么情况？
5. 财产清查前需要进行哪些准备工作？
6. 如何进行现金的清查？
7. 如何进行银行存款的清查？
8. 如何进行往来款项的清查？
9. 对财产清查的结果如何处理？

案例导入分析

1）赵彝对应收、应付账项的清查不对。正确的方法应该是各种往来款项的清查，也采用与对方单位核对账目的方法。清查时，应在检查本单位各项往来款项账目正确性和完整性的基础上，根据有关明细分类账的记录，按户编制对账单，送交对方单位进行核对。对账单一般一式两联，其中一联作为回单。如果对方单位核对相符，应在回单上盖章后退回；如果数字不符，则应将不符的情况在回单上注明，或另抄对账单退回，以便进一步清查。在核对过程中，如果发现未达账项，双方都应采用调节账面余额的办法，来核对往来款项是否相符。在结算往来款项的清查过程中，应注意查明有无双方发生争议的款项、没有收回希望的款项以及无法支付的款项，以便及时采取措施进行处理，避免或减少坏账损失。

2）银行存款的清查与实物、现金的清查方法不同，它是采取与开户银行核对账目的方法进行的。即将单位登记的"银行存款日记账"与银行送来的对账单逐笔核对收付金额和同一日期的余额。通过核对，往往发现双方账目不会一致。其主要原因：一是正常的"未达账项"；二是一方或双方账目发生记账错误。本案例中已经说明双方的账都没有出错，就是"未达账项"造成的，编写一份银行存款调节表，调节未达账项就可以了。

实 训 题

实训 1

【实训目标】

通过实训练习，熟练掌握银行存款盘存清查结果的会计处理。

【实训资料】

某企业 2016 年 10 月 31 日银行存款的账面余额为 102 000 元，同日收到开户银行送来的对账单，其银行存款账面余额为 85 000 元。经逐笔核对，发现有以下几笔未达账项：

① 10 月 31 日，该企业委托银行收款 5 000 元，银行已入账，企业尚未入账。

② 10 月 30 日，银行代企业支付电话费 7 000 元，银行已入账，企业尚未入账。

③ 10 月 28 日，企业收到支票一张，金额 30 000 元，企业已入账，银行尚未入账。

④ 10 月 29 日，企业开出支票一张，金额 15 000 元，企业已入账，银行尚未入账。

【实训要求】

根据上述资料，编制银行存款余额调节表。

实训 2

【实训目标】

通过实训练习，熟练掌握固定资产和存货盘存清查结果的会计处理。

【实训资料】

某企业进行财产清查，在清查中发现下列事项：

① 盘亏一辆汽车，其原值为 120 000 元，已提折旧 20 000 元。

② 账外机器一台，重置价值为 20 000 元，估计折旧 2 000 元。

③ 钢材账面余额 5 000 000 元，实际盘点金额 5 001 000 元。

④ 产成品账面余额 8 000 000 元，实际盘点金额 7 950 000 元。经查短缺的 50 000 元，其中 2 000 元是计量不准确造成的，1 000 元属于保管员过失造成的，剩余的 47 000 元属于意外损失造成的。

【实训要求】

根据以上资料编制会计分录。

第10章 财务会计报告

CHAPTER 10

学习目标

- 掌握财务报告的基本体系。
- 认识报告体系所揭示的财务状况和经营成果。
- 掌握资产负债表和利润表的基本结构、主要内容和编制方法。

关键概念

财务报告 资产负债表 利润表

案例导入

你的邻居是一位杂货商，得知你正在学会计，向你寻求帮助，希望你对他的杂货店在年末经营状况及当年的经营业绩做出评价。他将表10-1所示信息提供给你。所提供的全部数据，或是以12月31日为终止日期的当年数据，或是业务发生当日的数据。

表10-1 杂货店经济业务数据统计

单位：元

有关会计事项	金额
支付给雇工的工资	3 744
年末存货价值	4 800
销售成本	70 440
自付薪水	15 600
销售收入	110 820
年末商店和土地的价值	600 000
年末货车的价值	4 800
钱柜里和银行中的现金	2 100
杂项费用（包括电费、电话费等）	10 500
年末欠供应商的款项	2 400

当年该地区的地产已经升值。但是，由于房屋经过一般修缮后又被损坏了，所以总的来说年末商店和土地的价值仍维持在一年前的相同水平上。另一方面，货车一年前价值6 000元，但是，现在经过一年的折旧，价值比以前减少了。

思考：

1) 评价该杂货商店一年来的经营业绩。

2) 计算分析该杂货商店年末的财务状况。

10.1　财务报告的目标与披露方式

10.1.1　财务报告的概念及目标

1. 财务报告的概念

（1）财务会计报告的定义

财务会计报告，是指企业对外提供的反映企业某一特定日期财务状况或某一会计期间经营成果、现金流量等会计信息的文件。它是会计核算的最终成果，是企业对外提供会计信息的主要途径。

（2）财务会计报告的种类

我国《企业财务会计报告条例》中规定：企业的财务会计报告分为年度、半年度、季度和月度财务会计报告。月度、季度财务会计报告是指月度和季度终了提供的财务会计报告；半年度财务会计报告是指在每个会计的前 6 个月结束后对外提供的财务会计报告；年度财务会计报告是指在终了对外提供的财务会计报告。其中将半年度、季度和月度财务会计报告统称为中期财务会计报告。

通常情况下，企业年度财务会计报告的会计期间是指公历每年的 1 月 1 日～12 月 31 日；半年度财务会计报告的会计期间是指公历每年的 1 月 1 日～6 月 30 日，或 7 月 1 日～12 月 31 日；季度财务会计报告的会计期间是指公历每一季度；月度财务会计报告的会计期间则是指公历每月 1 日至最后一日。

（3）财务会计报告的构成

《企业会计准则——基本准则》第四十四条规定：企业的财务会计报告由会计报表、会计报表附注和其他应当在财务会计报告中披露相关信息和资料组成。

1）会计报表。根据《企业会计准则——基本准则》的规定，企业对外提供的会计报表至少包括资产负债表、利润表、现金流量表、所有者权益（或股东权益）变动表。

2）会计报表附注。会计报表附注是对在资产负债表、利润表、现金流量表和所有者权益变动表等报表中列示项目的文字描述或明细资料，以及对未能在这些报表中列示项目的说明等。

> **小提示**　财务报告由会计报表、会计报表附注、其他补充资料组成。会计报告分年度会计报表、中期会计报告。对外报送的会计报表至少包括资产负债表、利润表、现金流量表和所有者权益表动表。

2. 财务报告的目标

财务报告的目标是向企业内部和外部信息使用者提供会计信息。会计信息的使用者，主要包括企业管理当局、投资者、债权人、职工、政府部门等。这些使用者出于不同的目的，对会计信息的关注点有所不同。

（1）有助于投资者、债权人等财务信息使用者了解企业的财务状况和经营成果

投资人和债权人不直接参与企业管理，不能直接获取所需的信息。对投资者来讲，只有通过财务报告提供的财务信息才能进行正确投资决策，从而保护自己的合法权益。对于债权人而言，通过财务报告可以了解企业的偿债能力，从而做出正确的信用额度决策。

（2）有助于企业加强内部管理，提高经济效益

企业内部管理层通过财务报告，可以全面、系统、总括地了解企业的财务状况和经营成果的变化，检查分析财务计划和有关政策的执行情况，以便及时发现经营中存在的问题，并有针对性地采取措施，促进生产经营管理的加强和改善。财务报告还可为企业管理层进行预测、决策和编制财务计划提供重要的参考资料。

（3）有助于国家经济管理部门进行宏观调控和管理

企业主管部门或企业集团层层汇总财务报告，可以向国家经济管理部门提供必要的经济管理数据，为国家经济管理部门进行宏观调控和管理决策提供必要支持。

此外，财务报告还向税务部门、社会中介机构等提供必要的财务信息。

10.1.2　财务报告的披露方式

1）企业应当依照法律、行政法规和国家统一的会计制度、会计准则。如根据会计准则中所规定的财务报告提供期限的规定，及时对外提供财务会计报告、根据会计可靠性原则，对外提供的财务会计报告反映的会计信息应当真实、完整等。

2）企业对外提供的财务会计报告应当依此编定页数，加具封面，装订成册，加盖公章。封面上应当注明：企业名称、企业统一代码、组织形式、地址、报表所属年度或者月份、报出日期，并由企业负责人和主管会计工作的负责人、会计机构负责人（会计主管人员）签名并盖章；设置总会计师的企业，还应当由总会计师签名并盖章。

3）企业应当依照企业章程的规定，向投资者提供财务会计报告。国务院派出监事会的国有大型企业、国有重点金融机构和省、自治区、直辖市人民政府派出监事会的国有企业，应当依法定期向监事会提供财务会计报告。

4）企业依照本条例规定向有关各方提供的财务会计报告，其编制基础、编制依据、编制原则和方法应当一致，不得提供编制基础、编制依据、编制原则和方法不同的财务会计报告。

5）财务会计报告必须经注册会计师审计的，企业界应当将注册会计师及其会计师事务所出具的审计报告随同财务会计报告一并对外提供。

🎗小测验　1. 企业年度财务报告的会计期间是指公历每年（　　　）；半年度财务会计报告的会计期间是指公历每年的（　　　），或（　　　）；季度财务会计报告的会计期间是指公历每（　　　）；月度财务会计报告的会计期间则是指公历每月（　　　）。

　　2. 会计报告的目标是（　　　）。

10.2　会　计　报　表

10.2.1　会计报表的种类和编制要求

1. 会计报表的种类

会计报表可以根据需要，按照不同的标准进行分类。

（1）按照会计报表所反映的经济内容

按照会计报表所反映的经济内容不同，可分为反映财务状况的报表、反映经营成果的报表和反映现金流量的报表。反映财务状况的报表主要包括资产负债表和所有者权益变动表。资产负债表是反映企业在某一特定日期财务状况的报表，属于静态报表，主要提供有关企业财务状况方面的信息。所有者权益（或股东权益）变动表是反映企业年末所有者权益（或股东权益）增减变动情况的报表。

反映经营成果的报表主要是利润表及利润分配表。利润表是反映企业在一定会计期间经营成果的报表，属于动态报表，主要提供有关企业经营成果方面的信息。利润分配表是反映企业利润分配及未分配利润情况的报表。

反映现金流量的报表主要是指现金流量表。现金流量表，是反映企业一定会计期间现金和现金等价物流入和流出情况的报表，属于动态报表。企业编制现金流量表的主要目的，是为会计报表使用者提供企业一定会计期间内现金和现金等价物流入和流出的信息，以便于会计报表者了解和评价企业获取现金和现金等价物的能力，并据以预测企业未来现金流量。

（2）按照会计报表编制的用途

按照会计报表编制的用途不同，可分为对外会计报表和对内会计报表。

对外会计报表是为了满足投资人、债权人等会计报表使用者的需要，包括资产负债表、利润表、现金流量表和所有者权益变动表等，其种类、具体格式和编制方法均由财政部统一制定。

对内部会计报表是为了满足企业经营管理和财务管理的需要，主要包括期间费用明细表、产品成本明细表等，其种类、格式和编制要求可根据内部管理需要而自行确定、设计。

（3）按照会计报表编制的时间

按照会计报表编制的时间不同，可分为年报、季报和月报。年报即年度会计报表，亦称年度决算报表。季报即季度会计报表。月报即月度会计报表。其中编报期间短于一个年度的会计报表统称为中期报表。

（4）按照会计报表编制的会计主体

按照会计报表编制的会计主体不同可分为个别会计报表和合并会计报表。

个别会计报表是由独立的会计主体编制的，反映会计主体本身的财务信息。所有企业都有编制个别会计报表反映其财务状况和经营成果的义务。

合并会计报表是以母公司和子公司组成的企业集团为一个会计主体，以母公司和子公司编制的个别会计报表为基础，由母公司编制的综合反映企业集团的财务状况、经营成果和现金流量的会计报表。

（5）按照会计报表编制单位

按照会计报表编制单位不同，可分为单位会计报表和汇总会计报表。

单位会计报表是指企业在自身会计核算的基础上，对账簿记录进行加工而编制的会计报表，以反映企业本身的财务信息。

汇总会计报表是由上级主管单位或上级机关将其所属各基层经济单位的会计报表，与其自身的会计报表汇总编制的会计报表，以反映一个部门或一个地区的经济情况。

2. 会计报表的编制要求

（1）会计报表的质量要求

会计核算应当以实际发生的交易或事项为依据，如实反映企业的财务状况、经营成果和现金流量。这是对会计工作的基本要求，如果会计信息不能真实反映企业的实际情况，会计工作就失去了存在的意义，甚至会误导会计信息使用者，导致经济决策的失误。

企业应当按照会计准则的要求，编制和对外提供真实、准确、完整的会计报表。

会计报表的真实性，是指会计报表要真实地反映经济业务的实际发生情况，不能人为地扭曲，以使会计报表使用者通过企业会计报表了解有关单位实际的财务状况、经营成果和现金流量。会计报表的完整性，是指提供的会计报表要符合规定的格式和内容，不得漏报或任意取舍，以使会计报表使用者全面地了解有关单位的整体情况。

（2）会计报表的时间要求

会计信息的价值在于帮助所有者或其他方面做出经济决策，如果不能及时提供会计信息，经济环境发生了变化，时过境迁，这些信息也就失去了应有的价值，无助于经济决策。所以，企业的会计核算应当及时进行，不得提前或延后。

企业应当依照有关法律、行政法规规定的结账日进行结账。年度结账日为公历年度每年的 12 月 31 日；半年度、季度、月度结账日分别为公历年度每半年、每季、每月的最后一天。并且要求：月度会计报表应当于月度终了后 6 天内（节假日顺延，下同）对外提供；季度会计报表应当于季度终了后 15 天内对外提供；半年度会计报表应当于年度中期结束后 60 天内（相当于两个连续的月份）对外提供；年度会计报表应当于年度终了后 4 个月内对外提供。

（3）会计报表的形式要求

企业对外提供的会计报表应当依次编定页数，加具封面，装订成册，加盖公章。封面上应当注明企业名称、企业统一代码、组织形式、地址、报表所属年度或者月份、报出日期，并由企业负责人和主管会计工作的负责人、会计机构负责人（会计主管人员）签名并盖章；设置总会计师的企业，还应当由总会计师签名并盖章。

（4）会计报表的编制要求

在编制会计报表过程中，应遵守下列编制的要求：

1）企业在编制年度会计报表前，应当全面清查资产、核实债务，包括结算款项、存货、投资、固定资产、在建工程等。在年度中间，应根据具体情况对各项财产物资和结算款项进行重点抽查、轮流清查或者定期清查。企业清查、核实后，应当将清查、核实的结果及进行相应的会计处理。

企业在编制会计报表前，除应当全面清查资产、核实债务外，还要做好结账和对账工作，并检查会计核算中可能存在的各种需要调整的情况。

2）企业在编制会计报表时，应当按照国家统一会计制度规定的会计报表格式和内容，根据登记完整、核对无误的会计账簿记录和其他有关资料编制会计报表，做到内容完整、数字真实、计算准确，不得漏报或者任意取舍。会计报表之间、会计报表各项目之间，凡有对应关系的数字，应当相互一致；会计报表中本期与上期的有关数字应当相互衔接。

10.2.2　资产负债表

1. 资产负债表的内容与格式

资产负债表属于静态报表，是反映企业在某一特定日期财务状况的报表，主要提供有关企业财务状况方面的信息。通过资产负债表，可以提供企业在某一特定日期资产的总额及其结构，表明企业拥有或控制的资源及其分布情况；可以提供企业在某一特定日期的负债总额及其结构，表明企业未来需要用多少资产或劳务清偿债务及清偿时间；可以反映企业所有者在某一特定日期所拥有的权益，据以判断资本保值、增值的情况及对负债的保障程度。

资产负债表一般有表首、正表两部分。其中，表首概括地说明报表名称、编制单位、编制日期、报表编号、货币名称、计量单位等；正表则列示了用以说明企业财务状况的各个项目。正表一般有两种格式：报告式资产负债表和账户式资产负债表。在我国，资产负债表采用账户式，资产负债表左右双方平衡，即资产总计等于负债和所有者权益总计。

在资产负债表中，资产按照其流动性分类分项列示，包括流动资产和非流动资产；负债按照其流动性分类分项列示，包括流动负债和非流动负债等；所有者权益按照实收资本（股本）、资本公积、盈余公积、未分配利润等项目分项列示。资产负债表的基本格式和内容，如表10-2所示。

2. 资产负债表的编制方法

《企业财务会计报告条例》规定：年度、半年度会计报表至少应当反映两个年度或者相关两个期间的比较数据。也就是说，企业需要提供比较资产负债表，所以，资产负债表项目需要分为"年初余额"和"期末余额"两栏分别填列。

表 10-2 资产负债表

编制单位：甲股份有限公司　　　　　　　2015 年 12 月 31 日　　　　　　　　　　会企 01 表
单位：元

资产	期末余额	年初余额	负债和股东权益	期末余额	年初余额
流动资产：			流动负债：		
货币资金	1 406 300		短期借款	300 000	
交易性金融资产	15 000		交易性金融负债	0	
应收票据	246 000		应付票据	200 000	
应收账款	299 100		应付账款	953 800	
预付账款	100 000		预收账款	0	
应收股利	0		应交税费	36 600	
其他应收款	5 000		应付利息	1 000	
存货	2 580 000		应付股利	0	
一年内到期的非流动资产	0		其他应付款	50 000	
其他流动资产	100 000		一年内到期的非流动负债	1 000 000	
流动资产合计	4 751 400		其他流动负债	0	
非流动资产：			流动负债合计	2 651 400	
可供出售金融资产	0		非流动负债：		
持有至到期投资	0		长期借款	600 000	
长期应收款	0		应付债券	0	
长期股权投资	250 000		长期应付款	0	
投资性房地产	0		专项应付款	0	
固定资产	1 100 000		预计负债	0	
在建工程	1 500 000		递延所得税负债	0	
工程物资	0		其他非流动负债	0	
固定资产清理	0		非流动负债合计	600 000	
生产性生物资产	0		负债合计	3 251 400	
油气资产	0		股东权益：		
无形资产	600 000		股本	5 000 000	
开发支出	0		资本公积	0	
商誉	0		减：库存股	0	
			盈余公积	100 000	
长期待摊费用	0		其他综合收益	0	
递延所得税资产	0		未分配利润	50 000	
其他非流动资产	200 000		股东权益合计	5 150 000	
非流动资产合计	3 650 000				
资产总计	8 401 400		负债和股东权益合计	8 401 400	

（1）"年初余额"的填列方法

表中"年初余额"栏内各项目数字，应当根据上年末资产负债表"期末余额"栏内所列数字填列。如果本年度资产负债表规定的各个项目的名称和内容同上年度不相一致，应对上年末资产负债表各项目的名称和数字按照本年度的规定进行调整，按调整后的数字填入本表"年初余额"栏内。

（2）"期末余额"的填列方法

"期末余额"是指一会计期末的数字，即月末、季末、半年末或年末的数字。资产负债表各项目"期末数"栏内的数字，可通过以下几种方式取得：

1）根据总账余额直接填列。例如，交易性金融资产、固定资产清理、长期待摊费用、递延所得税资产、短期借款、交易性金融负债、应付票据、应付职工薪酬、应交税费、应付利息、应付股利、其他应付款、递延所得税负债、实收资本、资本公积、库存股及盈余公积等项目，应当根据相关总账科目的余额直接填列。

2）根据总账余额计算填列。例如，"货币资金"项目，应当根据"库存现金"、"银行存款"、"其他货币资金"账户的期末余额合计填列。

3）根据明细账余额计算填列。例如，"应付账款"项目，需要根据"应付账款"、"预付账款"账户所属相关明细账的期末贷方余额计算填列。

4）根据总账和明细账余额分析计算填列。例如，"长期借款"项目，需要根据"长期借款"总账期末余额，扣除"长期借款"总账所属明细账中将于 1 年内到期的部分，分析计算填列；"应付债券"项目，应当根据"应付债券"总账科目余额，扣除"应付债券"科目所属明细科目中将于一年内到期的部分填列。

5）根据总账科目与其备抵科目抵消后的净额填列。例如，"存货"项目，应当根据"在途物资"（或"材料采购"）、"原材料"、"周转材料"、"库存商品"、"生产成本"等账户的期末余额合计，减去"存货跌价准备"账户期末余额后的金额填列；"持有至到期投资"项目，应当根据"持有至到期投资"账户余额，减去"持有至到期投资减值准备"账户余额后的金额填列；"固定资产"项目，应当根据"固定资产"账户余额，减去"累计折旧"和"固定资产减值准备"账户余额后的金额填列。

3．资产负债表编制示例

甲股份有限公司 2015 年 12 月 31 日资产负债表（年初数略）及 2016 年 12 月 31 日的账户余额表，分别如表 10-2 和表 10-3 所示。

表 10-3　总账和有关明细账余额表

单位：元

科目名称	借方余额	科目名称	贷方余额
库存现金	2 000	短期借款	50 000
银行存款	786 135	应付票据	100 000
其他货币资金	7 300	应付账款	953 800
交易性金融资产	0	其他应付款	50 000
应收票据	66 000	应付职工薪酬	180 000

续表

科目名称	借方余额	科目名称	贷方余额
应收账款	600 000	应交税费	226 731
坏账准备	−1 800	应付利息	0
预付账款	100 000	应付股利	32 215
其他应收款	5 000	一年内到期的非流动负债	0
材料采购	275 000	长期借款	1 160 000
原材料	45 000	股本	5 000 000
周转材料	38 050	盈余公积	124 771
库存商品	2 122 400	利润分配（未分配利润）	190 718
材料成本差异	4 250		
其他流动资产	90 000		
长期股权投资	250 000		
固定资产	2 401 000		
累计折旧	−170 000		
固定资产减值准备	−30 000		
工程物资	150 000		
在建工程	578 000		
无形资产	600 000		
累计摊销	−60 000		
递延所得税资产	9 900		
其他非流动资产	200 000		
合计	8 068 235	合计	8 068 235

根据上述资料，编制甲股份有限公司 2016 年 12 月 31 日的资产负债表，如表 10-4 所示。

表 10-4　资产负债表

会企 01 表

编制单位：甲股份有限公司　　　　　　　2016 年 12 月 31 日　　　　　　　　单位：元

资产	期末余额	年初余额	负债和股东权益	期末余额	年初余额
流动资产：			流动负债：		
货币资金	7 954 351	1 406 300	短期借款	50 000	300 000
交易性金融资产	0	15 000	交易性金融负债	0	0
应收票据	66 000	246 000	应付票据	100 000	200 000
应收账款	598 200	299 100	应付账款	953 800	953 800
预付账款	100 000	100 000	预收账款	0	0
应收利息	0	0	应付职工薪酬	180 000	110 000
应收股利	0	0	应交税费	226 731	36 600
其他应收款	5 000	5 000	应付利息	0	1 000
存货	2 484 700	2 580 000	应付股利	32 215	0

续表

资产	期末余额	年初余额	负债和股东权益	期末余额	年初余额
一年内到期的非流动资产	0	0	其他应付款	50 000	50 000
其他流动资产	90 000	100 000	一年内到期的非流动负债	0	1 000 000
流动资产合计	4 139 335	4 751 400	其他流动负债	0	0
非流动资产：			流动负债合计	1 592 746	2 651 400
可供出售金融资产	0	0	非流动负债：		
持有至到期投资	0	0	长期借款	1 160 000	600 000
长期应收款	0	0	应付债券		
长期股权投资	250 000	250 000	长期应付款	0	0
投资性房地产	0	0	专项应付款	0	0
固定资产	2 201 000	1 100 000	预计负债		
在建工程	578 000	1 500 000	递延所得税负债	0	0
工程物资	150 000	0	其他非流动负债		
固定资产清理	0	0	非流动负债合计	1 160 000	600 000
生产性生物资产	0	0	负债合计	2 752 746	3 251 400
油气资产	0	0	股东权益：		
无形资产	540 000	600 000	股本	5 000 000	5 000 000
开发支出	0	0	资本公积	0	0
商誉	0	0	减：库存股	0	0
长期待摊费用	0	0	盈余公积	124 771	100 000
递延所得税资产	9 900	0	未分配利润	190 718	50 000
其他非流动资产	200 000	200 000	其他综合收益	0	0
非流动资产合计	3 928 900	3 650 000	股东权益合计	5 315 489	5 150 000
资产总计	8 068 235	8 401 400	负债和股东权益合计	8 068 235	8 401 400

小提示　　资产负债表中的各项目不同于会计科目和会计账户，它是由会计账户余额计算而得的。

10.2.3　利润表

1. 利润表的内容与格式

利润表属于动态报表，是反映企业在一定会计期间经营成果的报表，主要提供有关企业经营成果方面的信息。通过利润表，可以反映企业一定会计期间的收入实现情况和费用耗费情况；可以反映企业一定会计期间生产经营活动的成果，据以判断资本保值、增值情况。利润表一般有表首、正表两部分。其中，表首概括地说明报表名称、编制单位、编制日期、报表编号、货币名称、计量单位等；正表反映形成经营成果的各个项目和计算过程。利润表正表的格式一般有两种：单步式利润表和多步式利润表。在我国利润表一般采用多步式，主要包括以下五个方面的内容：

1）营业收入：营业收入由主营业务收入和其他业务收入组成。

2）营业利润：营业收入减去营业成本（主营业务成本、其他业务成本）、税金及附加、销售费用、管理费用、财务费用、资产减值损失，加上公允价值变动收益、投资收益，即为营业利润。

3）利润总额：营业利润加上营业外收入，减去营业外支出，即为利润总额。

4）净利润：利润总额减去所得税费用，即为净利润。

5）每股收益：每股收益包括基本每股收益和稀释每股收益两项指标。

2．利润表的编制方法

（1）利润表中的"本月数"与"本年累计数"

《企业财务会计报告条例》规定：年度、半年度会计报表至少应当反映两个年度或者相关两个期间的比较数据。也就是说，企业需要提供比较利润表，所以，利润表各项目需要分为"本月数"和"本年累计数"两栏分别填列。利润表中"本月数"栏反映各项目的本月实际发生数。在编报中期账务会计报告时，填列上年同期累计实际发生数；在编报的年度财务会计报告时，填列上年全年累计实际发生数。如果上年度利润表与本年度利润表的项目名称和内容不相一致，应对上年度利润表项目的名称和数字按本年度的规定进行调整，填入本表"上年数"栏。在编制中期和年度财务会计报告时，应将"本月数"栏改成"上年数"栏。利润表中"本年累计数"栏反映各项目自年初起至报告期末止的累计实际发生数。

（2）利润表中各项目的填列方法

利润表中各项目的金额，一般是根据有关账户和本期发生额来填列的。"本月数"栏内各项数字，根据以下方法填列：

1）"营业收入"项目，反映企业经营业务所取得的收入总额。本项目应根据"主营业务收入"账户和"其他业务收入"账户的发生额合计填列。

2）"营业成本"项目，反映企业经营业务发生的实际成本。本项目应根据"主营业务成本"账户和"其他业务成本"账户的发生额填列。

3）"税金及附加"项目，反映企业经营业务应负担的消费税、城市维护建设税、资源税、土地增值税、车船使用税、印花税和教育费附加等。本项目应根据"税金及附加"账户的发生额分析填列。

4）"销售费用"项目，反映工业制造企业在销售商品和商品流通企业在购入商品等过程中发生的费用。本项目应根据"销售费用"账户的发生额分析填列。

5）"管理费用"项目，反映企业发生的财务费用。本项目应根据"管理费用"账户的发生额分析填列。

6）"财务费用"项目，反映企业发生的财务费用。本项目应根据"财务费用"账户的发生额分析填列。

7）"资产减值损失"项目，反映企业因资产减值而发生的损失。本项目应根据"资产减值损失"账户和发生额分析填列。

8）"公允价值变动损益"项目，反映企业资产因公允价值变动而发生的损益。本项目应根据"公允价值变动损益"账户的发生额分析填列。

9）"投资收益"项目，反映企业以各种方式对外投资所取得的收益。本项目应根据"投资收益"账户的发生额分析填列。如为投资损失，以"－"号填列。

10）"营业外收入"项目，反映企业发生的与其经营活动无直接关系的各项收入。本项目应根据"营业外收入"账户的发生额分析填列。

11）"营业外支出"项目，反映企业发生的与其经营活动无直接关系的各项支出。本项目应根据"营业外支出"账户的发生额分析填列。

12）"所得税费用"项目，反映企业按规定从本期损益中减去的所得税。本项目应根据"所得税费用"账户的发生额分析填列。

13）"净利润"项目，反映企业实现的净利润。如为净亏损，以"－"号填列。

14）"每股收益"项目，反映企业发行在外的每股普通股股份的盈利额，按照归属于普通股股东的当期净利润除以当期实际发行在外普通股的加权平均数计算确定。

3. 利润表编制示例

甲股份有限公司 2016 年度有关损益类账户本年累计发生净额如表 10-5 所示。

表 10-5　损益类账户 2016 年度累计发生净额

单位：元

科目名称	借方发生额	贷方发生额
主营业务收入		1 250 000
主营业务成本	750 000	
税金及附加	2 000	
销售费用	20 000	
管理费用	157 100	
财务费用	41 500	
资产减值损失	30 900	
投资收益		31 500
营业外收入		50 000
营业外支出	19 700	
所得税费用	112 596	

根据上述资料，编制甲股份有限公司 2016 年度利润表，如表 10-6 所示。

表 10-6　利润表

会企 02 表

编制单位：甲股份有限公司　　　　　　2016 年 12 月　　　　　　单位：元

项目	本期金额	上期金额（略）
一、营业收入	1 250 000	
减：营业成本	750 000	
税金及附加	2 000	

续表

项目	本期金额	上期金额（略）
销售费用	20 000	
管理费用	157 100	
财务费用	41 500	
资产减值损失	30 900	
加：公允价值变动收益（损失以"－"号填列）	0	
投资收益（损失以"－"号填列）	31 500	
其中：对联营企业和合营企业的投资收益	0	
二、营业利润（亏损以"－"号填列）	280 000	
加：营业外收入	50 000	
减：营业外支出	19 700	
其中：非流动资产处置损失	（略）	
三、利润总额（亏损以"－"号填列）	310 000	
减：所得税费用	112 596	
四、净利润（净亏损以"－"号填列）	197 704	
五、其他综合收益的税后净额	（略）	
六、综合收益总额		
七、每股收益		
（一）基本每股收益		
（二）稀释每股收益		

10.2.4 现金流量表

1. 现金流量表的定义及内容

现金流量表，是反映企业一定会计期间现金和现金等价物流入和流出情况的报表，属于动态报表。企业编制现金流量表的主要目的，是为会计报表使用者提供企业一定会计期间内现金和现金等价物流入和流出的信息，以便于会计报表使用者了解和评价企业获取现金和现金等价物的能力，并据以预测企业未来现金流量。所以，现金流量表在评价企业经营业绩、衡量企业财务资源和财务风险以及预测企业未来前景方面，有着十分重要的作用。现金流量表有助于评价企业支付能力、偿债能力和周转能力；有助于预测企业未来现金流量；有助于分析企业收益质量及影响现金净流量的因素。

在现金流量表中，企业应当按照经营活动、投资活动和筹资活动的现金流量分类分项列示。经营活动的现金流量应当按照其经营活动的现金流入和流出的性质分项列示；投资活动的现金流量应当按照其投资活动的现金流入和流出的性质分项列示。筹资活动的现金流量应当按照其筹资活动的现金流入和流出的性质分项列示。

（1）经营活动产生的现金流量

经营活动是指企业投资活动和筹资活动以外的所有交易和事项。即除投资活动和筹资活动以外的所有交易和事项，都可归属于经营活动。对于工商企业而言，经营活动主要包括销售商品、提供劳务、购买商品、接受劳务及支付税费等。

通常情况下，经营活动产生的现金流入项目主要有销售商品、提供劳务收到的现金、税费返还及其他与经营活动有关的现金。经营活动产生的现金流出项目主要有：购买商品、接受劳务支付的现金；支付给职工以及为职工支付的现金；支付的各项税费；支付的其他与经营活动有关的现金。

（2）投资活动产生的现金流量

投资活动是指企业长期资产的购建和不包括在现金等价物范围内的投资及其处置活动。

通常情况下，投资活动产生的现金流入项目主要有：收回投资所收到的现金；取得投资收益所收到的现金；处置固定资产、无形资产和其他长期资产所收回的现金净额；收到的其他与投资活动有关的现金。投资活动产生的现金流出项目主要有：购建固定资产、无形资产和其他长期资产所支付的现金；投资所支付的现金；支付的其他与投资活动有关的现金。

（3）筹资活动产生的现金流量

筹资活动是导致企业资本及债务规模和构成发生变化的活动。

通常情况下，筹资活动产生的现金流入项目主要有：吸收投资所收到的现金；取得借款所收到的现金；收到的其他与筹资活动有关的现金。筹资活动产生的现金流出项目主要有：偿还债务所支付的现金；分配股利、利润或偿付利息所支付的现金；支付的其他与筹资活动有关的现金。

需要注意的是，对于企业日常活动之外特殊的、不经常发生的特殊项目，如自然灾害损失、保险赔款、捐赠等，企业应当将其归并到相关类别中单独反映。

2. 现金流量表的编制基础

现金流量表是以现金及现金等价物为基础编制的，这里的现金包括库存现金、可以随时用于支付的存款。具体包括以下内容：

（1）库存现金

库存现金，是指企业持有的、可随时用于支付的现金限额。

（2）银行存款

银行存款，是指企业存在金融企业随时可以用于支付的存款，它与银行存款账户核算的银行存款基本一致，主要的区别是编制现金流量表所指的银行存款是可以随时用于支付的银行存款，如结算户存款、通知存款等。

（3）其他货币资金

其他货币资金，是指企业存在金融企业有特定用途的资金，也就是其他货币资金账户核算的银行存款，如外埠存款、银行汇票存款、银行本票存款、信用证保证金存款及在途货币资金等。

（4）现金等价物

现金等价物，是指企业持有的期限短、流动性强、易于转换为已知金额的现金、价值变动很小的投资。这一定义本身，包含了判断一项投资是否属于现金等价物的四个条件，即期限短；流动性强；易于转换为已知金额的现金；价值变动风险很小。其中，期限短、流动性强，强调了变现能力；而易于转换为已知金额的现金、价值变动风险较小，则强调了支付能力的大小。

3. 现金流量表的格式

现金流量表分为两部分，第一部分为表头（表首），第二部分为正表。表头（表首）概括地说明报表名称、编制单位、编制日期、报表编号、货币名称和计量单位等。正表部分反映现金流量表的各个项目内容。正表有五项：一是经营活动产生的现金流量；二是投资活动产生的现金流量；三是筹资活动产生的现金流量；四是汇率变动对现金的影响；五是现金及现金等价物净增加额。其中，经营活动产生的现金流量，是按直接法编制的。现金流量表的基本格式，如表 10-7 所示。

表 10-7　现金流量表

会企 03 表

编制单位：甲股份有限公司　　　　　　　　2016 年度　　　　　　　　　　单位：元

项目	本期金额	上期金额
一、经营活动产生的现金流量		
销售商品、提供劳务收到的现金		
收到的税费返还		
收到的其他与经营活动有关的现金		
经营活动现金流入小计		
购买商品、接受劳务支付的现金		
支付给职工以及为职工支付的现金		
支付的各项税费		
支付其他与经营活动有关的现金		
经营活动现金流出小计		
经营活动产生的现金流量净额		
二、投资活动产生的现金流量		
收回投资收到的现金		
取得投资收益收到的现金		
处置固定资产、无形资产和其他长期资产收回的现金净额		
处置子公司及其他营业单位收到的现金净额		
收到其他与投资活动有关的现金		
投资活动现金流入小计		
购建固定资产、无形资产和其他长期资产支付的现金		
投资支付的现金		
取得子公司及其他营业单位支付的现金净额		
支付其他与投资活动有关的现金		
投资活动现金流出小计		
投资活动产生的现金流量净额		
三、筹资活动产生的现金流量		
吸收投资收到的现金		

续表

项目	本期金额	上期金额
取得借款收到的现金		
收到其他与筹资活动有关的现金		
筹资活动现金流入小计		
偿还债务支付的现金		
分配股利、利润或偿还利息支付的现金		
支付其他与筹资活动有关的现金		
筹资活动现金流出小计		
筹资活动产生的现金流量净额		
四、汇率变动对现金及现金等价物的影响		
五、现金及现金等价物净增加额		
加：期初现金及现金等价物余额		
六、期末现金及现金等价物余额		

小测验　甲企业期末"在途物资"账户的余额为 50 万元，"工程物资"账户的余额为 100 万元，"在建工程"账户的余额为 200 万元，"库存商品"账户的余额为 80 万元，"原材料"账户的余额为 100 万元，"材料成本差异"账户的贷方余额为 15 万元，"生产成本"账户的余额为 60 万元。假定不考虑其他因素，该企业资产负债表中"存货"项目的金额为（　　　）万元。

小　结

　　财务会计报告，是指企业对外提供的反映企业某一特定日期财务状况和某一会计期间经营成果、现金流量等会计信息的文件。它是会计核算的最终成果，是企业对外提供会计信息的主要途径。企业的财务会计报告由会计报表、会计报表附注和其他应当在财务会计报告中披露的相关信息和资料组成。企业应当按照《企业财务会计报告条例》的规定，编制和对外提供真实、完整的财务报告。企业需要定期对外编制的会计报表主要有资产负债表、利润表和现金流量表。

　　资产负债表属于静态报表，是反映企业在某一特定日期财务状况的报表，主要提供有关企业财务状况方面的信息。它一般有两种格式：报告式资产负债表和账户式资产负债表。在我国，资产负债表采用账户式，资产负债表左右双方平衡，即资产总计等于负债和所有者权益总计。在资产负债表中，资产按照其流动性分类分项列示，包括流动资产和非流动资产；负债按照其流动性分类分项列示，包括流动负债和非流动负债等；所有者权益按照实收资本（股本）、资本公积、盈余公积、未分配利润等项目分项列示。资产负债表项目在期末应按照有关账户的期末余额分析计算填列。

利润表属于动态报表，是反映企业在一定会计期间经营成果的报表，主要提供有关企业经营成果方面的信息。利润表的格式一般有两种：单步式利润表和多步式利润表。在我国，利润表一般采用多步式。利润表项目在期末应按照有关账户的本期发生额分析计算填列。

现金流量表是反映企业一定会计期间现金和现金等价物流入和流出情况的报表，属于动态报表。企业编制现金流量表的主要目的，是为会计报表使用者提供企业一定会计期间内现金和现金等价物流入和流出的信息，以便于会计报表者了解和评价企业获取现金和现金等价物的能力，并据以预测企业未来现金流量。现金流量表是以现金及现金等价物为基础编制的，在现金流量表中，企业应当按照经营活动、投资活动和筹资活动的现金流量分类分项列示。

思 考 题

1. 什么是财务会计报告？它由哪些内容构成？
2. 什么是资产负债表？它有什么作用？
3. 什么是利润表？它有什么作用？
4. 在我国，资产负债表采用何种格式？表中项目根据什么排列？
5. 利润表有哪几种格式？我国的利润表采用哪一种格式？
6. 什么是现金流量表？其结构是什么样的？

案例导入分析

评价企业的经营业绩主要是通过计算该企业的利润来进行的。一个企业的财务状况如何是用资产、负债和权益来说明的。

按照权责任发生制原则计算，该杂货商一年来的经营业绩较好。

1）该杂货商店一年来的经营收益计算如下：

110 820－3 744－（6 000－4 800）－70 440－10 500－15 600＝9 336（元）

2）该杂货商店年末的财务状况如下：

资产＝4 800＋600 000＋2 100＝606 900（元）

负债＝2 400（元）

个人权益＝606 900－2 400＝604 500（元）

实 训 题

【实训目标】

掌握资产负债表中应收账款与预收账款，应付账款与预付账款的分析填列。

【实训资料】

2016 年 6 月，东风机械有限责任公司应收账款和预收账款的明细分类账如表 10-8～表 10-11 所示（表中金额以元为单位）。

表 10-8　应收账款明细分类账（一）

二级或明细科目：A 公司　　　　　　　　　　　　　　　　　　　　　　　　　　　　　　第　　页

2016 年		凭证		摘要	借方	贷方	借或贷	余额
月	日	字	号					
11	1			月初余额			借	150 000
11	23		20	销售产品	50 000		借	200 000
11	30			本月发生额及余额	50 000		借	200 000

表 10-9　应收账款明细分类账（二）

二级或明细科目：D 公司　　　　　　　　　　　　　　　　　　　　　　　　　　　　　　第　　页

2016 年		凭证		摘要	借方	贷方	借或贷	余额
月	日	字	号					
11	1			月初余额			借	100 000
11	30			本月发生额及余额			借	100 000

表 10-10　预收账款明细分类账（一）

二级或明细科目：B 公司　　　　　　　　　　　　　　　　　　　　　　　　　　　　　　第　　页

2016 年		凭证		摘要	借方	贷方	借或贷	余额
月	日	字	号					
11	1			月初余额			借	
11	10		15		100 000			100 000
11	30			本月发生额及余额	100 000		借	100 000

表 10-11　预收账款明细分类账（二）

二级或明细科目：C 公司　　　　　　　　　　　　　　　　　　　　　　　　　　　　　　第　　页

2016 年		凭证		摘要	借方	贷方	借或贷	余额
月	日	字	号					
11	1			月初余额			借	300 000
11	30			本月发生额及余额			借	300 000

【实训要求】

1）根据以上资料计算资产负债表中应收账款项目的填列金额。

2）在企业实习期间，调查并获得企业应付账款和预付账款的明细分类账数据，计算资产负债表中应付账款和预付账款项目的填列金额。

第 11 章 账务处理程序
CHAPTER 11

学习目标

- 了解账务处理程序的基本模式和几种常见的账务处理程序。
- 掌握不同账务处理程序在企业中的具体应用。

关键概念

账务处理程序　记账凭证账务处理程序　科目汇总表账务处理程序　汇总记账凭证账务处理程序

案例导入

刘通于 2016 年 1 月 1 日用银行存款 500 000 元作为投资创办了天地公司,主要经营各种家具的批发与零售。5 月 1 日刘通以每月 2 000 元的租金租用了一个店面作为经营场地。由于刘通不懂会计,他除了将所有的发票等单据都收集保存起来外,没有做任何其他记录。到月底,刘通发现公司的存款反而减少了,只剩下 458 987 元,外加 643 元现金。另外,尽管客户赊欠的 13 300 元尚未收现,但公司也有 10 560 元货款尚未支付。除此之外,实地盘点库存家具,价值 25 800 元。刘通开始怀疑自己的经营,前来向你请教。

对刘通保存的所有单据进行检查分析,汇总一个月的资料显示:

1)投资时银行存款 500 000 元。

2)内部装修及必要的设施花费 20 000 元,均已用支票支付。

3)购入家具两批,每批价值 35 200 元,其中第一批为现金购入,第二批购入赊欠价款的 30%,其余用支票支付。

4)本月零售家具收入共 38 800 元,全部收到存入银行。

5)本月批发家具收入共 25 870 元,其中赊销 13 300 元,其余均存入银行。

6)用支票支付当月的租金 2 000 元。

7)本月从银行存款户提取现金共 10 000 元,其中 4 000 元支付店员的工资,5 000 元用作个人生活费,其余备日常零星开支。

8)本月水电费 543 元,支票支付。

9)本月电话费 220 元,现金支付。

10)其他各种杂费 137 元,用现金支付。

11）结转已售库存商品成本 44 600 元。

12）结转本月主营业务收入 64 670 元。

13）将有关费用项目转入本年利润账户。

思考：根据天地公司的具体经济业务，替刘通设计一套适合的会计核算组织程序，并帮助刘通记账，向刘通报告公司的财务状况，解答其疑惑，评述其经营业绩。

11.1　账务处理程序概述

11.1.1　账务处理程序的意义

账务处理程序亦称会计核算组织程序，是指在会计核算中以账簿组织为核心，把会计凭证、会计账簿、记账程序和记账方法有机地结合起来的技术组织形式。账簿组织是指账簿的种类、格式、登记方法及各种账簿之间的相互关系。记账程序和记账方法指的是凭证的整理、填制、传递以及登记账簿并据以编制会计报表的程序和方法。

账务处理程序就是把会计数据记录、归类、汇总和报告的步骤和方法。从整理原始凭证开始，填制记账凭证，登记各类账簿，直到根据会计账簿编制会计报表。在会计工作中，不仅要了解会计凭证的填制、账簿的设置和登记以及会计报表的编制，还必须明确规定各种会计凭证、各种账簿和会计报表之间的关系，把它们科学地组织起来，使之构成一个有机的整体。而凭证、账簿和报表之间一定的组织形式，就形成了不同的账务处理程序。在实际工作中，由于各单位的业务性质不一样，组织规模大小各异，经济业务又有繁简之别，它们需要设置的凭证、账簿的格式和种类也会有不同的要求。为了确保会计工作有条不紊地进行，提高会计工作的质量和效率，确保账簿记录能产生管理所需的信息，各单位应根据自身的实际情况和具体条件，选用合适的凭证、账簿和会计报表，确定它们的格式、填制和登记的步骤和方法，设计并实施适合本单位经济业务特点的账务处理程序。

选用适当的会计核算组织程序，对于科学地组织本单位的会计核算工作具有重要意义，有利于会计人员的分工协作，可以保证会计数据的整个处理过程有条不紊地进行，保证会计记录正确、及时、完整；有利于简化会计核算手续，提高会计核算工作的效率；有利于提高会计信息的质量，增加明晰度，可以迅速编制报表，形成财务信息，为企业的预测、决策提供及时、准确的财务资料，从而提高经营管理水平。

11.1.2　账务处理程序的基本要求

账务处理程序是做好会计工作的一个重要前提。会计主体在选用适合本单位会计核算组织程序时，应考虑以下几个方面的要求：

1）要适应本单位的经济活动的特点、组织规模的大小、经济业务的性质和繁简程度，使之有利于会计工作的分工协作和内部控制。

2）要适应对会计信息质量的要求，必须正确、全面、及时和系统地提供会计信息，真实地反映出会计主体的财务状况、经营成果和现金流量，满足政府部门、所有者、经营者、债权人及其他各方对会计信息的需求。

3）在保证正确、及时和完整地提供会计信息的前提下，尽可能提高会计工作的效率，节约账务处理的时间及费用。

11.1.3　账务处理程序的种类

各会计主体的行业性质不一样，经营规模有大有小，经营业务有繁有简，管理要求也不尽相同，各企业、行政单位、事业单位应根据本单位经济活动的实际情况，选用合适的账务处理程序。

我国会计核算工作在长期实践中，逐渐形成了五种核算组织程序：记账凭证账务处理程序；科目汇总表账务处理程序；汇总记账凭证账务处理程序；日记总账账务处理程序；多栏式日记账账务处理程序。目前，在会计核算工作中比较常用的有三种：记账凭证账务处理程序、科目汇总表账务处理程序和汇总记账凭证账务处理程序。

（1）记账凭证账务处理程序

记账凭证账务处理程序就是根据收款凭证、付款凭证和转账凭证，直接登记总分类账的一种账务处理程序。

（2）科目汇总表账务处理程序

科目汇总表账务处理程序就是根据收款凭证、付款凭证和转账凭证，定期编制科目汇总表，并据以登记总分类账的一种账务处理程序。

（3）汇总记账凭证账务处理程序

汇总记账凭证账务处理程序就是先根据记账凭证编制汇总记账凭证，然后再根据汇总记账凭证登记总分类账的一种账务处理程序。

各种账务处理程序既有许多共同点，又有各自的特点，有各自适用的范围。各种账务处理程序之间最根本的区别，在于登记总账的依据和方法不同。下面分别介绍各种账务处理程序的特点、基本内容、主要优缺点和适用范围。

　　小提示　账务处理程序一经选定使用，不得随意更改。

　　小测验　根据记账凭证登记总分类账的账务处理程序是（　　　）。

A．记账凭证账务处理程序

B．科目汇总表账务处理程序

C．汇总记账凭证账务处理程序

D．账务处理程序

11.2　记账凭证账务处理程序

11.2.1　记账凭证账务处理程序的特点

记账凭证账务处理程序是最基本的一种账务处理程序，也是其他账务处理程序的基础。这种账务处理程序的主要特点就是直接根据记账凭证，逐笔登记总分类账。

11.2.2　记账凭证账务处理程序的基本内容

1. 记账凭证账务处理程序下凭证、账簿的设置

采用记账凭证账务处理程序时，一般设置收款凭证、付款凭证和转账凭证三种记账凭证，分别用来反映单位日常发生的各种收款、付款和转账经济业务。也可只设置一种通用的记账凭证，以反映所发生的各类经济业务。

在记账凭证账务处理程序下设置库存现金日记账、银行存款日记账、总分类账和明细分类账。其中，库存现金日记账、银行存款日记账作为库存现金、银行存款收付业务的序时记录，一般采用三栏式；总分类账用来进行总分类核算，一般也采用三栏式；明细分类账反映必要的明细分类核算，具体的账页格式可根据业务特点和管理的需要设置，采用三栏式、数量金额式和多栏式等方式。

2. 记账凭证账务处理程序下账务处理程序

① 根据原始凭证编制汇总原始凭证，并根据审核无误的原始凭证或原始凭证汇总表编制记账凭证（收款凭证、付款凭证和转账凭证）。

② 根据收款凭证和付款凭证逐笔逐日登记库存现金日记账和银行存款日记账。

③ 根据记账凭证并参考原始凭证（或原始凭证汇总表）登记各种明细分类账。

④ 根据各种记账凭证逐笔登记总分类账。

⑤ 将库存现金日记账、银行存款日记账和明细分类账的余额分别与总分类账的有关账户余额定期核对。

⑥ 月末，根据总分类账和明细分类账中的有关资料编制会计报表。

上述处理程序如图 11-1 所示。

3. 记账凭证账务处理程序举例

【例 11-1】以光明公司 2016 年 4 月份经济业务为例，说明记账凭证账务处理程序。

光明公司 2016 年 3 月底的总分类账户余额如表 11-1 所示。

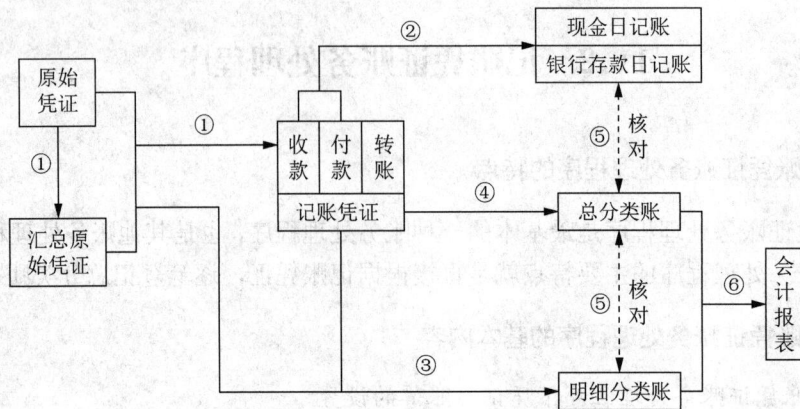

图 11-1　记账凭证核算组织程序流程

表 11-1　总分类账户余额表

2016 年 3 月 31 日　　　　　　　　　　　　　单位：元

账户名称	金额	
	借方	贷方
库存现金	2 000	
银行存款	24 000	
应收账款——乙公司	3 000	
其他应收款	2 000	
原材料——甲材料	10 400	
库存商品——A 产品	23 600	
固定资产	187 000	
累计折旧		34 000
无形资产	2 000	
短期借款		12 000
应付职工薪酬		4 000
应付票据——甲公司		4 000
长期借款		30 000
实收资本		170 000
合计	254 000	254 000

光明公司 4 月份的经济业务如下：

1）4 月 1 日，光明公司向甲公司购进甲材料 1 000 千克，单价 5 元，计 5 000 元，进项增值税 850 元，款项以银行存款支付。

2）4 月 2 日，开出转账支票一张，以银行存款支付甲材料的运输费用 200 元。

3）4 月 2 日，甲材料验收入库，计算并结转甲材料的实际成本。

4）4 月 3 日，生产车间领用甲材料 1 700 千克，单价 5.2 元，用于生产。

5）4 月 7 日，办公室李红借差旅费 700 元。

6）4 月 9 日，开出现金支票一张，从银行提取现金 4 000 元，以备发 3 月份工资。

7）4 月 10 日，用现金发放 3 月份工资 4 000 元。

8）4 月 13 日，李红出差归来，报销差旅费 600 元，退回现金 100 元。

9）4 月 15 日，开出转账支票一张，以银行存款支付水电费 600 元，其中生产车间 500 元，管理部门 100 元。

10）4 月 18 日，销售 A 产品 400 件，单价 80 元，计 32 000 元，增值税销项税额 5 440 元，货已发出，款项已收，存入银行。

11）4 月 19 日，收回乙公司所欠货款 1 800 元，已存入银行。

12）4 月 22 日，向甲公司开出的 2 000 元的商业汇票到期，以银行存款支付。

13）4 月 25 日，办公室领用甲材料 20 千克，用于厂部的维修。

14）4 月 30 日，根据银行借款金额和借款利率，提取本月应承担的利息支出 120 元。

15）4 月 30 日，计提固定资产折旧，其中车间提取 1 160 元，公司管理部门提取 400 元。

16）4 月 30 日，分配 4 月份应付工资费用 4 500 元，其中生产工人工资 3 500 元，管理人员工资 1 000 元。

17）4 月 30 日，结转本月制造费用。

18）4 月 30 日，结转已售产品成本，单价 40 元。

19）4 月 30 日，全月投入生产 A 产品 350 件，全部完工入库，计算并结转生产成本（假设月初没有在产品）。

20）4 月 30 日，结转本月利润。

根据上述资料，按记账凭证账务处理程序进行会计处理如下：

1）根据原始凭证或原始凭证汇总表编制记账凭证简表，如表 11-2 所示。

表 11-2　记账凭证简表

2016 年		凭证号数	摘要	总账科目	明细科目	借方金额	贷方金额
月	日						
4	1	付字 1 号	购材料付款	在途物资	甲材料	5 000	
				应交税费	应交增值税	850	
				银行存款			5 850
4	2	付字 2 号	支付运输费	在途物资	甲材料	200	
				银行存款			200
4	2	转字 1 号	结转采购成本	原材料	甲材料	5 200	
				在途物资	甲材料		5 200
4	3	转字 2 号	生产领用材料	生产成本	A 产品	8 840	
				原材料	甲材料		8 840
4	7	付字 3 号	预借差旅费	其他应收款	李红	700	
				库存现金			700
4	9	付字 4 号	提取现金	库存现金		4 000	
				银行存款			4 000

续表

2016年		凭证号数	摘要	总账科目	明细科目	借方金额	贷方金额
月	日						
4	10	付字5号	发放职工工资	应付职工薪酬		4 000	
				库存现金			4 000
4	13	转字3号	报销差旅费	管理费用	差旅费	600	
				其他应收款	李红		600
4	13	收字1号	交回余款	库存现金		100	
				其他应收款	李红		100
4	15	付字6号	支付水电费	制造费用		500	
				管理费用	水电费	100	
				银行存款			600
4	18	收字2号	销售商品收款	银行存款		37 440	
				主营业务收入	A产品		32 000
				应交税费	应交增值税		5 440
4	19	收字3号	收回欠款	银行存款		1 800	
				应收账款	乙公司		1 800
4	22	付字7号	支付到期票据	应付票据		2 000	
				银行存款			2 000
4	25	转字4号	领用材料	管理费用	材料费	104	
				原材料	甲材料		104
4	30	转字5号	预提利息	财务费用		120	
				应付利息			120
4	30	转字6号	计提折旧	制造费用		1 160	
				管理费用	折旧费	400	
				累计折旧			1 560
4	30	转字7号	分配工资费用	生产成本	A产品	3 500	
				管理费用	人工费	1 000	
				应付职工薪酬			4 500
4	30	转字8号	结转制造费用	生产成本	A产品	1 660	
				制造费用			1 660
4	30	转字9号	结转已售产品成本	主营业务成本	A产品	16 000	
				库存商品	A产品		16 000
4	30	转字10号	结转完工产品成本	库存商品	A产品	14 000	
				生产成本	A产品		14 000
4	30	转字11号	结转费用损益类账户	本年利润		18 324	
				管理费用			2 204
				财务费用			120
				主营业务成本	A产品		16 000
4	30	转字12号	结转收入损益类账户	主营业务收入	A产品	32 000	
				本年利润			32 000

2）根据收款凭证和付款凭证登记现金日记账和银行存款日记账，如表 11-3 和表 11-4 所示。

表 11-3　现金日记账

2016 年		凭证		摘要	对方科目	收入	支出	余额
月	日	字	号					
4	1			月初余额				2 000
4	7	付	3	预借差旅费	其他应收款		700	1 300
4	9	付	4	提取现金备发工资	库存现金	4 000		5 300
4	10	付	5	发放工资	应付职工薪酬		4 000	1 300
4	13	收	1	交回差旅费余款	其他应收款	100		1 400
4	30			本月合计		4 100	4 700	1400

表 11-4　银行存款日记账

2016 年		凭证		摘要	对方科目	收入	支出	余额
月	日	字	号					
4	1			月初余额				24 000
4	1	付	1	购进甲材料	在途物资			
					应交税费		5 850	18 150
4	2	付	2	支付运输费	在途物资		200	17 950
4	9	付	4	提取现金备发工资	库存现金		4 000	13 950
4	15	付	6	支付水电费	制造费用			
					管理费用		600	13 350
4	18	收	2	销售 A 产品 400 件	主营业务收入			
					应交税费	37 440		50 790
4	19	收	3	收回乙公司所欠货款	应收账款	1 800		52 590
4	22	付	7	商业汇票到期	应付票据		2 000	50 590
4	30			本月合计		39 240	12 650	50 590

3）根据记账凭证并参考原始凭证（或原始凭证汇总表）登记明细账。仅以登记"原材料"、"管理费用"明细分类账为例，如表 11-5 和表 11-6 所示。

表 11-5　原材料明细分类账

品名：甲材料　　　　　　　　　　　　　　　　　　　　　　　　　　　　　　　　计量单位：千克

2016 年		记账凭证		摘要	入库			出库			借或贷	余额		
月	日	字	号		数量	单价	金额	数量	单价	金额		数量	单价	金额
4	1			月初余额							借	2 000	5.2	10 400
4	1	转	1	购进	1 000	5.2	5 200				借	3 000	5.2	15 600
4	3	转	2	生产领料				1 700	5.2	8 840	借	1 300	5.2	6 760
4	25	转	4	厂部维修领用				20	5.2	104	借	1 280	5.2	6 656
4	30			本月合计	1 000	5.2	5 200	1 720	5.2	8 944	借	1 280	5.2	6 656

表 11-6 管理费用明细分类账

2016 年		凭证		摘要	借方						贷方	余额
月	日	字	号		差旅费	水电费	维修费	折旧费	工资	合计		
4	1			期初余额								0
4	13	转	3	李红报销差旅费	600					600		600
4	15	付	6	水电费		100				700		700
4	25	转	4	厂部维修			104			804		804
4	30	转	6	计提折旧				400		1 204		1 204
4	30	转	7	分配工资					1 000	2 204		2 204
4	30	转	11	结转至本年利润							2 204	0
4	30			本月合计	600	100	104	400	1 000	2 204	2 204	0

4）根据各种记账凭证逐笔登记总分类账，仅以部分总账为例登记。如表 11-7～表 11-12 所示。

表 11-7 总分类账（一）

科目名称：库存现金   第 1 页

2016 年		记账凭证		摘要	借方金额	贷方金额	借或贷	余额
月	日	字	号					
4	1			期初余额			借	2 000
4	7	付	3	李红借差旅费		700	借	1 300
4	9	付	4	提取现金备发工资	4 000		借	5 300
4	10	付	5	发工资		4 000	借	1 300
4	13	收	1	李红交回差旅费余款	100		借	1 400
4	30			本月合计	4 100	4 700	借	1 400

表 11-8 总分类账（二）

科目名称：银行存款   第 5 页

2016 年		记账凭证		摘要	借方金额	贷方金额	借或贷	余额
月	日	字	号					
4	1			期初余额			借	24 000
4	1	付	1	购进甲材料		5 850	借	18 150
4	2	付	2	支付运输费		200	借	17 950
4	9	付	4	提取现金备发工资		4 000	借	13 950
4	15	付	6	支付水电费		600	借	13 350
4	18	收	2	销售 A 产品	37 440		借	50 790
4	19	收	3	收回乙公司所欠货款	1 800		借	52 590
4	22	付	7	商业汇票到期		200	借	50 590
4	30			本月合计	39 240	12 650	借	50 590

表 11-9　总分类账（三）

科目名称：原材料　　　　　　　　　　　　　　　　　　　　　　　　　　　　　　　　　　第 30 页

2016 年		记账凭证		摘要	借方金额	贷方金额	借或贷	余额
月	日	字	号					
4	1			期初余额			借	10 400
4	1	转	1	购进甲材料	5 200		借	15 600
4	3	转	2	生产领用材料		8 840	借	6 760
4	25	转	4	厂部维修领用		104	借	6 656
4	30			本月合计	5 200	8 944	借	6 656

表 11-10　总分类账（四）

科目名称：生产成本　　　　　　　　　　　　　　　　　　　　　　　　　　　　　　　　　第 50 页

2016 年		记账凭证		摘要	借方金额	贷方金额	借或贷	余额
月	日	字	号					
4	1			期初余额			借	0
4	3	转	2	直接材料	8 840		借	8 840
4	30	转	7	直接人工	3 500		借	12 340
4	30	转	8	制造费用	1 660		借	14 000
4	30	转	10	结转完工产品成本		14 000	平	0
4	30			本月合计	14 000	14 000	平	0

表 11-11　总分类账（五）

科目名称：管理费用　　　　　　　　　　　　　　　　　　　　　　　　　　　　　　　　　第 55 页

2016 年		记账凭证		摘要	借方金额	贷方金额	借或贷	余额
月	日	字	号					
4	1			期初余额				0
4	13	转	3	李红报销差旅费	600		借	600
4	15	付	6	水电费	100		借	700
4	25	转	4	厂部维修	104		借	804
4	30	转	6	计提折旧	400		借	1 204
4	30	转	7	分配工资费用	1 000		借	2 204
4	30	转	11	结转利润		2 204	平	0
4	30			本月合计	2 204	2 204	平	0

表 11-12　总分类账（六）

科目名称：本年利润　　　　　　　　　　　　　　　　　　　　　　　　　　　　　　　第 90 页

2016 年		记账凭证		摘要	借方金额	贷方金额	借或贷	余额
月	日	字	号					
4	1			期初余额				0
4	30	转	11	结转费用、损益	18 324		借	18 324
4	30	转	12	结转收入		32 000	贷	13 676
4	30			本月合计	18 324	32 000	贷	13 676

5）根据总分类账和明细分类账的记录，编制总分类账及明细分类账的试算平衡表，核对账户记录的正确性和完整性。总分类账试算平衡表如表 11-13 所示，明细分类账略。

表 11-13　总分类账试算平衡表

2016 年 4 月

账户名称	期初余额		本期发生额		期末余额	
	借方	贷方	借方	贷方	借方	贷方
库存现金	2 000		4 100	4 700	1 400	
银行存款	24 000		39 240	12 650	50 590	
在途物资			5 200	5 200		
应收账款	3 000			1 800	1 200	
其他应收款	2 000		700	700	2 000	
原材料	10 400		5 200	8 944	6 656	
库存商品	23 600		14 000	16 000	21 600	
固定资产原值	187 000				187 000	
累计折旧		34 000		1 560		35 560
无形资产	2 000				2 000	
短期借款		12 000				12 000
应付票据		4 000	2 000			2 000
应付职工薪酬		4 000	4 000	4 500		4 500
应交税费		850		5 440		4 590
应付利息				120		120
长期借款		30 000				30 000
实收资本		170 000				170 000
制造费用			1 660	1 660		
生产成本			14 000	14 000		
管理费用			2 204	2 204		
财务费用			120	120		
主营业务收入			32 000	32 000		
主营业务成本			16 000	16 000		
本年利润			18 324	32 000		13 676
合计	254 000	254 000	159 598	159 598	272 446	272 446

6）月末，根据总分类账和明细分类账中的有关资料编制会计报表，资产负债表如表 11-14 所示，其他报表略。

表 11-14　资产负债表（简表）

编制单位：光明公司　　　　　　　　2016 年 4 月 30 日　　　　　　　　单位：元

资产		负债及所有者权益	
流动资产：		流动负债：	
货币资金	51 990	短期借款	12 000
库存现金	1 400	应付票据	2 000
银行存款	50 590	应付职工薪酬	4 500
应收账款	1 200	应交税费	4 590
其他应收款	2 000	应付利息	120
存货	28 256	流动负债合计	23 210
原材料	6 656	长期负债：	
库存商品	21 600	长期负债	30 000
流动资产合计	83 446		
固定资产：		所有者权益：	
固定资产原值	187 000	实收资本	170 000
累计折旧	35 560	本年利润	13 676
固定资产净值	151 440	所有者权益合计	183 676
无形资产：			
无形资产	2 000		
总计	236 886	总计	236 886

11.2.3　记账凭证账务处理程序的优缺点及其适用范围

记账凭证账务处理程序的优点：账务处理程序简单明了手续简便。根据记账凭证直接登记总分类账，容易掌握账户的对应关系，系统地反映了经济业务的发生情况，便于了解经济业务的来龙去脉，简化了记账程序。记账凭证账务处理程序的缺点：根据记账凭证逐笔登记总分类账，在业务量大时登记总分类账的工作会很繁重。因此，大中型的企业、行政单位、事业单位不适宜采用这种账务处理程序。这种账务处理程序，一般只适用于规模较小，经济业务简单、数量较少的单位。

📜 **小提示**　由于工作量比较大，记账凭证账务处理程序不适合大中型企业、行政单位、事业单位，适合于规模较小，经济业务简单的单位。

📜 **小测验**　关于记账凭证账务处理程序，以下说法正确的是（　　　）。

A．根据记账凭证直接登记总账

B．账务处理程序比较复杂

C．总账比较详细地记录了经济业务，便于查阅

D．不适于经济业务量较少的单位

11.3　科目汇总表账务处理程序

11.3.1　科目汇总表账务处理程序的特点

科目汇总表账务处理程序的特点是，定期将记账凭证汇总编制成科目汇总表，然后再根据科目汇总表登记总分类账。

11.3.2　科目汇总表账务处理程序的基本内容

1. 科目汇总表账务处理程序下凭证、账簿的设置

采用科目汇总表账务处理程序时，与记账凭证账务处理程序要求相同，设置库存现金日记账、银行存款日记账、总分类账和明细分类账。其中：库存现金日记账、银行存款日记账作为现金、银行存款收付业务的序时记录，一般采用三栏式；总分类账用来进行总分类核算，一般也采用三栏式；明细分类账反映必要的明细分类核算，具体的账页格式，可根据业务特点和管理的需要设置，可以采用三栏式、数量金额式和多栏式等。

2. 科目汇总表的编制方法

科目汇总表是根据一定时期内的所有记账凭证，按照会计科目归类后编制成的。在科目汇总表中，分别计算出每一个总账科目的借方发生额合计数和贷方发生额合计数。由于借贷记账法的记账规则是"有借必有贷、借贷必相等"，所以在编制的科目汇总表内，全部总账科目的借方发生额合计数与贷方发生额合计数相等。

科目汇总表可以每月汇总编制一张，其格式如表 11-15 所示。

表 11-15　科目汇总表（每月汇总格式）

年　　月　　日～　　月　　日

会计科目	账页	本期发生额		记账凭证起止号数
		借方	贷方	
合计				

科目汇总表也可以每旬汇总一次，每月编制一张，其格式如表 11-16 所示。

表 11-16　科目汇总表（每旬汇总格式）

年　　月　　日～　　月　　日

会计科目	账页	1～10日		11～20日		21～30日		本月合计		记账凭证起止号数
		借方	贷方	借方	贷方	借方	贷方	借方	贷方	
合计										

3. 科目汇总表账务处理程序下的处理程序

① 根据原始凭证编制汇总原始凭证，并根据原始凭证或原始凭证汇总表编制记账凭证（收款凭证、付款凭证和转账凭证）。

② 根据收款凭证和付款凭证逐笔逐日登记现金日记账和银行存款日记账。

③ 根据记账凭证并参考原始凭证（或原始凭证汇总表）登记各种明细分类账。

④ 根据各种记账凭证定期（一天、一旬或一月等）汇总编制科目汇总表。

⑤ 根据科目汇总表定期登记总分类账。

⑥ 月末，将现金日记账、银行存款日记账和明细分类账的余额分别与总分类账的有关账户余额定期核对。

⑦ 月末，根据总分类账和明细分类账中的有关资料编制会计报表。

上述处理程序如图 11-2 所示。

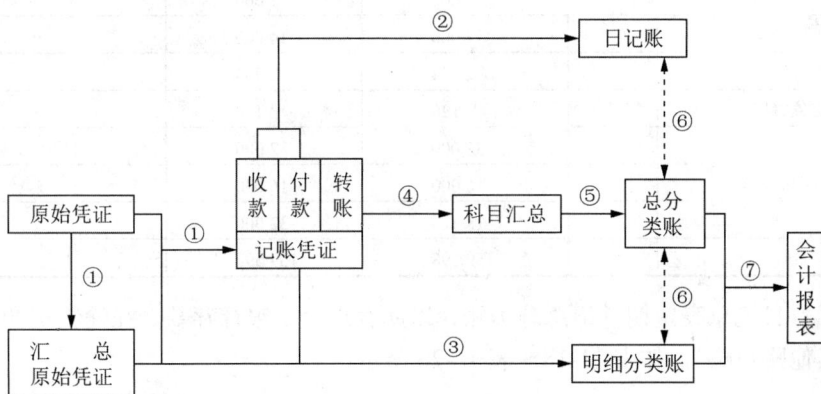

图 11-2 科目汇总表账务处理程序示意

4. 科目汇总表账务处理程序举例

【例 11-2】仍沿用上述光明公司的会计资料说明。编制记账凭证，登记现金及存款日记账、各种明细账的程序和方法，与记账凭证账务处理程序基本相同，不再详述，这里就科目汇总表的编制、登记总分类账的方法举例说明。

因光明公司业务量较少，所以采用每月汇总的方法，如表 11-17 所示（每月汇总一次，4 月份是第 1 次，本表是汇字第 1 号）。

表 11-17 科目汇总表

2016 年 4 月 1 日～4 月 30 日 　　　　　　　　　　科汇第 1 号

会计科目	账页	本期发生额		记账凭证起止号数
		借方	贷方	
库存现金		4 100	4 700	收字 1～3 号
银行存款		39 240	12 650	付字 1～7 号

续表

会计科目	账页	本期发生额		记账凭证起止号数
		借方	贷方	
在途物资		5 200	5 200	转字 1～12 号
应收账款			1 800	
其他应收款		700	700	
原材料		5 200	8 944	
库存商品		14 000	16 000	
累计折旧			1 560	
应付票据		2 000		
应付职工薪酬		4 000	4 500	
应交税费		850	5 440	
应付利息			120	
制造费用		1 660	1 660	
生产成本		14 000	14 000	
管理费用		2 204	2 204	
财务费用		120	120	
主营业务收入		32 000	32 000	
主营业务成本		16 000	16 000	
本年利润		18 324	32 000	
合计		159 598	159 598	

根据科目汇总表定期登记总分类账，以库存现金、银行存款、在途物资和生产成本为例（其他账户略），如表 11-18～表 11-20 所示。

表 11-18 总分类账（一）

科目名称：库存现金   第 1 页

2016 年		记账凭证		摘要	借方金额	贷方金额	借或贷	余额
月	日	字	号					
4	1			月初余额			借	2 000
4	30	科汇	1	本月发生额	4 100	4 700	借	1 400
4	30			本月合计	4 100	4 700	借	1 400

表 11-19 总分类账（二）

科目名称：银行存款   第 3 页

2016 年		记账凭证		摘要	借方金额	贷方金额	借或贷	余额
月	日	字	号					
4	1			月初余额			借	24 000
4	30	科汇	1	本月发生额	39 240	12 650	借	50 590
4	30			本月合计	39 240	12 650	借	50 590

表 11-20　总分类账（三）

科目名称：生产成本　　　　　　　　　　　　　　　　　　　　　　　　　　　　第 7 页

2016 年		记账凭证		摘要	借方金额	贷方金额	借或贷	余额
月	日	字	号					
4	1			月初余额				0
4	30	科汇	1	本月发生额	14 000	14 000	平	0
4	30			本月合计	14 000	14 000	平	0

小提示　　在企业每月编制一张试算平衡表的情况下，试算平衡表的本期发生额是当月所有科目汇总表的数据的合计。

11.3.3　科目汇总表账务处理程序的优缺点及其适用范围

科目汇总表账务处理程序的优点：根据科目汇总表定期登记总分类账，大幅度减少了登记总分类账的工作，手续比较简单，且科目汇总表还起着试算平衡的作用，能够及时发现记账过程中的错误，保证了记账工作的质量。科目汇总表账务处理程序的缺点：科目汇总表只能反映各科目的借方本期发生额和贷方本期发生额，不反映各科目的对应关系及经济业务的来龙去脉，不便于查对账目。这种账务处理程序一般适用于业务量较大，记账凭证较多的企业单位，是目前被广泛采用的一种记账程序。

小测验　　以下关于科目汇总表账务处理程序说法正确的是（　　　　）。

A．科目汇总表可以起到试算平衡的作用，保证总账登记的正确性

B．可以清晰地反映科目之间的对应关系，便于查对和分析账面

C．适用于经济业务量较多的单位

D．科目汇总表的编制和使用简便

11.4　汇总记账凭证账务处理程序

11.4.1　汇总记账凭证账务处理程序的特点

汇总记账凭证账务处理程序的特点是，定期把记账凭证编制成汇总收款凭证、汇总付款凭证和汇总转账凭证，并据以登记总分类账。

11.4.2　汇总记账凭证账务处理程序的基本内容

1．汇总记账凭证账务处理程序下凭证、账簿的设置

采用汇总记账凭证账务处理程序时，与记账凭证账务处理程序要求相同，设置现金

日记账、银行存款日记账、总分类账和明细分类账。其中：现金日记账、银行存款日记账作为现金、银行存款收付业务的序时记录，一般采用三栏式；总分类账用来进行总分类核算，一般也采用三栏式；明细分类账反映必要的明细分类核算，具体的账页格式，可根据业务特点和管理的需要设置，采用三栏式、数量金额式和多栏式等格式。

2. 汇总记账凭证的编制方法

汇总记账凭证是根据各种记账凭证汇总编制而成，按所汇总的记账凭证的种类分为汇总收款凭证、汇总付款凭证和汇总转账凭证三种。汇总收款凭证是把现金收款凭证、银行存款收款凭证分别汇总，按其借方科目设置，按其对应的贷方科目进行归类；汇总付款凭证是把现金付款凭证、银行存款付款凭证分别汇总，按其贷方科目设置，按其对应的借方科目进行归类；汇总转账凭证是把各个转账凭证分别汇总，一般按其贷方科目设置，按其对应的借方科目进行归类。

采用汇总记账凭证账务处理程序时，定期（5 天或者 10 天）汇总填制一次汇总记账凭证，每月编制一张汇总记账凭证，月终结算出合计数，据以登记总分类账。汇总转账凭证一般按贷方设置（不能借、贷两方同时设置，那样会造成重复过账），各项经济业务所做的记账凭证基本为一借一贷或多借一贷，按贷方科目设置，会减少汇总转账凭证的张数，减少登记总账的工作量。

汇总收款凭证、汇总付款凭证和汇总转账凭证的常用格式如表 11-21～表 11-23所示。

表 11-21　汇总收款凭证

借方科目：库存现金　　　　　　　　　　年　　月　　　　　　　　　汇总收　　第　　号

| 贷方科目 | 金额 | | | | 总账页数 | |
	1～10 日 收款凭证 第　号至第　号	11～20 日 收款凭证 第　号至第　号	21～30 日 收款凭证 第　号至第　号	合计	借方	贷方
合计						

表 11-22　汇总付款凭证

贷方科目：银行存款　　　　　　　　　　年　　月　　　　　　　　　汇总付　第　　号

| 贷方科目 | 金额 | | | | 总账页数 | |
	1～10 日 付款凭证 第　号至第　号	11～20 日 付款凭证 第　号至第　号	21～30 日 付款凭证 第　号至第　号	合计	借方	贷方
合计						

表 11-23 汇总转账凭证

贷方科目：	年 月				汇总转 第 号	
贷方科目	金额				总账页数	
	1～10 日 转款凭证 第 号至第 号	11～20 日 转款凭证 第 号至第 号	21～30 日 转款凭证 第 号至第 号	合计	借方	贷方
合计						

3. 汇总记账凭证账务处理程序下的处理程序

① 根据原始凭证编制汇总原始凭证，并根据原始凭证或原始凭证汇总表登记记账凭证（收款凭证、付款凭证和转账凭证）。

② 根据收款凭证和付款凭证逐笔逐日登记现金日记账和银行存款日记账。

③ 根据记账凭证并参考原始凭证（或原始凭证汇总表）登记各种明细分类账。

④ 根据各种记账凭证定期编制汇总收款凭证、汇总付款凭证和汇总转账凭证。

⑤ 根据汇总记账凭证登记总分类账。

⑥ 月末，将现金日记账、银行存款日记账和明细分类账的余额分别与总分类账的有关账户余额定期核对。

⑦ 月末，根据总分类账和明细账中的有关资料编制会计报表。

上述处理程序如图 11-3 所示。

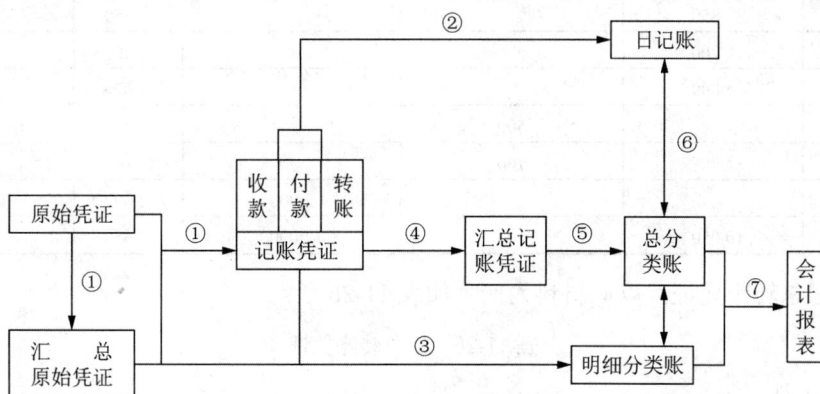

图 11-3 汇总记账凭证核算形式的账务处理程序

4. 汇总记账凭证账务处理程序举例

【例 11-3】仍以华光公司 4 月份经济业务为例，说明汇总记账凭证账务处理程序的应用。

编制记账凭证，登记现金及存款日记账、各种明细账的程序和方法，与记账凭证账务处理程序、科目汇总表账务处理程序基本相同，不再详述，这里就汇总记账凭证的编制、登记总分类账的方法举例说明。

记账凭证如表 11-2 所示，然后，根据记账凭证编制汇总记账凭证。

1）汇总收款凭证，以银行存款为例，如表 11-24 所示。

表 11-24 汇总收款凭证

借方科目：银行存款　　　　　　　　　　2016 年 4 月　　　　　　　　　　汇收 第 1 号

贷方科目	金额				总账页数	
	1~10 日 收款凭证 第 号至第 号	11~20 日 收款凭证 第 2 号至第 3 号	21~30 日 收款凭证 第 号至第 号	合计	借方	贷方
主营业务收入		32 000		32 000		
应交税金		5 440		5 440		
应收账款		1 800		1 800		
合计		39 240		39 240		

2）汇总付款凭证，以银行存款为例，如表 11-25 所示。

表 11-25 汇总付款凭证

贷方科目：银行存款　　　　　　　　　　2016 年 4 月　　　　　　　　　　汇付 第 1 号

贷方科目	金额				总账页数	
	1~10 日 付款凭证 第 1 号至第 4 号	11~20 日 付款凭证 第 6 号至第 6 号	21~30 日 付款凭证 第 7 号至第 7 号	合计	借方	贷方
在途物资	5 000			5 000		
应交税金	850			850		
在途物资	200			200		
库存现金	4 000			4 000		
制造费用		500		500		
管理费用		100		100		
应付票据			2 000	2 000		
合计	10 050	600	2 000	12 650		

3）汇总转账凭证，以原材料为例，如表 11-26 所示。

表 11-26 汇总转账凭证

贷方科目：原材料　　　　　　　　　　2016 年 4 月　　　　　　　　　　汇转 第 1 号

贷方科目	金额				总账页数	
	1~10 日 收款凭证 第 2 号至第 2 号	11~20 日 收款凭证 第 号至第 号	21~30 日 收款凭证 第 4 号至第 4 号	合计	借方	贷方
生产成本	8 840			8 840		
管理费用			104	104		
合计	8 840	0	104	8 944		

4）根据汇总记账凭证，登记总分类账，如表 11-27 和表 11-28 所示。

表 11-27　总分类账（一）

科目名称：银行存款　　　　　　　　　　　　　　　　　　　　　　　　　　　　　　　　　　第 1 页

2016 年		记账凭证编号	摘要	对方科目	借方	贷方	借或贷	余额
月	日							
4	1		月初余额				借	24 000
4	30	汇收 1	本月发生额	主营业务收入	32 000			
				应交税金	5 440			
				应收账款	1 800		借	63 240
4	30	汇付 1	本月发生额	在途物资		5 000		
				应交税金		850		
				在途物资		200		
				库存现金		4 000		
				制造费用		500		
				管理费用		100		
				应付票据		2 000	借	50 590
4	30		本月合计		39 240	12 650	借	50 590

表 11-28　总分类账（二）

科目名称：原材料　　　　　　　　　　　　　　　　　　　　　　　　　　　　　　　　　　　第 15 页

2016 年		记账凭证编号	摘要	对方科目	借方	贷方	借或贷	余额
月	日							
4	1		月初余额				借	10 400
4	30	汇转 1	本月发生额	生产成本		8 840		
				管理费用		104	借	1 456
4	30					8 944	借	1 456

11.4.3　汇总记账凭证账务处理程序的优缺点及其适用范围

汇总记账凭证账务处理程序与记账凭证账务处理程序相比，汇总记账凭证账务处理程序是定期汇总，月末编制，一次登入总分类账，大大减少了登记总分类账的工作量。汇总记账凭证账务处理程序与科目汇总表账务处理程序相比，汇总记账凭证账务处理程序是按科目对应关系归类的，反映了各科目的对应关系，便于检查经济活动的情况。但是，汇总记账凭证账务处理程序中的汇总转账凭证不是按经济业务性质归类汇总的，不利于会计核算的合理分工，而且，编制汇总记账凭证的工作量较大。这种账务处理程序适用于规模较大、业务量较多的企业。

📜 **小提示**　汇总记账凭证账务处理程序是在记账凭证账务处理程序的基础上发展起来的，它与记账凭证账务处理程序的主要区别是在记账凭证和总分类账之间增加了汇总记账凭证。

📜 **小测验**　科目汇总表账务处理程序和汇总记账凭证账务处理程序的主要相同点是（　　）。
　　A. 登记总账的依据相同
　　B. 汇总凭证的格式相同
　　C. 记账凭证都需汇总并且记账步骤相同
　　D. 记账凭证的汇总方向相同

小　　结

账务处理程序是指填制会计凭证，根据凭证登记各种账簿，根据账簿记录编制会计报表，提供会计信息这一整个过程的步骤和方法。

常用的账务处理程序主要有记账凭证账务处理程序、科目汇总表账务处理程序、汇总记账凭证账务处理程序。

记账凭证账务处理程序的主要特点是根据记账凭证逐笔登记总分类账，账务处理程序简单明了、手续简便，但在业务量大时登记总分类账的工作会很繁重。因此，这种账务处理程序，一般只适用于规模较小，经济业务简单、数量较少的单位。

科目汇总表账务处理程序的主要特点是根据记账凭证定期编制科目汇总表，然后根据科目汇总表登记总分类账。这种处理程序大幅度减少了登记总分类账的工作，还起着试算平衡的作用。这种账务处理程序一般适用于业务量较大，记账凭证较多的企业单位，是目前被广泛采用的一种记账程序。

汇总记账凭证账务处理程序的主要特点是根据记账凭证编制汇总记账凭证，然后根据汇总记账凭证登记总分类账。这种处理程序大大减少了登记总分类账的工作量，又反映了各科目的对应关系，便于检查经济活动的情况。适用于规模较大、业务量较多的企业。

可见，各种账务处理程序既有许多共同点，又有各自的特点和适用范围。各种账务处理程序之间最根本的区别在于登记总账的依据和方法不同。

思 考 题

1. 什么是账务处理程序？它包括哪几种？
2. 什么是记账凭证账务处理程序？其记账步骤有哪些？

3. 简述记账凭证账务处理程序的优缺点及适用范围。

4. 什么是科目汇总表账务处理程序？其记账步骤有哪些？

5. 简述科目汇总表账务处理程序的优缺点及适用范围。

6. 什么是汇总记账凭证账务处理程序？其记账步骤有哪些？

7. 简述汇总记账凭证账务处理程序的优缺点及适用范围。

8. 如何编制科目汇总表？

案例导入分析

一个单位应选择什么样的会计核算组织程序，首先应考虑本单位规模的大小、业务繁简的需要。由于天地公司的初始投资额仅有 500 000 元，规模并不大，而且从其开业一个月发生的业务中就可以看出其业务量也不太大。就目前天地公司的状况而言，最适合选择的就是记账凭证核算组织程序。另外，刘通不懂会计，所以在这种核算组织程序下，刘通就很容易通过总账的详细记录了解公司发生的每一笔经济业务，进而观察其资金运动的来龙去脉，把握公司的经营状况。

天地公司应编制的记账凭证可以有收款凭证、付款凭证、转账凭证；设置的账簿可以有现金日记账、银行存款日记账、总分类账、有关的明细账等。同时，根据天地公司编制的资产负债表、利润表可以看出，经过一个月的经营，天地公司的资产总额由月初的 500 000 元增加到月末的 523 730 元，负债总额增加了 10 560 元，所有者权益总额增加了 13 710 元，而所有者权益的增加是由于实现了 13 710 元的利润所致。

实 训 题

【实训目标】

熟练掌握科目汇总表账务处理程序。

【实训资料】

资料一：某公司 2015 年 12 月初各账户余额（金额单位：元）如表 11-29 所示。

资料二：该公司 2015 年 12 月发生以下经济业务（进、销价含增值税 17%）。

① 12 月 1 日，向一厂购入甲材料 200 千克，每千克 129.20 元，货款用银行存款支付。

② 12 月 2 日，用现金支付甲材料运费 160 元。

③ 12 月 3 日，甲材料 200 千克验收入库，按实际成本入库。

④ 12 月 5 日，收到二厂还来货款 36 000 元，四厂还来货款 60 000 元存入银行。

⑤ 12 月 7 日，用银行支票 30 000 元归还临时借款。

⑥ 12 月 10 日，以现金购入劳保用品 100 元，当即交付车间使用。

表 11-29　某公司 2015 年 12 月初账户余额

账户名称	借方余额	账户名称	贷方余额
库存现金	1 400	累计折旧	162 700
银行存款	54 600	短期借款	50 000
应收账款——二厂	42 000	应付账款	30 000
——四厂	80 100	应付职工薪酬	10 180
其他应收款	1 500	应交税费	15 200
原材料——甲材料	65 000	应付利息	1 600
库存商品——A 商品	88 200	实收资本	500 000
——B 商品	82 416	盈余公积	3 670
预付账款	12 984	本年利润	82 560
固定资产	444 130	利润分配	16 420
合计	872 330	合计	872 330

⑦ 12 月 15 日，购入新机器一台，价值 70 000 元，用转账支票支付。

⑧ 12 月 17 日，向二厂售出 A 产品 300 件，每件 210.60 元，计价 63 180 元，款项尚未收到。

⑨ 12 月 18 日，仓库发出甲材料 100 千克，每千克 130 元，用于制造 A 产品。

⑩ 12 月 20 日，用现金支票支付车间设备修理费 328 元。

⑪ 12 月 22 日，仓库发出甲材料 200 千克，每千克进价 130 元，用于制造 B 产品。

⑫ 12 月 22 日，开出现金支票 1 000 元，提取现金。

⑬ 12 月 23 日，用现金支票 330 元购买管理部门办公用品。

⑭ 12 月 24 日，出售 A 产品 200 件，价款 42 120 元存入银行。

⑮ 12 月 26 日，出售 B 产品 150 件，价款 70 200 元存入银行。

⑯ 12 月 27 日，管理部门人员出差回来，报销差旅费 1 290 元。原借支 1 500 元，剩余 210 元现金交回财务。

⑰ 12 月 30 日，向银行提取现金 38 000 元，用于发放工资。

⑱ 12 月 30 日，用现金 38 000 元发放工资。

⑲ 12 月 31 日，用转账支票支付本月电费 4 770 元，其中车间生产用电 3 978 元，管理用电 792 元。

⑳ 12 月 31 日，用转账支票支付本月水费 380 元，其中车间用水 216 元，管理部门用水 164 元。

㉑ 12 月 31 日，结算本月职工工资 38 000 元，其中 A 产品工人工资 12 800 元，B 产品工人工资 14 400 元，车间技术管理人员 5 800 元，行政管理部门 5 000 元。

㉒ 12 月 31 日，计提本月固定资产折旧 3 780 元，其中车间固定资产 2 500 元，行政管理部门固定资产 1 280 元。

㉓ 12 月 31 日，结转本月制造费用，按生产工人工资比例分配计入 A、B 产品生产成本。

㉔ 12 月 31 日，结转已完工 A 产品 300 件，B 产品 400 件的生产成本。

㉕ 12 月 31 日，结转已销售产品成本，A 产品每件 147 元，B 产品每件 274.72 元。

㉖ 12 月 31 日，结转各项损益账户，计算本月利润总额。

㉗ 12 月 31 日，按利润总额 25%计算应交所得税。

㉘ 12 月 31 日，将所得税费用结转本年利润。

㉙ 12 月 31 日，按税后利润 10%计提盈余公积。

㉚ 12 月 31 日，结转利润分配二级账户。

【实训要求】

1）根据资料开设总分类账和明细分类账，登记期初余额。

2）编制记账凭证简表。

3）根据记账凭证登记明细分类账。

4）根据记账凭证编制科目汇总表。

5）根据科目汇总表登记总分类账。

第 12 章　会计工作组织

CHAPTER 12

📖 **学习目标**

- 了解会计法律制度体系的基本框架。
- 掌握会计管理的规定及会计法律责任的有关规定。

📓 **关键概念**

会计制度　会计机构　会计人员

📚 **案例导入**

2015 年 8 月甲公司（国有）会计王某申请辞职，公司人事部门在其没有办清会计工作交接手续的情况下，即为其办理了辞职手续。由于会计人员空缺，会计科长张某将自己的女儿招聘进来担任出纳，张某女儿尚未取得会计从业资格证。

思考：运用本章知识分析甲公司会计工作的组织是否符合规定。

12.1　会计法律制度

12.1.1　会计法律制度的概念

会计法律制度是指国家权力机关和行政机关制定的各种会计规范性文件的总称，包括会计法律、会计行政法规、会计规章等。它是调整会计关系的法律规范。

任何一个经济组织的活动都不是独立存在的。作为经济管理工作的会计，首先表现为单位内部的一项经济管理活动，即对本单位的经济活动进行核算和监督。在处理经济业务事项时，必然会涉及和影响有关方面的经济利益。例如，供销关系、债权债务关系、信贷关系、分配关系、税款征纳关系、管理与被管理关系等。会计机构和会计人员在办理会计事务过程中以及国家在管理会计工作过程中发生的经济关系称为会计关系。处理上述各种经济关系，就需要用会计法律制度来规范。

12.1.2　会计法律制度的构成

我国会计法律制度的基本构成如下：

1. 会计法律

会计法律是指由全国人民代表大会及其常务委员会经过一定立法程序制定的有关会计工作的法律。例如，1999 年 10 月 31 日第九届全国人大常委会第十二次会议修订通过的《会计法》。它是会计法律制度中层次最高的法律规范，是制定其他会计法规的依据，也是指导会计工作的最高准则。

2. 会计行政法规

会计行政法规是指由国务院制定并发布或者国务院有关部门拟订并经国务院批准发布，调整经济生活中某些方面会计关系的法律规范。会计行政法规的制定依据是《会计法》。例如，国务院发布的《企业财务会计报告条例》、《总会计师条例》等。

3. 会计部门规章

会计部门规章，是指国家主管会计工作的行政部门即国务院财政部门及其他相关部委根据法律和国务院的行政法规、决定、命令，在本部门的权限范围内制定的，调整会计工作中某些方面内容的国家统一的会计制度和规范性文件，包括国家统一的会计核算制度、会计监督制度、会计机构和会计人员制度及会计工作管理体制等。如《财政部门实施会计监督办法》、《会计从业资格管理办法》、《代理记账管理办法》；2006 年 2 月 15 日财政部第 33 号令修订发布的《企业会计准则——基本准则》也属于会计部门规章；除此之外，由国务院财政部门制定并发布的《企业会计制度》、《行政单位会计制度》、《事业单位会计制度》、《会计基础工作规范》，以及财政部与国家档案局联合发布的《会计档案管理办法》、《企业会计准则——具体准则》（共 38 个）、《企业会计准则——应用指南》、《企业财务通则》均属于会计部门规章。

国务院其他部门根据其职责权限制定的会计方面的规范性文件也属于会计规章，但必须报财政部审核或者备案。会计部门规章不得与宪法、法律和行政法规相违背，其效力低于宪法、法律和行政法规。

4. 地方性会计法规

地方性会计法规是指由省、自治区、直辖市人民代表大会及其常务委员会在同宪法、会计法律、会计行政法规和会计部门规章不相抵触的前提下，根据本地区情况指定发布的关于会计核算、会计监督、会计机构和会计人员以及会计工作管理的规范性文件，如《四川省会计管理条例》、《山东省实施〈中华人民共和国会计法〉办法》等。此外，实行计划单列市、经济特区的人民代表大会及其常务委员会，在宪法、法律、行政法规允许的范围内也可制定会计规范性文件，如《深圳市会计条例》等。

小测验　1.(　　)是会计法律制度中层次最高的法律规范，是指导会计工作的最高准则。

A.《会计法》

B.《中华人民共和国注册会计师法》

C.《中华人民共和国会计师法》

D.《总会计师条例》

12.2　会计工作管理体制

会计工作管理体制是指国家划分会计工作管理权限的制度。它包括的内容有四个方面：一是会计工作由谁管理；二是会计制度的制定权限；三是会计人员的管理；四是单位内部的会计工作管理。我国会计工作管理体制的总原则是统一领导、分级管理。

12.2.1　会计工作的主管部门

《会计法》第七条规定："国务院财政部门主管全国的会计工作。县级以上地方各级人民政府财政部门管理本行政区域内的会计工作。"其中，明确规定了会计工作由谁管理和在会计工作管理体制上实行统一领导、分级管理的原则。新中国成立以来，会计工作一直由财政部门管理，有了一定的基础，积累了一定的工作经验。同时，财务会计工作同国家财政收支的关系十分密切，它是财政的一项基础工作。所以，《会计法》规定了会计工作由各级财政部门管理的体制。

12.2.2　会计制度的制定权限

《会计法》第八条规定："国家实行统一的会计制度。国家统一的会计制度由国务院财政部门根据本法制定并公布。国务院有关部门可以依照本法和国家统一的会计制度制定对会计核算和会计监督有特殊要求的行业实施国家统一会计制度的具体办法或者补充规定，报国务院财政部门审核批准。中国人民解放军总后勤部可以依照本法和国家统一的会计制度制定军队实施国家统一的会计制度的具体办法，报国务院财政部门备案。"其中，明确规定了制定会计制度的权限。规定会计制度制定的权限，是会计工作实行统一领导、分级管理原则的一个重要方面。

当前，在我国实行社会主义市场经济的条件下，还必须从宏观上对国民经济进行计划和管理，为使各地区、各部门、备单位在办理会计事务中有统一的制度作依据，使会计核算正确地体现财政、财务制度有关规定的要求，保证会计这一信息系统及时、正确地为国民经济计划和管理提供分类科学、口径统一的会计资料。因此，由国务院财政部门制定国家统一的会计制度是完全必要的。这些国家统一的会计制度是在全国范围内实施的会计工作管理方面的规范性文件，主要包括三个方面：一是国家统一的会计核算制度，如《企业会计准则——基本准则》和各具体准则及其应用指南、《事业单位会计准则》、《企业会计制度》、《金融企业会计制度》、《小企业会计制度》等；二是国家统一的会计机构和会计人员管理制度，如《总会计师条例》、《会计从业资格管理办法》、《会计专业技术资格考试暂行规定》等；三是国家统一的会计工作管理制度，如《会计档案管理办法》、《会计人员工作规则》等。但是，由于各地区、各部门的具体情况千差万别，由国务院财政部门制定所有的、包罗万象的会计制度，实际上也不可能。

因此，在国务院财政部门制定国家统一的会计制度的基础上，还需要由各地区、各部门制定符合《会计法》要求的、符合实际情况的会计制度或者补充规定，报国务院财政部门审核批准或者备案后实行。

12.2.3 会计人员的管理

1）从事会计工作的人员，必须取得会计从业资格证书。单位会计机构负责人（会计主管人员）除取得会计从业资格证书外，还应当具备会计师以上专业技术职务资格或从事会计工作 3 年以上经历。

2）财政部门负责会计从业资格管理、会计专业技术职务资格管理、会计人员评优表彰奖惩，以及会计人员继续教育等。

对于会计人员的管理问题，将在 12.4 节中具体说明。

小提示 1. 会计从业资格证书的适用范围

在国家机关、社会团体、企业、事业单位和其他组织中担任会计机构负责人（会计主管）的人员，以及从事下列会计工作的人员应当取得会计从业资格：①出纳；②稽核；③资本、基金核算；④收入、支出、债权债务核算；⑤职工薪酬、成本费用、财务成果核算；⑥财产物资的收发、增减核算；⑦总账；⑧财务会计报告编制；⑨会计机构内会计档案管理；⑩其他会计工作。

2. 会计从业资格的撤销

有下列情形之一的，会计从业资格管理机构可以撤销持证人员的会计从业资格：①会计从业资格管理机构工作人员滥用职权、玩忽职守，做出给予持证人员会计从业资格决定的；②超越法定职权或者违反法定程序，做出给予持证人员会计从业资格决定的；③对不具备会计从业资格的人员，做出给予会计从业资格决定的。持证人员以欺骗、贿赂、舞弊等不正当手段取得会计从业资格的，会计从业资格管理机构应当撤销其会计从业资格。

12.2.4 单位内部的会计工作管理

《会计法》规定：单位负责人对本单位的会计工作和会计资料的真实性、完整性负责；应当保证财务会计报告真实、完整；应当保证会计机构、会计人员依法履行职责，不得授意、指使、强令会计机构和会计人员违法办理会计事项。单位负责人是指单位法定代表人或者法律、行政法规规定代表单位行使职权的主要负责人。《会计法》赋予了单位负责人在单位内部会计工作管理中的权利和责任。

小提示

会计工作的自律管理

1. 中国注册会计师协会

中国注册会计师协会是依据《中华人民共和国注册会计师法》（以下简称《注册会计师法》）和《社会团体登记条例》的有关规定设立，在财政部党组和理事会领导下开展行业管理和服务的法定组织。

2. 中国会计学会

中国会计学会创建于 1980 年，是财政部所属由全国会计领域各类专业组织，以及会计理论界、实务界会计工作者自愿结成的学术性、专业性、非营利性社会组织。

3. 中国总会计师协会

中国总会计师协会是经财政部审核同意、民政部正式批准，依法注册登记成立的跨地区、跨部门、跨行业、跨所有制的非营利性国家级社团组织，是总会计师行业的全国性自律组织。

小测验

1. 我国的会计管理体制是（　　　）。

　A. 统一领导　　　　　　　B. 统一领导，分级管理

　C. 分级管理　　　　　　　D. 统一领导，集中管理

2. 根据《会计法》和有关法规的规定，财政部门负责会计人员的业务管理，不包括（　　　）。

　A. 会计从业资格管理　　　B. 会计人员专业教育

　C. 会计专业技术资格　　　D. 岗位会计人员评优表彰

3. 中国人民解放军总后勤部可以依照《会计法》和国家统一的会计制度制定军队实施国家统一的会计制度的具体办法，报（　　　）备案。

　A. 国务院　　　　　　　　B. 国家审计部门

　C. 国务院财政部门　　　　D. 中央军委

12.3　会 计 监 督

会计监督是会计的基本职能之一，是我国经济监督体系的重要组成部分。目前我国已形成了三位一体的会计监督体系，包括单位内部监督、以注册会计师为主体的社会监

督和以政府财政部门为主体的政府监督。

12.3.1　单位内部会计监督

1. 单位内部会计监督的概念

单位内部会计监督，是指一个单位为了保护其资产的安全完整，保证其经营活动符合国家法律、法规和内部规章要求，提高经营管理水平和效率，防止舞弊，控制风险等，而在单位内部采取的一系列相互联系、相互制约的制度和方法。这是单位内部为保证会计秩序、防止有关部门人员故意违法、预防单位内部管理失控的重要会计监督制度，其本质是一种内部控制制度。

《会计法》对单位内部会计监督制度的基本内容和要求做出原则性规定，主要包括以下几项：一是会计事项相关人员的职责权限应当明确；二是重大经济业务事项的决策和执行程序应当明确；三是进行财产清查；四是对会计资料进行内部审计。

2. 单位内部会计监督的主体和对象

根据《会计法》、《会计工作规范》和《内部会计控制规范（试行）》的规定，各单位的会计机构、会计人员对本单位的经济活动进行会计监督。内部会计监督的主体是各单位的会计机构、会计人员；内部会计监督的对象是单位的经济活动。

尽管单位内部会计监督的主体是各单位的会计机构、会计人员，但内部会计监督不仅仅是会计机构、会计人员的事情，单位负责人应当积极支持和保障会计机构、会计人员行使会计监督的职权。根据《会计法》的规定，单位负责人负责单位内部会计监督制度的组织实施，对本单位内部会计监督制度的建立及有效实施承担最终责任。

3. 单位内部会计监督制度的基本要求

单位内部会计监督的内容十分广泛，涉及人、财、物等方面，各单位应当根据实际情况建立、健全本单位内部会计监督制度。根据《会计法》的规定，单位内部会计监督制度应当符合以下要求：

1）记账人员与经济业务或会计事项的审批人员、经办人员、财物保管人员的职责权限应当明确，并相互分离、相互制约。

2）重大对外投资、资产处置、资金调度和其他重要经济业务，应当明确其决策和执行程序，并体现相互监督、相互制约的要求。

3）财产清查的范围、期限和组织程序应当明确。

4）对会计资料定期进行内部审计的办法和程序应当明确。

小提示　　内部审计是指单位内部的一种独立客观的监督和评价活动，它通过单位内部独立的审计机构和审计人员审查和评价本部门、本单位财务收支和其他经营活动以及内部控制的适当性、合法性和有效性来促进单位目标的实现。内部审计的内容是一个不断发展变化的范畴，主要包括财务审计、经营审计、经济责任审计、管理审计和风险管理等。

内部审计的审计机构和审计人员都设在本单位内部，审计的内容更侧重于经营过程是否有效、各项制度是否得到遵守与执行。审计结果的客观性和公正性较低，并且以建议性意见为主。

内部审计在单位内部会计监督制度中的重要作用：①预防保护作用；②服务促进作用；③评价鉴证作用。

4. 会计机构和会计人员在单位内部会计监督中的职权

会计机构和会计人员对违反《会计法》和国家统一的会计制度规定的会计事项，有权拒绝办理或者按照职权予以纠正。单位内部会计监督，在许多情况下，是通过单位内部的会计机构、会计人员在处理会计业务过程中进行的。由于会计机构、会计人员对会计业务及相关法规、制度有比较全面的了解和掌握，对会计事项是否合法的界限比较清楚，单位内部的其他人员是不可能具有他们这种先天的优势的。因此，由会计机构、会计人员在处理会计业务过程中严格把关，对会计业务实行监督，可以有效地防范违法会计行为的发生，这也是单位负责人的会计责任得以具体落实的重要措施。

发现会计账簿记录与实物、款项及有关资料不相符的，按照国家统一的会计制度规定有权自行处理的，应当及时处理；无权处理的，应当立即向单位负责人报告，请求查明原因，做出处理。会计资料是会计工作的最终产品，会计对自己工作的结果实施有效的控制和监督，是会计机构、会计人员的基本职责。单位的财产物资及其财产物资的货币表现，是会计工作的对象。保证单位内部的账实、账款、账账与账表相符，是法律、单位内部负责人对会计工作的基本要求，也是加强物资管理的重要措施。

因此，《会计法》规定，会计机构、会计人员对单位内部的会计资料和财产物资有权实施监督。

12.3.2　会计工作的政府监督

1. 会计工作的政府监督的概念

会计工作的政府监督主要是指财政部门代表国家对单位和单位中相关人员的会计行为实施的监督检查，以及对发现的违法会计行为实施的行政处罚，是一种外部监督。

2. 会计工作的政府监督的主体

《会计法》规定："国务院财政部门主管全国的会计工作。县级以上地方各级人民政府财政部门管理本行政区域内的会计工作。"财政部门是《会计法》的执法主体，是会计工作的政府监督实施主体。

此外，《会计法》规定，除财政部门外，审计、税务、人民银行、银行监管、证券监管、保险监管等部门依照有关法律、行政法规规定的职责和权限，可以对有关单位的会计资料实施监督检查。《中华人民共和国税收征收管理法》规定，税务机关有权检查纳税人的账簿、记账凭证、报表和有关资料。前款所列监督检查部门对有关单位的会计资料依法履行监督检查后，应当出具检查结论。有关监督检查部门已经做出的检查结论能够满足其他监督部门履行本部门职责需要的，其他监督检查部门应当加以利用，避免重复查账。这些规定明确表明：在对单位会计监督过程中，除了财政部门以外，其他有关政府部门对相关单位会计资料实施的监督检查也属于会计工作的政府监督范畴。

3. 财政部门实施会计监督的对象和范围

根据《财政部门实施会计监督办法》的规定，财政部门实施会计监督检查的对象是会计行为，并对发现的有违法会计行为的单位和个人实施行政处罚。违法会计行为是指公民、法人和其他组织违反《会计法》和其他有关法律、行政法规、国家统一的会计制度的行为。

根据《会计法》的规定，各单位必须依照有关法律、行政法规的规定，接受有关监督检查部门依法实施的监督检查，如实提供会计凭证、会计账簿、财务会计报告和其他会计资料以及有关情况，不得拒绝、隐匿、谎报。

根据《会计法》的规定，财政部门可以依法对各单位的下列情况实施监督：

1）各单位是否依法设置会计账簿。具体包括：按照国家的相关法律、行政法规和国家统一的会计制度的规定，各单位是否依法设置会计账簿；已经设置会计账簿的单位，所设置的会计账簿是否符合相关法律、行政法规和国家统一会计制度的要求；各单位是否存在账外账的违法行为等。

2）各单位的会计凭证、会计账簿、财务会计报告和其他会计资料是否真实、完整。具体包括：各单位对所发生的经济业务事项是否及时办理会计手续，进行会计核算；各单位的会计资料（会计凭证、会计账簿、财务会计报告）是否与实际发生的经济业务事项相符，是否做到账实相符、账证相符、账账相符、账表相符；各单位提供的财务会计报告是否符合相关法律、行政法规和国家统一会计制度的规定等。

3）各单位的会计核算是否符合《会计法》和国家统一的会计制度的规定。具体包括：各单位会计核算的内容是否真实、完整；所采用的会计年度、记账本位币、会计处理方法、会计记录文字等是否符合法律、行政法规和国家统一会计制度的规定；各单位对资产、负债、所有者权益、收入、支出、费用、成本、利润的确认、计量、记录和报告是否符合国家统一会计制度的规定；各单位会计档案保管是否符合法定要求等。

4）各单位从事会计工作的人员是否具备从业资格。具体包括：各单位从事会计工作的人员是否取得了会计从业资格证书并接受财政部门的管理；会计机构负责人的任职资格是否符合条件等。

此外，国务院财政部门和省、自治区、直辖市人民政府财政部门，依法对注册会计师、会计师事务所和注册会计师协会进行监督、指导。财政部门对会计师事务所出具审计报告的程序和内容进行监督。

12.3.3 会计工作的社会监督

1. 会计工作的社会监督的概念

会计工作的社会监督主要是指由注册会计师及其所在的会计师事务所依法对委托单位的经济活动进行审计、鉴证的一种监督制度。此外，单位和个人检举违反《会计法》和国家统一的会计制度规定的行为，也属于会计工作社会监督的范畴。

2. 注册会计师及其所在的会计师事务所业务范围

根据《注册会计师法》的规定，注册会计师是依法取得注册会计师证书并接受委托从事审计和会计咨询、服务业务的执业人员。注册会计师依法承办以下两个方面的业务：

1）审计业务，具体包括：①审查企业财务会计报告，出具审计报告；②验证企业资本，出具验资报告；③办理企业合并、分立、清算事宜中的审计业务，出具有关报告；④法律、行政法规规定的其他审计业务。

2）承办会计咨询、服务业务，主要包括：设计会计制度，担任会计顾问，提供会计、管理咨询；代理纳税申报，提供税务咨询；代理、申请工商登记，拟订合同、章程和其他业务文件。

3）办理投资评价、资产评估和项目可行性研究中的有关业务；培训会计、审计和财务管理人员；其他会计咨询、服务。

为规范会计行为，保证会计资料的质量，确实发挥注册会计师审计业务的公平、公正、公开，《会计法》增加了对注册会计师审计业务的规定，对委托人、注册会计师和会计师事务所的行为进行了规范。

1）委托单位应当如实地向注册会计师提供相关的会计资料。这是其法定的责任和义务，是保证注册会计师审计工作得以顺利开展的重要基础。注册会计师开展审计业务，是依据委托人提供的会计资料和相关情况，按照规定的审计规则、审计程序进行。如果委托人不能提供完整的会计资料和相关信息，注册会计师的审计业务就无法正常开展，出具的审计报告就不可能达到公开、公正的要求。

2）任何人不得干扰注册会计师独立开展审计业务。注册会计师开展审计业务，有其规定的规则、程序和方法，其出具的审计报告具有法律效力，其法律责任由注册会计师及其会计师事务所承担。注册会计师的工作要客观、公正，不能受任何其他外界的干扰，任何与委托单位有关的部门和个人，都不得示意、胁迫注册会计师出具不实、不当的审计报告。

3）财政部门对会计师事务所出具的审计报告有监督的责任。《注册会计师法》规定："国务院财政部门和省、自治区、直辖市人民政府财政部门，依法对注册会计师、会计师事务所和注册会计师协会进行监督、指导。"这一规定明确了财政部门对注册会计师进行管理的职能和权限。各级财政部门对注册会计师的工作负有管理和指导的责任，要加强对注册会计师、会计师事务所和注册会计师协会的管理、监督和指导。

小测验

1. 根据《会计法》的规定，下列关于单位内部会计监督的说法，不正确的是（　　）。

　　A. 单位负责人负责单位内部会计监督制度的组织实施，对本单位内部会计监督制度的建立及有效实施承担最终责任

　　B. 会计机构和会计人员对单位内部的会计资料和财产物资实施监督

　　C. 内部会计监督的主体是各单位的会计机构、会计人员；内部会计监督的对象是本单位的会计行为

　　D. 记账人员与经济业务事项和会计事项的审批人员、经办人员、财务保管人员的职责权限应当明确，并相互分离、相互制约

2. 会计师事务所依法承办的审计业务有（　　）。

　　A. 审查企业会计报表，出具审计报告

　　B. 验证企业资本，出具验资报告

　　C. 办理企业合并、分立、清算事宜中的审计业务，出具有关报告

　　D. 法律、行政法规定的其他审计业务

12.4　会计机构和会计人员

会计机构是各单位办理会计事务的职能机构，会计人员是直接从事会计工作的人员。各单位应建立、健全会计机构，配备数量和素质都相当的、具备从业资格的会计人员，这是各单位做好会计工作、充分发挥会计职能作用的重要保证。因此，《会计法》对会计机构的设置和会计人员的配备做出了具体的规定。

12.4.1　会计机构的设置

"各单位应当根据会计业务的需要，设置会计机构，或者在有关机构中设置会计人员并指定会计主管人员；不具备设置条件的，应当委托经批准设立从事会计代理记账业务的中介机构代理记账。"这是《会计法》对设置会计机构问题做出的规定。

1. 根据业务需要设置会计机构

各单位是否设置会计机构，应当根据会计业务的需要来决定，即各单位可以根据本单位会计业务的繁简情况决定是否设置会计机构。一个单位是否需要设置会计机构，一般取决于以下几个方面的因素。

1）单位规模的大小。从有效发挥会计职能作用的角度看，实行企业化管理的事业单位，大、中型企业应当设置会计机构；业务较多的行政单位、社会团体和其他组织也应设置会计机构。而对那些规模很小的企业、业务和人员都不多的行政单位等，可以不单独设置会计机构，将会计业务并入其他职能部门或者委托代理记账。

2）经济业务和财务收支的繁简。大、中型单位的经济业务复杂多样，在会计机构和会计人员的设置上应考虑全面、合理、有效的原则，但是也不能忽视单位经济业务的性质和财务收支的繁简问题。有些单位的规模相对较小，但其经济业务复杂多样，财务收支频繁，也要设置相应的会计机构和会计人员。

3）经营管理的要求。经营管理上对会计机构和会计人员的设置要求是最基本的：如果没有经营管理上对会计机构和会计人员的要求，也就不存在单位对会计的要求了。单位设置会计机构和会计人员的目的，就是为了适应单位在经营管理上的需要。随着科学技术的进步，单位会计机构和会计人员的要求与手工会计核算相比有了很大的不同。数据的及时性、数据的准确性、数据的全面性比任何其他时候对会计机构和会计人员的要求都高。因此，如何设置会计机构和会计人员是单位会计设置中的重要课题。

2. 不设置会计机构的应设置会计人员并指定会计主管人员

会计主管人员是负责组织管理会计事务、行使会计机构负责人职权的负责人。它不同于通常所说的"会计主管"、"主管会计"、"主办会计"。一个单位如何配备会计机构负责人，主要应考虑单位的实际需要，不能使用"一刀切"的做法，要求完全统一标准。实际上，凡是设置了会计机构的单位，都配备了会计机构负责人。《会计法》规定应在会计人员中指定会计主管人员，目的是强化责任制度，防止出现会计工作无人负责的局面。《会计基础工作规范》中，对会计人员配备、会计岗位设置的原则作了规定，如规定"会计工作岗位，可以一人一岗、一人多岗或者一岗多人"；会计岗位可以包括会计机构负责人或者会计主管人员、出纳、财产物资核算、工资核算、成本费用核算、财务成果核算、资金核算、往来核算、总账报表、稽核、档案管理等。

12.4.2　会计工作岗位设置

会计工作岗位，是指一个单位会计机构内部根据业务分工而设置的职能岗位。对于会计工作岗位的设置，《会计基础工作规范》提出了以下示范性的要求：

1）根据本单位会计业务的需要设置会计工作岗位。

2）符合内部牵制制度的要求。根据规定，会计工作岗位可以一人一岗、一人多岗或者一岗多人，但出纳人员不得兼任稽核、会计档案保管和收入、支出费用及债权债务账目的登记工作。

3）对会计人员的工作岗位要有计划地进行轮岗，以促进会计人员全面熟悉业务和不断提高业务素质。

4）要建立岗位责任制。根据《会计基础工作规范》和有关制度的规定，会计工作岗位一般分为总会计师（或行使总会计师职权）岗位；会计机构负责人（会计主管人员）岗位；出纳岗位；稽核岗位；资本、基金核算岗位；收入、支出、债权债务核算岗位；工资核算、成本核算、财务成果核算岗位；财产物资的收发、增减核算岗位；总账岗位；对外财务会计报告编制岗位；会计电算化岗位；会计档案管理岗位。

对于会计档案管理岗位，在会计档案正式移交之前，属于会计岗位；正式移交档案管理部门之后，不再属于会计岗位。档案管理部门的人员管理会计档案，不属于会计岗位。医院门诊收费员、住院处收费员、药房收费员、药品库房记账员、商场收款（银）员所从事的工作，均不属于会计岗位。单位内部审计、社会审计、政府审计工作也不属于会计岗位。

12.4.3　会计人员回避制度

回避制度是指为了保证执法或者执业的公正性，对可能影响其公正性的执法或者执业的人员实行职务回避和业务回避的一种制度。回避制度已成为我国人事管理的一项重要制度。在会计工作中，由于亲情关系而连同作弊和违法违纪的案件时有发生，因此，在会计人员中实行回避制度十分必要。《会计基础工作规范》从会计工作的特殊性出发，对会计人员的回避问题做出了规定，即国家机关、国有企业、事业单位任用会计人员应当实行回避制度；单位负责人的直系亲属不得担任本单位的会计机构负责人、会计主管人员，会计机构负责人、会计主管人员的直系亲属不得在本单位会计机构中担任出纳工作。直系亲属包括夫妻关系、直系血亲关系、三代以内旁系血亲及近姻亲关系。

12.4.4　会计人员的工作交接

会计人员工作交接是会计工作中的一项重要内容。由于会计工作的特殊性，会计人员调动工作或者离职时，需要与接管人员办清交接手续，这是会计人员应尽的职责，也是做好会计工作的要求。

会计工作人员调动工作和离职是正常的现象，但是单位的生产经营活动是一项连续的组织活动，不能因会计人员的工作调动或离职使会计工作中断。做好会计交接工作，可以使会计工作前后衔接，保证会计工作连续进行。同时，做好会计交接工作，还可以防止因会计人员的更换出现账目不清、财务混乱等现象。做好会计交接工作，也是落实岗位责任的有效措施。

1. 交接的范围

下列情况需要办理会计工作交接：

1）临时离职或因病不能工作、需要接替或代理的，会计机构负责人（会计主管人员）或单位负责人必须指定专人接替或者代理，并办理会计工作交接手续。

2）临时离职或因病不能工作的会计人员恢复工作时，应当与接替或代理人员办理交接手续。

3）移交人员因病或其他特殊原因不能亲自办理移交手续的，经单位负责人批准，可由移交人委托他人代办交接，但委托人应当对所移交的会计凭证、会计账簿、财务会计报告和其他有关资料的真实性、完整性承担法律责任。

2. 交接的程序

（1）交接前的准备工作

会计人员在办理会计工作交接前，必须做好以下准备工作：

1）已经受理的经济业务尚未填制会计凭证的应当填制完毕。

2）尚未登记的账目应当登记完毕，结出余额，并在最后一笔余额后加盖经办人印章。

3）整理好应该移交的各项资料，对未了事项和遗留问题要写出书面说明材料。

4）编制移交清册，列明应该移交的会计凭证、会计账簿、财务会计报告、公章、现金、有价证券、支票簿、发票、文件、其他会计资料和物品等内容；实行会计电算化的单位，从事该项工作的移交人员应在移交清册上列明会计软件及密码、数据盘、磁带等内容。

5）会计机构负责人（会计主管人员）移交时，应将财务会计工作、重大财务收支问题和会计人员等情况向接替人员介绍清楚。

（2）移交点收

移交人员离职前，必须将本人经管的会计工作，在规定的期限内，全部向接管人员移交清楚。接管人员应认真按照移交清册逐项点收。具体要求如下：

1）现金要根据会计账簿记录余额进行当面点交，不得短缺，接替人员发现不一致或"白条抵库"现象时，移交人员在规定期限内负责查清处理。

2）有价证券的数量要与会计账簿记录一致，有价证券面额与发行价不一致时，按照会计账簿余额交接。

3）会计凭证、会计账簿、财务会计报告和其他会计资料必须完整无缺，不得遗漏。如有短缺，必须查清原因，并在移交清册中加以说明，由移交人负责。

4）银行存款账户余额要与银行对账单核对相符，如有未达账项，应编制银行存款余额调节表调节相符；各种财产物资和债权债务的明细账户余额；要与总账有关账户的余额核对相符；对重要实物要实地盘点，对余额较大的往来账户要与往来单位、个人核对。

5）公章、收据、空白支票、发票、科目印章及其他物品等必须交接清楚。

6）实行会计电算化的单位，交接双方应在电子计算机上对有关数据进行实际操作，确认有关数字正确无误后，方可交接。

3. 专人负责监交

为了明确责任，会计人员办理工作交接，必须有专人负责监交。通过监交，保证双方都按照国家有关规定认真办理交接手续，防止流于形式，保证会计工作不因人员变动而受影响；保证交接双方处在平等的法律地位上享有权利和承担义务，不允许任何一方以大压小，以强凌弱，或采取非法手段进行威胁。移交清册应当经过监交人员审查和签名、盖章，作为交接双方明确责任的证件。对监交的具体要求如下：

1）一般会计人员办理交接手续，由会计机构负责人（会计主管人员）监交。

2）会计机构负责人（会计主管人员）办理交接手续，由单位负责人监交，必要时主管单位可以派人会同监交。所谓必要时主管部门派人会同监交，是指有些交接需要主管单位监交或者主管单位认为需要参与监交。通常有三种情况：第一，所属单位负责人不能监交，需要由主管单位派人代表主管单位监交。如因单位撤并而办理交接手续等。第二，所属单位负责人不能尽快监交，需要由主管单位派人督促监交。如主管单位责成所属单位撤换不合格的会计机构负责人（会计主管人员），所属单位负责人却以种种借口拖延不办交接手续时，主管单位就应派人督促会同监交等。第三，不宜由所属单位负责人单独监交，而需要主管单位会同监交。如所属单位负责人与办理交接手续的会计机构负责人（会计主管人员）有矛盾，交接时需要主管单位派人会同监交，以防可能发生单位负责人借机刁难等。此外，主管单位认为交接中存在某种问题需要派人监交时，也可派人会同监交。

4. 交接后的有关事宜

1）会计工作交接完毕后，交接双方和监交人在移交清册上签名或盖章，并应在移交清册上注明：单位名称，交接日期，交接双方和监交人的职务、姓名，移交清册页数以及需要说明的问题和意见等。

2）接管人员应继续使用移交前的账簿，不得擅自另立账簿，以保证会计记录前后衔接，内容完整。

3）移交清册一般应填制一式三份，交接双方各执一份，存档一份。

5. 交接人员的责任

会计工作交接中，合理、公正地区分移交人和接替者的责任是非常必要的。交接工作完成后，移交人员所移交的会计凭证、会计账簿、财务会计报告和其他会计资料是在其经办会计工作期间内发生的，应当对这些会计资料的真实性、完整性负责，即便接替人员在交接时因疏忽没有发现所接会计资料在真实性、完整性方面的问题，如事后发现仍应由原移交人员负责，原移交人员不应以会计资料已移交而推脱责任。

小测验 1. 会计工作交接完毕后，交接双方和监交人要在移交清册上签名盖章，并在移交清册上注明（　　　）等。

　　A. 单位名称

　　B. 交接日期

　　C. 交接双方和监交人的职务、姓名

　　D. 移交清册页数及需要说明的问题和意见

2. 根据《会计基础工作规范》的规定，下列各项中，不属于会计岗位的有（　　　）。

　　A. 药品房记账员所从事的工作

B.　单位内部审计工作

C.　商场收银员所从事的工作

D.　住院处收费员所从事的工作

小　结

　　会计法律制度是指国家权力机关和行政机关制定的各种会计规范性文件的总称，包括会计法律、会计法规、会计部门规章和会计地方性法规等。它是调整会计关系的法律规范。会计法律是指由全国人民代表大会及其常务委员会经过一定立法程序制定的有关会计工作的法律。会计行政法规是指由国务院制定并发布或者国务院有关部门拟订并经国务院批准发布，调整经济生活中某些方面会计关系的法律规范。会计部门规章，是指国家主管会计工作的行政部门即国务院财政部门以及其他相关部委根据法律和国务院的行政法规、决定、命令，在本部门的权限范围内制定的，调整会计工作中某些方面内容的国家统一的会计制度和规范性文件，包括国家统一的会计核算制度、会计监督制度、会计机构和会计人员制度以及会计工作管理体制等。地方性会计法规是指由省、自治区、直辖市人民代表大会及其常务委员会在同宪法、会计法律、会计行政法规和会计部门规章不相抵触的前提下，根据本地区情况指定发布的关于会计核算、会计监督、会计机构和会计人员以及会计工作管理的规范性文件。

　　目前我国已形成了三位一体的会计监督体系，包括单位内部监督、以注册会计师为主体的社会监督和以政府财政部门为主体的政府监督。单位内部会计监督，是指一个单位为了保护其资产的安全完整，保证其经营活动符合国家法律、法规和内部规章要求，提高经营管理水平和效率，防止舞弊，控制风险等目的，而在单位内部采取的一系列相互联系、相互制约的制度和方法。会计工作的政府监督主要是指财政部门代表国家对单位和单位中相关人员的会计行为实施的监督检查，以及对发现的违法会计行为实施的行政处罚，是一种外部监督。会计工作的社会监督主要是指由注册会计师及其所在的会计师事务所依法对委托单位的经济活动进行审计、鉴证的一种监督制度。

思　考　题

1．我国的会计法律制度包括哪些内容？

2．简要阐述我国当前会计监督体系的构成，并分别说明不同监督的作用。

3．进行会计交接的程序是什么？

案例导入分析

案例中甲公司的会计工作组织不符合有关规定。

其一，会计人员王某离职时应按照规定办理会计工作交接手续。会计工作人员工作调动或离职是正常的现象，但是单位的生产经营活动是一项连续的活动，不能因会计人员的工作调动或离职而使会计工作中断。做好会计交接工作可以使会计工作前后衔接，保证会计工作连续进行；同时也可以防止因会计人员的更换出现账目不清、财务混乱等现象。

其二，会计科长张某将自己的女儿招聘进来担任出纳工作不符合会计人员回避制度的有关规定。从会计工作的特殊性出发，《会计基础工作规范》对会计人员的回避问题做出了规定，即国家机关、国有企业、事业单位任用会计人员应当实行回避制度；单位负责人的直系亲属不得担任本单位的会计机构负责人、会计主管人员；会计机构负责人、会计主管人员的直系亲属不得在本单位会计机构中担任出纳。直系亲属包括夫妻关系、直系血亲关系、三代以内旁系血亲及近姻亲关系。

其三，张某女儿未取得会计从业资格证不能担任出纳岗位。根据有关会计规定，从事会计工作的人员，必须取得会计从业资格证书。

实　训　题

将学生分成 2～3 人组，每组对一家企业进行调查与访问。

【实训目标】

使学生结合实际，加强对企业会计机构与岗位的设置及会计工作组织形式的直观认识与了解。

【实训内容与要求】

1）企业的会计机构、会计岗位的设置情况。

2）企业会计人员是如何配置的？

3）企业采用的是何种会计工作组织形式？

【成果与检测】

每组学生提交一份调查报告。

第 13 章 会计职业道德
CHAPTER 13

学习目标

- 了解会计职业道德的概念和主要内容。
- 了解会计职业道德与会计法律制度的关系。
- 掌握会计职业道德建设的组织和实施。

关键概念

会计职业道德　组织与实施

案例导入

2016 年 11 月，东茂公司因产品销售不畅，新产品研发受阻。公司财会部门预测公司本年度将发生 800 万元的亏损。刚刚上任的公司总经理责成总会计师王某千方百计实现当年盈利目标，并说："实在不行，可以对会计报表做一些会计技术处理。"总会计师很清楚公司本年度亏损已成定局，要落实总经理的盈利目标只能在财务会计报告上做手脚。总会计师感到左右为难：如果不按总经理的意见去办，自己以后在公司不好工作下去；如果按照总经理意见办，对自己也有风险。为此，总会计师思想负担很重，不知如何是好。

思考：结合本章内容，谈谈你对总会计师王某的建议。

13.1 会计职业道德概述

13.1.1 会计职业道德概念

会计职业道德是指在会计职业活动中应当遵循的、体现会计职业特征的、调整会计职业关系的职业行为准则和规范。其含义包括以下几个方面：

1. 会计职业道德是调整会计职业活动中各种利益关系的手段

会计工作的性质决定了在会计职业活动中要处理方方面面的经济关系，包括单位与单位、单位与国家、单位与投资者、单位与债权人、单位与职工、单位内部各部门之间及单位与社会公众之间等经济关系，这些经济关系的实质是经济利益关系。在我国社会主义市场经济建设中,当各经济主体的利益与国家利益、社会公众利益发生冲突的时候,会计职业道德不允许通过损害国家和社会公众利益而获取违法利益,但允许个人和各经济主体获取合法的自身利益。会计职业道德可以配合国家法律制度,调整职业关系中的经济利益关系,维护正常的经济秩序。

2. 会计职业道德具有相对稳定性

会计是一种专业技术性很强的职业。在其对单位经济事项进行确认、计量、记录和报告中,会计标准的设计、会计政策的制定、会计方法的选择,都必须遵循其内在的客观经济规律和要求。由于人们面对的是共同的客观经济规律,因此,会计职业道德在社会经济关系不断的变迁中,始终保持自己的相对稳定性。在会计职业活动中诚实守信、客观公正等是对会计人员的普遍要求。没有任何一个社会制度能够容忍虚假会计信息,也没有任何一个经济主体会允许会计人员私自向外界提供或者泄露单位的商业秘密。

3. 会计职业道德具有广泛的社会性

会计职业道德的社会性是由会计职业活动所生成的产品决定的。特别是在所有权和经营权分离的情况下,会计不仅要为政府机构、企业管理层、金融机构等提供符合质量要求的会计信息,而且要为投资者、债权人及社会公众服务,因其服务对象涉及面很广,提供的会计信息是公共产品,所以会计职业道德的优劣将影响国家和社会公众利益。像银广夏、郑百文、蓝田股份等会计造假丑闻就是典型例子,由于会计造假致使广大股东遭受了巨大的损失,严重干扰了社会经济的正常秩序。可见,会计信息质量直接影响着社会经济的发展和社会经济秩序的健康运行,会计职业道德必然受社会关注,具有广泛的社会性。

13.1.2 会计职业道德的特征

会计作为社会经济活动中的一种特殊职业,除了具有职业道德的一般特征外,与其他职业道德相比还具有如下特征:

1. 具有一定的强制性

法律是具有强制性的,它要求人们"必须这样或那样做";而道德一般不具有强制性,它要求人们"应该这样或那样做"。但在我国,会计职业道德和其他道德不一样,许多内容都直接纳入了会计法律制度,如《会计法》、《会计基础工作规范》等都规定了会计职业道德的内容和要求。因此,会计职业道德是一种"思想立法",它已经超出"应该怎样做"的界限,跨入"必须这样做"的范围。如果不按照"守则"、"准则"、"条例"去做,有的虽谈不上犯罪,但也是违反职业纪律的,更是职业道德所不允许的。会计职业道德的这种独特的强制性,是由会计工作在市场经济活动中的特殊地位所决定的。当然,会计职业道德的许多非强制性内容仍然存在,而且也在发挥着作用。例如,会计职业道德中的提高技能、强化服务、参与管理、奉献社会等内容虽然是非强制性要求,但其直接影响到专业胜任能力、会计信息质量和会计职业的声誉，也要求会计人员遵守。

2. 较多关注公众利益

会计职业的一个显著特征是会计职业活动与社会公众利益密切联系。在会计工作中，会计确认、计量、记录和报告的程序、标准和方法，在选择和运用上发生任何变化，都会引起与经济主体有关的各方经济利益受到直接的影响。由于会计人员自身的经济利益往往与其所处的经济主体的利益一致，当经济主体利益与国家利益和社会公众利益出现矛盾时，会计人员的利益指向如果偏向经济主体，那么国家和社会公众的利益就会受损，便产生了会计职业道德危机。因此，会计职业的特殊性，对会计职业道德提出了更高的要求，要求会计人员客观公正，在会计职业活动中，发生道德冲突时要坚持准则，把社会公众利益放在第一位。

13.1.3　会计职业道德的作用

会计职业道德的作用，主要体现在以下几个方面：

1. 会计职业道德是规范会计行为的基础

动机是行为的先导，有什么样的动机就有什么样的行为。会计职业道德对会计的行为动机提出了相应的要求，如诚实守信、客观公正等，引导、规劝、约束会计人员树立正确的职业观念，建立良好的职业品行，从而达到规范会计行为的目的。

2. 会计职业道德是实现会计目标的重要保证

从会计职业关系角度讲，会计目标就是为会计职业关系中的各个服务对象提供真实、可靠的会计信息。由于会计职业活动既是技术性的处理过程，同时又涉及对多种经济利益关系的调整。会计目标能否顺利实现，既取决于会计从业者的专业技能水平，也取决于会计从业者能否严格履行职业行为准则。如果会计从业者故意或非故意地提供了不真实、不可靠的会计信息，就会导致服务对象的决策失误，甚至导致社会经济秩序混乱。因此，依靠会计职业道德规范约束会计从业者的职业行为，是实现会计目标的重要保证。

3. 会计职业道德是对会计法律制度的重要补充

在现实生活中，人们的很多行为很难由法律做出规定。例如，会计法律只能对会计人员不得违法的行为做出规定，不宜对他们如何爱岗敬业、诚实守信、提高技能等提出具体要求，但是，如果会计人员缺乏爱岗敬业的热情和态度，缺乏诚实守信的做人准则，没有必要的职业技能，则很难保证会计信息达到真实、完整的法定要求。很显然，会计职业道德是其他会计法律制度所不能替代的。会计职业道德是对会计法律规范的重要补充。

13.1.4　会计职业道德规范的主要内容

1. 爱岗敬业

（1）爱岗敬业的含义

爱岗敬业是指忠于职守的事业精神，是会计职业道德的基础。爱岗就是会计人员应该热爱自己的本职工作，安心于本职岗位，稳定、持久地在会计天地中耕耘，恪尽职守地做好本职工作。敬业就是会计人员应该充分认识本职工作在社会经济活动中的地位和作用，认识本职工作的社会意义和道德价值，具有会计职业的荣誉感和自豪感，在职业活动中具有高度的劳动热情和创造性，以强烈的事业心、责任感，从事会计工作。

爱岗敬业是爱岗与敬业的总称。爱岗和敬业互为前提，相互支持、相辅相成。"爱岗"是"敬业"的基石，"敬业"是"爱岗"的升华。如果会计人员对所从事的会计工作不热爱，工作中就难以做到兢兢业业，就不会主动刻苦钻研业务，更新专业知识，提高业务技能；就不会珍惜会计这份工作，努力维护会计职业的声誉和形象；就无法具备与其职务相适应的业务素质和能力，更谈不上坚持准则、客观公正、文明服务，维护国家和集体的利益，为国家和企业承担责任。反之，会计人员虽有热爱会计职业的一腔热情，但如果没有勤奋踏实的工作作风和忠于职守的实际行动，敬业也就成为一句空话。

（2）爱岗敬业的基本要求

第一，正确认识会计职业，树立职业荣誉感。爱岗敬业精神，自始至终都是以人们对职业的认识程度及所采取的态度作为行动的指导并体现在实际工作中的。如果会计人员对所从事的会计职业缺乏正确的认识，认为会计不过是简单的"写写算算"、"收收支支"的琐碎工作，或者有"会计难当、职权难用、成绩难见、违纪难免"的想法，就必然会把这些意识反映到其工作行动之中，就会表现出"懒"、"惰"、"拖"的不良行为，给会计职业及其声誉造成不良影响。

会计人员只有正确地认识会计本质，明确会计在经济管理工作中的地位和重要性，树立职业荣誉感，才有可能去爱岗敬业。这是做到爱岗敬业的前提，也是首要要求。

第二，热爱会计工作，敬重会计职业。热爱一项工作，首先就意味着对这项工作有一种职业的荣誉感，有自信心和自尊心；其次是对这项工作抱有浓厚的兴趣，把职业生活看成是一种乐趣。于是平凡的甚至是琐碎的日常工作，就成为生活中不可缺少的内容，并且能在工作中时时感受到它的乐趣。只要人们根据自己的爱好、兴趣和特长来选择职业，通常都对选择的职业充满情感，喜爱这一职业。但是，任何社会、任何时候都难以绝对保证人们所选择的职业是自己满意的。因而，在所从事的职业与自己的兴趣、爱好不一致时，要求人们对其所从事的职业有一个正确的认识态度。如果从事了会计职业，就应该热爱会计工作，敬重会计职业。

在我国各行各业的无数职业道德标兵的先进事迹告诉我们，热爱自己的工作，敬重自己的岗位，是做好本职工作的前提。会计人员只有树立了"干一行爱一行"的思想，才会发现会计职业中的乐趣；只有树立"干一行爱一行"的思想，才会刻苦钻研会计业务技能，才会努力学习会计业务知识，才会发现在会计核算、企业理财领域有许多值得人们去研究探索的东西。有了对本职工作的热爱，就会激发出一种敬业精神，自觉地执行职业道德的各种规范，不断改进自己的工作，在平凡的岗位上做出不平凡的业绩。

第三，安心工作，任劳任怨。安心本职工作，就是以从事会计工作为"乐"，而不是"这山望着那山高"。只有安心本职工作，才能潜下心来"勤学多思，勤问多练"，才能对会计工作中不断出现的新问题去探索和研究，也才能真正做到敬业。任劳任怨，要求会计人员具有不怕吃苦的精神和不计较个人得失的思想境界。会计人员在处理会计事项时，有时会处于两难的境地，当集体利益与职工个人利益或国家利益与单位利益发生冲突时，会计人员如果维护了国家利益或集体利益，就可能不被人们理解甚至抱怨；反之，则会有道德危机。会计职业道德要求会计人员既任劳也任怨。

第四，严肃认真、一丝不苟。会计从业者对自己本职工作的热爱，必定会体现在对工作必需的职业技能的态度上，体现在对自己工作成果的追求上，是对工作严肃认真、一丝不苟，对技术精益求精。会计工作是一项严肃细致的工作，没有严肃认真的工作态度和一丝不苟的工作作风，就容易犯错误。对一些损失浪费、违法乱纪的行为和一切不合法、不合理的业务开支，要严肃、认真地对待，把好费用支出关。严肃认真、一丝不苟的职业作风贯穿于会计工作的始终，不但要求数字计算准确、手续清楚完备，而且绝不能有"都是熟人不会错"的麻痹思想和"马马虎虎"的工作作风。

第五，忠于职守，尽职尽责。忠于职守，不仅要求会计人员认真地执行岗位规范，还要求会计人员在各种复杂的情况下，能够抵制各种诱惑，忠实地履行岗位职责。尽职尽责具体表现为会计人员对自己应承担责任和义务所表现出的一种责任感和义务感，这种责任感和义务感包含两个方面的内容：一是社会或他人对会计人员规定的责任；二是会计人员对社会或他人所负的道义责任。

在现代经济生活中，会计职业因其所处的环境具有其特殊性，不同的岗位要求承担的责任和义务不尽相同。注册会计师接受单位委托对委托者进行审计、鉴证或咨询，要维护委托人的权益，保守商业秘密，依法出具审计报告。单位内部会计人员不仅要尽职尽责地履行会计职能，客观真实地记录反映服务主体的经济活动状况，负责其资金的有效动作，积极参与经营和决策，而且还应抵制不当的开支，防止有人侵占单位资产，保护财产安全完整。在对单位（或雇主）的忠诚与国家及社会公众利益发生冲突时，会计人员应该忠实于国家、忠实于社会公众，承担起维护国家和社会公众的责任。单位会计人员应对外提供有关服务主体的真实可靠地会计信息；注册会计师不仅要对委托人负责，更应对广大的信息使用者负责，对被审计单位的财务状况和经营成果做出客观、公允的审计报告。

2. 诚实守信

（1）诚实守信的含义

诚实是指言行跟内心思想一致，不弄虚作假，不欺上瞒下，做老实人，说老实话，办老实事。守信就是遵守自己所作出的承诺，讲信用，重信用，信守诺言，保守秘密。

诚实守信是做人的基本准则，是人们在古往今来的交往中产生出的最根本的道德规范，也是会计职业道德的精髓。

诚实与守信具有内在的因果联系，一般来说，诚实即为守信，守信就是诚实。有诚无信，道德品质得不到推广和延伸；有信无诚，信就失去了根基，德就失去了依托。诚实必须守信。

中国现代会计学之父潘序伦先生认为，"诚信"是会计职业道德的重要内容。他终身倡导："信以立志，信以守身，信以处事，信以待人，毋忘'立信'，当必有成。"并将其作为立信会计学校的校训。为突显并倡导会计职业的诚信，潘序伦先生一生的实业，皆冠之以"立信"，如立信会计事务所、立信会计学校、立信会计出版社等。

人无信不立，国无信不强。在现代市场经济社会，"诚信"尤为重要。市场经济是"信用经济"、"契约经济"，注重的就是"诚实守信"。可以说，信用是维护市场经济步入良性发展轨道的前提和基础，是市场经济社会赖以生存的基石。江泽民同志指出："没有信用，就没有秩序，市场经济就不能健康发展。"朱镕基同志在 2001 年视察北京国家会计学院时，为北京国家会计学院题词："诚信为本，操守为重，遵循准则，不做假账。"这是对广大会计人员和注册会计师最基本的要求。

（2）诚实守信的基本要求

第一，做老实人，说老实话，办老实事，不搞虚假。做老实人，要求会计人员言行一致，表里如一，光明正大。说老实话，要求会计人员说话诚实：是一说一，是二说二，不夸大，不缩小，不隐瞒，如实反映和披露企业经济业务事项。办老实事，要求会计人员工作踏踏实实，不弄虚作假，不欺上瞒下。总之，会计人员应言行一致，实事求是，如实反映企业经济业务活动情况，不为个人和小集团利益，伪造账目、弄虚作假、损害国家和社会公众利益。

近年来，在财政部进行的会计信息质量抽查中，假凭证、假账簿、假报表比较普遍。而虚假信息均是出自单位管理层和会计人员之手，而且一些注册会计师也扮演了不光彩的角色，严重影响了会计职业的社会信誉。会计人员要树立良好的职业形象，就必须恪守诚实守信的基本道德准则。

第二，保密守信，不为利益所诱惑。保守秘密就是指会计人员在履行自己的职责时，应树立保密观念，做到保守商业秘密，对机密资料不外传、不外泄，守口如瓶。在市场经济中，秘密可以带来经济利益，严守企业的商业秘密是极其重要的，它往往关系到企业的生死存亡。而会计人员因职业特点经常接触到企业和客户的一些秘密，如企业的财务状况、经营情况、成本资料及重要单据、经济合同等。因而，会计人员应依法保守企业秘密。这是会计人员应尽的义务，也是诚实守信的具体表现。

泄密，不仅是一种不道德的行为，也是违法行为，是会计职业的大忌。会计人员在没有得到法律规定或经单位规定程序批准外，不能以任何借口或方式把企业商业秘密泄露出去。我国有关法律制度对会计人员保守秘密做了相关的规定。如《注册会计师法》第十九条规定："注册会计师对在执行业务中知悉的商业秘密，负有保密义务。"财政部印发的《会计基础工作规范》第二十三条规定："会计人员应当保守本单位的商业秘密。

除法律规定和单位领导人同意外，不能私自向外界提供或者泄露单位的会计信息。"

会计人员如果泄露本单位的商业秘密，不仅会对单位的利益产生威胁，同时也将会损害会计人员自身的形象和利益。一是会计人员是企业的一分子，泄露企业的商业秘密会使企业利益受损，企业的损失最终将不同程度地反映到每位员工身上，会计人员因此也会身受其害。二是泄露商业秘密属于违法行为，一旦查出，泄露秘密的会计人员将承担法律责任。三是会计人员泄露商业秘密将对整个会计职业的社会声誉产生负面影响，使会计职业信誉"受到怀疑"，整个行业的利益将会蒙受损失。这一点，对注册会计师的影响尤为显著。

会计人员要做到保密守信，就要注意不在工作岗位以外的场所谈论、评价企业的经营状况和财务数据，此外，在日常生活中会计人员也应保持必要的警惕，防止无意泄密。俗话说，说者无意，听者有心。人们在日常交流中经常会将熟知的事情脱口而出，产生出人意料的后果。为了防止这种情况的发生，会计人员要了解自己所知的信息中，哪些是商业秘密，哪些是无关紧要的事项，而且要抵制住各种利益诱惑，绝对不能用商业秘密作为牟利的手段。

3. 廉洁自律

（1）廉洁自律的含义

廉洁就是不贪污钱财，不收受贿赂，保持清白。自律是指自律主体按照一定的标准，自己约束自己、自己控制自己的言行和思想的过程。廉洁自律是会计职业道德的前提，也是会计职业道德的内在要求，这是会计工作的特点决定的。

会计人员必须两袖清风，不取不义之财，做到面对金钱不为所动。会计人员只有首先做到自身廉洁，严格约束自己，才能要求别人廉洁，才能理直气壮地阻止或防止别人侵占集体利益，正确行使反映和监督的会计职责，保证各项经济活动正常进行。

自律的核心就是用道德观念自觉地抵制自己的不良欲望。一个能自律的人，能保持清醒的头脑，把持住自我不迷失方向；而不能自律的人则头脑昏昏，丧失警惕，终将成为权、财的奴隶。在我们身边这方面事例有很多。惩治腐败，打击会计职业活动中的各种违法活动和违反职业道德的行为，除了要靠法治手段，建立完善的法律外。会计人员严格自律，防微杜渐，构筑思想道德防线，也是防止腐败和非职业道德行为的有效手段。

会计人员的廉洁是会计职业道德自律的基础，而自律是廉洁的保证。自律性不强就很难做到廉洁，不廉洁就谈不上自律。"吃了人家的嘴软，拿了人家的手短。"会计人员必须既廉洁又自律，二者不可偏废。

（2）廉洁自律的基本要求

第一，树立正确的人生观和价值观。廉洁自律，首先要求会计人员必须加强世界观的改造，树立正确的人生观和价值观。人生观是人们对人生的目的和意义的总的观点和看法。价值观是指人们对于价值的根本观点和看法，它是世界观的一个重要组成部分，包括对价值的本质、功能、创造、认识、实现等有关价值的一系列问题的基本观点和看法。会计人员应以马克思主义、毛泽东思想、邓小平理论、"三个代表"重要思想为指导，树立科学的人生观和价值观，自觉抵制享乐主义、个人主义、拜金主义等错误的思想，这是在会计工作中做到廉洁自律的思想基础。

第二，公私分明，不贪不占。公私分明是指严格划分公与私的界线，公是公，私是私。如果公私分明，就能够廉洁奉公，一尘不染，做到"常在河边走，就是不湿鞋。"如果公私不分，就会出现以权谋私的腐败现象，甚至出现违法违纪行为。

廉洁自律的天敌就是"贪"、"欲"。在会计工作中，由于大量的钱财要经过会计人员之手，因此，很容易诱发会计人员的"贪"、"欲"。一些会计人员贪图金钱和物质上的享受，利用职务之便行"贪"。有的被动受贿，有的主动索贿，有的贪污、挪用公款，有的监守自盗，有的集体贪污。究其根本原因是这些会计人员忽视了世界观的自我改造，放松了道德的自我修养，弱化了职业道德的自律。

第三，遵纪守法，尽职尽责。遵纪守法，正确处理会计职业权利与职业义务的关系，增强抵制行业不正之风的能力，是会计人员廉洁自律的又一个基本要求。会计人员的权利和义务在《会计法》中做了明确规定。会计人员不仅要遵纪守法，不违法乱纪、以权谋私，做到廉洁自律；而且要敢于、善于运用法律所赋予的权利，尽职尽责，勇于承担职业责任，履行职业义务，保证廉洁自律。

4. 客观公正

（1）客观公正的含义

客观是指按事物的本来面目去反映，不掺杂个人的主观意愿，也不为他人意见所左右。公正就是平等、公平、正直，没有偏失。但公正是相对的，没有绝对的公正。客观公正是会计职业道德所追求的理想目标。

对于会计职业活动而言，客观主要包括两层含义：一是真实性，即以实际发生的经济活动为依据，对会计事项进行确认、计量、记录和报告；二是可靠性，即会计核算要准确，记录要可靠，凭证要合法。

在会计职业活动中，由于涉及对多方利益的协调处理，因此，公正就是要求各企、事业单位管理层和会计人员不仅应当具备诚实的品质，而且应公正地开展会计核算和会计监督工作，即在履行会计职能时，摒弃单位、个人私利，公平公正、不偏不倚地对待相关利益各方。作为注册会计师在进行审计鉴证时，应以超然独立的姿态，进行公平公正的判断和评价，出具客观、适当的审计意见。

客观是公正的基础，公正是客观的反映。要达到公正，仅做到客观是不够的，公正不仅指诚实、真实、可靠，还包括在真实、可靠中做出公正选择。这种选择尽管建立在客观的基础之上，还需要在主观上做出公平合理的选择。是否公平、合理，既取决于客观的选择标准，也取决于选择者的道德品质和职业态度。

（2）客观公正的基本要求

第一，端正态度。坚持客观公正原则的基础是会计人员的态度、专业知识和专业技能。没有客观公正的态度，不可能尊重事实。有了正确的态度之后，没有扎实的理论功底和较高的专业技能，工作也会出现失误，感到力不从心。

第二，依法办事。依法办事，认真遵守法律法规，是会计工作保证客观公正的前提。当会计人员有了端正的态度和专业知识技能之后，必须依据《会计法》、《企业会计准则》、《企业会计制度》等法律、法规和制度的规定进行会计业务处理，并对复杂疑难的经济业务，做出客观的会计职业判断。总之，只有熟练掌握并严格遵守会计法律法规，才能客观公正地处理会计业务。

第三，实事求是，不偏不倚。社会经济是复杂多变的，会计法律制度不可能对所有的经济事项做出规范，那么会计人员对经济事项的职业判断，就可能会出现偏差。因此，客观公正是会计工作和会计人员追求的目标，通过不断提高专业技能，正确理解、把握并严格执行会计准则、制度，不断消除非客观、非公正因素的影响，做到最大限度的客观公正。

在实际生活中，要做到"客观公正"，最根本的是要有"实事求是"的科学态度。没有实事求是的严谨态度，主观、片面地看问题，就无法做到"情况明"，也就无法根据客观情况来公正地处理问题。即使主观上想"客观公正"，客观上也无从实现。

客观公正应贯穿于会计活动的整个过程：一是在处理会计业务的过程中或进行职业判断时，应保持客观公正的态度，实事求是、不偏不倚。二是指会计人员对经济业务的处理结果是公正的。例如，某人因公出差丢失了报销用的车票，在业务处理时，不能因为无报销凭证就不报销，也不能随意报销，而要求出差人员办理各种合法合理的证明手续后，才能报销，即最终结果是客观公正地进行会计处理。不报销或随意报销，都是不客观公正的。总之，会计核算过程的客观公正和最终结果的客观公正都是十分重要的，没有客观公正的会计核算过程作为保证，结果的客观公正性就难以保证；没有客观公正的结果，业务操作过程的客观公正就没有意义。

注册会计师的职业特征是维护国家和社会公众利益。注册会计师在进行职业判断时，将会涉及多方的利益，在处理这些复杂的利益关系时，绝不能采取折中的态度和方法。注册会计师应始终站在第三者的独立立场上，不偏不倚地对待有关利益各方，不以牺牲一方利益为条件而使另一方受益，超然独立地对企业遵守会计准则、制度的具体情况进行客观公正的评价并做出恰当的审计意见。只有这样，财务报告的使用者才能确定企业财务报告的可信度，并做出适当的投资决策或信贷决策。

第四，保持独立性。客观公正是会计职业者的一种工作态度。它要求会计人员对会计业务的处理，对会计政策和会计方法的选择，以及对财务会计报告的编制、披露和评价，必须独立进行职业判断，做到客观、公平、理智、诚实。

保持独立性，对于注册会计师尤为重要。由于工作关系和经济利益等问题，单位会计人员在形式上或实质上都难以保证绝对的独立性。所以这里所说的独立性主要是指注册会计师在执行审计业务的过程中，与相关利益当事人应保持独立。独立是客观、公正的基础，也是注册会计师行业存在的基础。根据《中国注册会计师职业道德规范指导意见》，注册会计师保持其独立性应做到以下两点：

一是注册会计师应当回避可能影响独立性的审计事项，实现形式上的独立。注册会计师在履行其职责时，保持独立性固然十分重要，但财务报表的使用者对这种独立性的信任也很重要。如果审计人员在执业过程中实质上是独立的，但报表的使用者认为他们是客户的辩护人，则审计职业的大部分价值将随之丧失。

二是注册会计师应当恪守职业良心，保持实质上的独立。形式上独立是实质上独立的必要条件，形式上不独立，就不能保证实质上独立，而形式上独立也不一定能够保持实质上独立。对注册会计师而言，更重要的是保持实质上的独立。

5. 坚持准则

（1）坚持准则的含义

坚持准则是指会计人员在处理业务过程中，要严格按照会计法律制度办事，不为主观或他人意志左右。这里所说的"准则"不仅指会计准则，还包括会计法律、法规、国家统一的会计制度及与会计工作相关的法律制度。坚持准则是会计职业道德的核心。

会计人员在进行核算和监督的过程中，只有坚持准则，才能以准则作为自己的行动指南，在发生道德冲突时，应坚持准则，以维护国家利益、社会公众利益和正常的经济秩序。注册会计师在进行审计业务时，应严格按照独立审计准则的有关要求和国家统一会计制度的规定，出具客观公正的审计报告。

（2）坚持准则的基本要求

第一，熟悉准则。熟悉准则是指会计人员应了解和掌握《会计法》和国家统一的会计制度及与会计相关的法律制度，这是遵循准则、坚持准则的前提。只有熟悉准则，才能按准则办事，才能遵纪守法，才能保证会计信息的真实性和完整性。

第二，遵循准则。遵循准则即执行准则。准则是会计人员开展会计工作的外在标准和参照物。会计人员在会计核算和监督时要自觉地严格遵守各项准则，将单位具体的经济业务事项与准则相对照，先做出是否合法合规的判断，对不合法的经济业务不予受理。在实际工作中，由于经济的发展和社会环境的变化，会计业务日趋复杂，因而准则规范的内容也会不断变化和完善。这就要求会计人员不仅要经常学习、掌握准则的最新变化，了解本部门、本单位的实际情况，准确地理解和执行准则，还要在面对经济活动中出现的新情况、新问题及准则未涉及的经济业务或事项时，通过运用所掌握的会计专业理论和技能，做出客观的职业判断，予以妥善地处理。

第三，坚持准则。市场经济是利益经济。在会计工作中，各种利益的交织，常常引起会计人员道德上的冲突。一方面，如果会计人员为了自己的个人利益不受影响，放弃原则，做"老好人"，就会使会计工作严重偏离准则，会计信息的真实性和完整性就无法保证，对此结果应当承担相应责任。另一方面，如果会计人员坚持准则，往往会受到单位负责人和其他方面的阻挠、刁难甚至打击报复。

为了切实维护会计人员的合法权益，《会计法》强化了单位负责人对单位会计工作的法律责任，赋予了会计人员相应的权利，改善了会计人员的执法环境。会计人员应认真执行国家统一的会计制度，依法执行会计监督职责，遇到冲突时，应坚持准则，对法律负责，对国家和社会公众负责，敢于同违反会计法律法规和财务制度的现象做斗争，确保会计信息的真实性和完整性。

6. 提高技能

（1）提高技能的含义

会计人员是会计工作的主体。会计工作质量的好坏，一方面受会计人员职业技能水平的影响；另一方面受会计人员道德品行的影响。会计人员的道德品行是会计职业道德的根本和核心，会计人员的职业技能水平是会计人员职业道德水平的保证。会计工作是一门专业性和技术性很强的工作，从业人员必须具备一定的会计专业知识和技能，才能胜任会计工作。作为一名会计工作者必须不断地提高职业技能，这既是会计人员的义务，也是在职业活动中做到客观公正、坚持准则的基础，还是参与管理的前提。

职业技能，也可称为职业能力，是人们进行职业活动、承担职业责任的能力和手段。就会计职业而言，职业技能包括会计理论水平、会计实务操作能力、职业判断能力、自动更新知识能力、提供会计信息的能力、沟通交流能力及职业经验等。提高技能就是指会计人员通过学习、培训和实践等途径，持续提高上述职业技能，以达到和维持足够的专业胜任能力的活动。遵守会计职业道德客观上需要不断提高会计职业技能。

会计人员在对会计事项进行确认、计量、记录和报告及对单位内部会计控制制度设计中，需要有扎实的理论功底和丰富的实践经验；在进行具体业务处理时对会计处理方法的选择、会计估计的变更、会计信息电算化的处理、网络化传输等方面，需要很高的技术。没有娴熟的专业技能，是无法开展会计工作、履行会计职责的，特别是我国加入世界贸易组织以后，经济逐渐融入全球经济体系，要求会计准则、会计制度与国际会计惯例充分协调，需要会计人员不断地学习新的会计理论和新的准则制度，熟悉和掌握新的法律法规。会计人员只有不断地学习，才能保持持续的专业胜任能力、职业判断能力和交流沟通能力，才能适应我国深化会计改革和会计国际化的要求。

（2）提高技能的基本要求

第一，具有不断提高会计专业技能的意识和愿望。随着市场经济的发展、全球经济一体化以及科学技术日新月异，会计在经济发展中的作用越来越明显，对会计的要求也越来越高，会计人才的竞争也越来越激烈。会计人员要想生存和发展，就必须具有不断提高会计专业技能的意识和愿望，才能不断进取，才会主动地求知、求学，刻苦钻研，使自身的专业技能不断提高，使自己的知识不断更新，从而掌握过硬的本领，在会计人才的竞争中立于不败之地。

第二，具有勤学苦练的精神和科学的学习方法。专业技能的提高和学习不会一劳永逸，必须持之以恒，不间断地学习、充实和提高，"活到老、学到老"。只有锲而不舍地"勤学"，同时掌握科学的学习方法，在学中思，在思中学，在实践中不断锤炼，才能不断地提高自己的业务水平，推动会计工作和会计职业的发展，以适应不断变化的新形势和新情况。

谦虚好学、刻苦钻研、锲而不舍，是练就高超的专业技术和过硬本领的唯一途径，也是衡量会计人员职业道德水准高低的重要标志之一。

7. 参与管理

（1）参与管理的含义

参与管理简单地讲就是参加管理活动，为管理者当参谋，为管理活动服务。会计管理是企业管理的重要组成部分，在企业管理中具有十分重要的作用。但会计工作的性质决定了会计在企业管理活动中，更多的是从事间接管理活动。参与管理就是要求会计人员积极主动地向单位领导反映本单位的财务、经营状况及存在的问题，主动提出合理化建议，积极地参与市场调研和预测，参与决策方案的制订和选择，参与决策的执行、检查和监督，为领导的经营管理和决策活动，当好助手和参谋。如果没有会计人员的积极参与，企业的经营管理就会出现问题，决策就可能出现失误。会计人员特别是会计部门的负责人，必须强化自己参与管理、当好参谋的角色意识和责任意识。

（2）参与管理的基本要求

第一，努力钻研业务，熟悉财经法规和相关制度，提高业务技能，为参与管理打下坚实的基础。娴熟的业务、精湛的技能，是会计人员参与管理的前提。会计人员只有努力钻研业务，不断提高业务技能，深刻领会财经法规和相关制度，才能有效地参与管理，为改善经营管理，提高经济效益服务。钻研业务、提高技能，首先，要求会计人员要有扎实的基本功，掌握会计的基本理论、基本方法和基本技能，做好会计核算的各项基础性工作，确保会计信息真实、完整。其次，要充分利用掌握的大量会计信息，运用各种管理分析方法，对单位的经营管理活动进行分析、预测，找出经营管理中的问题和薄弱环节，提出改进意见和措施，把管理结合在日常工作之中。从而使会计的事后反映变为事前的预测和事中的控制，真正起到当家理财的作用，成为决策层的参谋助手。

第二，熟悉服务对象的经营活动和业务流程，使管理活动更具针对性和有效性。会计人员应当了解本单位的整体情况，特别是要熟悉本单位的生产经营、业务流程和管理情况，掌握单位的生产经营能力、技术设备条件、产品市场及资源状况等情况。只有如此，才能充分利用会计工作的优势，更好地满足经营管理的需要，才能在参与管理的活动中有针对性地拟定可行性方案，从而提高经营决策的合理性和科学性，更有效地服务于单位的总体发展目标。

8. 强化服务

（1）强化服务的含义

强化服务就是要求会计人员具有文明的服务态度、强烈的服务意识和优良的服务质量。服务态度是服务者的行为表现，"文明服务，以礼待人"，不仅仅是对服务行业提出的道德要求，而是对所有职业活动提出的道德要求。在我们的社会生活中，各岗位上的就业者都处于服务他人和接受他人服务的地位。在服务他人的过程中，人们承担对他人的责任和义务的同时，也接受着他人的服务。

会计工作虽不能说是"窗口"行业，但其工作涉及面广，又往往需要服务对象和其他部门的协作及配合，而且会计工作的政策性又很强，在工作交往和处理业务过程中，容易同其他部门及服务对象发生利益冲突或意见分歧。这样会计人员待人处世的态度直接关系到工作能否顺利开展及其成效。这就要求会计人员不仅要有热情、耐心、诚恳的工作态度，待人平等礼貌，而且遇到问题要以商量的口吻，充分尊重服务对象和其他部门的意见。做到大事讲原则，小事讲风格，沟通讲策略，用语讲准确，建议看场合。

强化服务的结果，就是奉献社会。任何职业的利益、职业劳动者个人的利益都必须服从社会的利益、国家的利益。如果说爱岗敬业是职业道德的出发点，那么，强化服务、奉献社会就是职业道德的归宿点。

（2）强化服务的基本要求

第一，强化服务意识。会计人员要树立强烈的服务意识，为管理者服务、为所有者服务、为社会公众服务、为人民服务。不论服务对象的地位高低，都要摆正自己的工作位置，管钱管账是自己的工作职责，参与管理是自己的义务。只有树立了强烈的服务意识，才能做好会计工作，履行会计职能，为单位和社会经济的发展做出应有的贡献。

第二，提高服务质量。强化服务的关键是提高服务质量。单位会计人员的服务质量表现在是否真实地记录单位的经济活动；是否向有关方面提供可靠的会计信息；是否积极主动地向单位领导反映经营活动情况和存在的问题，提出合理化建议，协助领导决策，参与经营管理活动。注册会计师的服务质量表现在是否以客观、公正的态度正确评价委托单位的财务状况和经营成果，是否出具恰当的审计报告，是否为社会公众及信息使用者做好服务。

需要注意的是，在会计工作中提供上乘的服务质量，并非无原则地满足服务主体的需要，而是在坚持原则、坚持准则的基础上尽量满足用户或服务主体的需要。

小提示　　现实生活中经常会出现单位、社会公众和国家利益发生冲突的情况。面对不同的情况会计人员应如何处理，国际会计师联合会发布的《职业会计师道德守则》提出了如下建议：

第一，如遇到严重的职业道德问题时，职业会计师首先应遵循所在组织的已有政策加以解决；如果这些政策不能解决道德冲突，则可私下向独立的咨询师或会计职业团体寻求建议，以便采取可能的行动步骤。

第二，若自己无法独立解决，可与最直接的上级一起研究解决这种冲突的办法。

第三，若仍无法解决，则在通知直接上级的情况下，可请教更高一级的管理层。若有迹象表明，上级已卷入这种冲突，职业会计师必须和更高一级的管理当局商讨该问题。

第四，如果在经过内部所有各级审议之后道德冲突仍然存在，那么对于一些重大问题，如舞弊，职业会计师可能没有其他选择，只能提出辞职，并向该组织的适当代表提交一份信息备忘录。

国际会计师联合会发布的《职业会计师道德守则》中提出的道德冲突解决途径值得借鉴。我国会计人员如果遇到道德冲突，首先要对发生的事件做出"是"、"非"判断，如涉及严重的道德冲突时，应维护国家和社会公众利益。

小测验 1. "坚持好制度胜于做好事，制度大于天，人情薄如烟"，这句话体现的会计职业道德内容要求是（   ）。

  A. 参与管理   B. 提高技能

  C. 坚持准则   D. 强化服务

  2. （   ）是做人的基本准则，是人们在古往今来的交往中产生出的最根本的道德规范，也是会计职业道德的精髓。

  A. 爱岗敬业   B. 诚实守信

  C. 坚持准则   D. 奉献社会

  3. 中国现代会计学之父潘序伦先生倡导："信以立志，信以守身，信以处事，信以待人，毋忘立信，当必有成。"这句话体现的会计职业道德内容是（   ）。

  A. 坚持准则   B. 客观公正

  C. 诚实守信   D. 廉洁自律

  4. 会计人员在工作中"懒"、"惰"、"拖"的不良习惯和作风，是会计人员违背会计职业道德规范中（   ）的具体体现。

  A. 爱岗敬业   B. 诚实守信

  C. 办事公道   D. 客观公正

13.2 会计职业道德与会计法律制度的关系

  会计职业道德与会计法律制度都属于会计人员行为规范的范畴，两者既有联系，也有区别。

13.2.1 会计职业道德与会计法律制度的联系

  会计职业道德与会计法律制度有着共同的目标、相同的调整对象，承担着同样的职责，两者联系密切。主要表现在：

  1）两者在作用上相互补充、协调。在规范会计行为中，我们不可能完全依赖会计法律制度的强制功能而排斥会计职业道德的教化功能，会计行为不可能都由会计法律制度进行规范，不需要或不宜由会计法律制度进行规范的行为，可通过会计职业道德规范来实现。同样，那些基本的会计行为必须运用会计法律制度强制遵守。

  2）两者在内容上相互渗透、相互重叠。会计法律制度中含有会计职业道德规范的内容，同时，会计职业道德规范中也包含会计法律制度的某些条款。

3）两者在地位上相互转化、相互吸收。最初的会计职业道德规范就是对会计职业行为约定俗成的基本要求，后来制定的会计法律制度吸收了这些基本要求，便形成了会计法律制度。

总之，会计法律制度和会计职业道德在实施过程中相互作用，会计职业道德是会计法律规范实施的重要的社会基础和思想基础，会计法律制度是促进会计职业道德规范形成和遵守的制度保障。

13.2.2　会计职业道德与会计法律制度的区别

会计职业道德与会计法律制度的主要区别表现在：

1. 两者的性质不同

会计法律制度反映统治者的意志和愿望，因而在同一社会内，只允许存在一种会计法律制度，并通过国家机器强制执行。凡违法者，轻者被罚款，重者则被判刑，失去人身自由乃至生命。会计法律具有很强的他律性。会计职业道德并不都代表统治者的意志，很多来自于职业习惯和约定俗成。会计职业道德依靠会计从业人员的自觉性，自愿地执行，并依靠社会舆论和良心来实现，基本上是非强制执行的，具有很强的自律性。

2. 两者作用范围不同

会计法律制度侧重于调整会计人员的外在行为和结果的合法化，具有较强的客观性。会计职业道德不仅要求调整会计人员的外在行为，还要求调整会计人员内在的精神世界，其调节的范围远比法律广泛。会计人员某些错误的行为，只要不触犯会计法律，法律可以不予追究和制裁，但从道德方面来说，却要受到社会舆论的批评和谴责。总之，受到会计职业道德谴责的，不一定受到会计法律的制裁；而受到会计法律制裁的，一般都会受到会计职业道德的谴责（某些过失犯罪除外）。

3. 两者表现形式不同

会计法律制度是通过一定的程序由国家立法部门或行政管理部门制定和颁布的，其表现形式是具体的、正式形成文字的成文条款。而会计职业道德源自会计人员的职业生活和职业实践，日积月累、约定俗成。其表现形式既有明文的规定，也有不成文的只存在于会计人员内心的意识和信念。与会计法律制度相比，即使是成文的会计职业道德，在表现形式上也缺乏具体性和准确性，通常只是指出会计人员应当做或不应当做某种行为的一般原则和要求。

4. 实施保障机制不同

会计法律制度由国家强制力保障实施；会计职业道德既有国家法律的相应要求，又需要会计人员自觉地遵守。

5. 两者的评价标准不同

会计法律是以会计人员享有的权利和义务为标准来判定其行为是否违法。会计法律规定会计人员享有一定的权利，如果这种权利遭受侵犯，造成不良后果，那么侵权者就要受到会计法律的制裁；会计法律同时规定了会计人员要承担的义务，如果会计人员不尽义务，造成不良后果，同样要受到会计法律的制裁。而会计职业道德则以善恶为标准来判定人们的行为是否违背道德规范。如果一个会计人员的职业行为符合会计职业的道德规范，就是善的，就会受到社会舆论的赞扬、鼓励，其内心也会受到激励；反之，就是恶的、不道德的，就会受到社会舆论的批评和谴责，其内心将是痛苦、不安的。一般来说，道德重在确认人们的义务，而不讲权利，即不以谋取个人某种权利作为履行义务的前提和归宿，这点与兼顾权利与义务的法律规范也是不同的。

小测验　1. 下列关于会计职业道德和会计法律制度两者的区别的论述中，正确的是（　　）。
A. 会计法律制度具有很强的他律性，会计职业道德具有很强的自律性
B. 会计法律制度调整会计人员的外在行为，会计职业道德只调整会计人员的内心精神世界
C. 会计法律制度有成文规定，会计职业道德无具体的表现形式
D. 违反会计法律制度可能会受到法律制裁，违反会计职业道德只会受到道德谴责
2. 会计法律制度与会计职业道德的区别，主要表现在（　　）。
A. 性质不同　　　　　　B. 作用范围不同
C. 表现形式不同　　　　D. 保障机制不同

13.3　会计职业道德建设组织与实施

会计职业道德建设是一项复杂的系统工程，要抓好会计职业道德建设，关键在于加强和改善会计职业道德建设的组织和领导，并得到切实贯彻和实施。

13.3.1　财政部门会计职业道德建设组织与实施

会计职业道德建设是会计管理工作的重要组成部分，作为管理会计工作的各级财政部门应当将会计职业道德建设纳入重要议事日程，负起组织和推动本地区会计职业道德建设的责任，要深入实际，调查研究，了解新情况，分析新问题，及时发现、总结和推广会计职业道德建设的新经验，在内容、形式、方法、机制等方面积极创新，与时俱进，探索新的有效途径和实践形式。

会计管理工作者要以高度的责任感和事业心，适应新时期的要求，努力学习会计法

律知识，不断提高自身的政策理论水平和服务质量，在工作中应求真务实，依法办事，廉洁奉公，勤政为民，率先垂范，以身作则，树立良好的会计职业道德风尚。

各级财政部门要把会计职业道德建设与会计法制建设紧密结合起来。在认真宣传贯彻《会计法》和国家统一的会计制度的同时，加大执法力度，严厉打击违法会计行为，维护国家和社会公众利益，维护正常经济秩序，为会计职业道德建设提供强有力的法律支持和政策保障。

各级财政部门应当根据会计法律制度，积极探索将会计职业道德建设与会计从业人员管理相结合的机制，逐步完善会计从业人员的资格准入、考核、奖惩、培训、退出等制度，同时通过会计从业资格发证、注册、年检等手段，建立会计从业人员诚信档案。各地在组织开展会计人员继续教育中，要将会计职业道德作为一项重要内容。通过组织一定学时的继续教育，使会计人员了解和掌握会计职业道德的主要内容。

13.3.2 会计职业组织的会计职业道德建设组织与实施

会计职业组织起着联系会员与政府的桥梁作用，应充分发挥协会等会计职业组织的作用，改革和完善会计职业组织自律机制，有效发挥自律机制在会计职业道德建设中的促进作用。

我国可以借鉴国外通过会计职业组织实施职业道德约束的做法和经验，在注册会计师协会、会计学会、总会计师协会等职业组织中设立职业道德委员会，专司职业道德规范的制定、解释、修订和实施之职。对涉及会计职业道德的案件由会计职业组织进行处罚。

13.3.3 企事业单位会计职业道德建设组织与实施

各企、事业单位必须任用具备会计从业资格的人员从事会计工作，在任用重要会计岗位的人员时，应审查其职业记录和诚信档案，选择业务素质高、职业道德好的会计人员；在日常工作中，应注意开展对会计人员的道德和纪律教育，并加强检查，督促会计人员坚持原则，诚实守信；在制度建设上要加强单位内部控制制度的建立和完善，形成内部约束机制，依法开展会计工作，为会计人员遵守职业道德提供良好的执业环境，从而可以有效地防范舞弊和经营风险，规避道德失范。同时，单位负责人要做遵纪守法的表率，支持会计人员依法开展会计工作。

13.3.4 社会各界各尽其责相互配合，齐抓共管

加强会计职业道德建设，既是提高广大会计人员素质的一项基础性工作，又是一项复杂的社会系统工程，不仅是某一个单位或某一个部门的任务，也是各地区、各部门、各单位的共同责任。正如《公民道德建设实施纲要》指出："推进公民道德建设，需要社会各方面的共同努力。各级宣传、教育、文化、科技、组织人事、纪检监察等党政部门，工会、共青团、妇联等群众团体及社会各界，都应当在党委的统一领导下，各尽其

责，相互配合，把道德建设与业务工作紧密结合起来，纳入目标管理责任制，制定规划，完善措施，扎实推进。要充分发挥各民主党派和工商联在公民道德建设中的作用。"因此，加强会计职业道德建设，各级党组织不仅要管，各级机关、群众组织等也要管。只有重视和加强各级组织、广大群众和新闻媒体的监督作用，齐抓共管，形成合力，才能有效地做好会计职业道德建设，更好地提高广大会计人员的思想道德素质。

13.3.5　社会舆论监督，形成良好的社会氛围

良好会计职业道德风尚的树立，离不开社会舆论的支持和监督。"银广夏"等会计造假案被发现，离不开媒体的追踪报道。强化舆论监督，有利于社会形成诚实守信的氛围。要以新闻媒体为阵地，广泛开展会计职业道德的宣传教育，使社会各界了解会计职业道德规范的内容，促进良好的会计职业道德深入人心。要在会计人员中倡导诚信为荣、失信为耻的职业道德意识，引导会计人员加强职业修养。通过会计职业道德建设中的正反面案例的宣传，弘扬正气，打击歪风。

小测验　1. 下列各项中属于会计职业组织作用的有（　　）。

A. 联系会员与政府的桥梁作用

B. 充分发挥协会等会计职业组织的作用

C. 改革和完善会计职业组织自律机制作用

D. 有效发挥自律机制在会计职业道德建设中的促进作用

2. 会计职业道德建设的组织与实施应依靠（　　）。

A. 财政部门的组织与推动

B. 会计职业组织的行业自律

C. 单位的会计职业道德建设的组织与实施

D. 社会舆论监督形成良好的社会氛围

3. 会计职业道德建设组织包括各级（　　）、会计职业团体、机关和企事业单位。

A. 财政部门　　　B. 政府　　　C. 税务部门　　　D. 人事部门

小　结

会计职业道德是调整会计职业活动中各种利益关系的手段。会计工作的性质决定了在会计职业活动中要处理方方面面的经济关系，包括单位与单位、单位与国家、单位与投资者、单位与债权人、单位与职工、单位内部各部门之间及单位与社会公众之间的经济关系，这些经济关系的实质是经济利益关系。在我国社会主义市场经济建设中，当各经济主体的利益与国家利益、社会公众利益发生冲突的时候，会计职业道德不允许通过损害国家和社会公众利益而获取违法利益，但允许个人和各经济主体获取合法的自身利

益。会计职业道德可以配合国家法律制度，调整职业关系中的经济利益关系，维护正常的经济秩序。

思 考 题

1. 举例说明职业道德具有较强的稳定性和继承性。
2. 为什么说坚持准则是会计职业道德的核心？
3. 如何提高会计人员的职业道德修养？

案例导入分析

作为一名会计人员，总会计师王某不应听从总经理的建议对会计报表进行会计技术处理。会计报表作为重要的信息载体将会对国家利益、社会公众利益产生重要的影响，虚假的会计报表会损害这些相关经济主体的利益，会计职业道德不允许通过损害国家和社会公众利益而获取违法利益。

总会计师王某应当坚持准则，在处理业务过程中，严格按照会计法律制度办事，不被主观或他人意志左右。在会计工作中，常常由于各种利益的交织引起会计人员道德上的冲突。如果会计人员为了自己的个人利益不受影响，放弃原则，做"老好人"，就会使会计工作严重偏离准则，会计信息的真实性和完整性就无法保证，作为会计人员，也应当承担相应责任。

实 训 题

【实训目标】

深入理解会计职业道德的内涵。

【实训内容】

1. 单选题

1）慎独的最基本特征是（　　），要求人们在独立工作、无人监督的环境下，也能够严格按照道德原则和道德规范行事。

　　A. 以自省为前提　　　　　　　　B. 以自学为前提
　　C. 以高度自觉性为前提　　　　　D. 以对比为前提

2）"不做假账"是对会计人员最基本的要求，最能体现这项要求的会计职业道德规范的是（　　）。

　　A. 爱岗敬业　　B. 客观公正　　　C. 廉洁自律　　　D. 提高技能

3）（　　）是职业道德的归宿点。

　　A. 爱岗敬业　　　B. 诚实守信　　　C. 办事公道　　　D. 奉献社会

4）小林是一家公司的出纳，2015 年 10 月初，小林因为购买个人住房需要支付首期款，便想利用职务之便暂时挪用一下公司的资金。于是，小林自己填开了一张 5 万元的现金支票，趁着会计主管离开办公室时，私自将会计主管保管的印鉴盖在了支票上，从公司的银行户头取走了 5 万元。10 月底，小林多方筹措资金，又将 5 万元存入了单位的银行账户。小林的这种行为，除触犯法律外，还违反了会计职业道德的（　　　）要求。

    A．强化服务　　　　B．廉洁自律　　　　C．客观公正　　　　D．爱岗敬业

5）公司为获得一项工程合同，拟向工程发包方有关人员支付好处费 8 万元。公司市场部持公司董事长的批示到财务部领取该笔款项。会计人员谢某知道该项支出不符合有关规定，但考虑到公司主要领导已做了批示，遂同意拨付该笔款项。下列对谢某的做法认定中，正确的是（　　　）。

    A．谢某违反了爱岗敬业的会计职业道德要求

    B．谢某违反了参与管理的会计职业道德要求

    C．谢某违反了客观公正的会计职业道德要求

    D．谢某违反了坚持准则的会计职业道德要求

2．多选题

1）下列各项中，属于会计职业道德规范内容的有（　　　）。

    A．客观公正　　　　B．提高技能　　　　C．参与管理

    D．爱岗敬业　　　　E．诚实守信

2）下列各项中，属于会计职业道德中廉洁自律基本要求的有（　　　）。

    A．树立正确的人生观和价值观　　　　B．公私分明，不贪不占

    C．保密守信，不为利益所诱惑　　　　D．遵纪守法，尽职尽责

3）下列各项中，属于会计人员提高专业操作能力的途径有（　　　）。

    A．课堂学习

    B．向会计主管请教隐瞒收入的做法

    C．与其他会计人员交流虚增利润的方法

    D．岗位学习

4）会计职业道德规范中的强化服务，是要求会计人员具有（　　　）。

    A．强烈的服务意识　　　　　　B．崇高的服务目标

    C．文明的服务态度　　　　　　D．优良的服务质量

5）下列关于会计职业道德作用的表述中，正确的有（　　　）。

    A．会计职业道德是规范会计行为的重要基础

    B．会计职业道德是实现会计目标的重要保证

    C．会计职业道德是对会计法律制度的重要补充

    D．会计职业道德是提高会计人员素质的内在要求

3. 判断题

1）会计人员违背了会计职业道德，就一定违反了会计法律。　　　　　　（　　　）

2）因为注册会计师是接受委托人的委托从事审计工作，所以，注册会计师在从业过程中仅对委托人的利益负责即可。　　　　　　　　　　　　　　　　　（　　　）

3）敬业和爱岗紧密联系在一起。"爱岗"是"敬业"的基石，"敬业"是"爱岗"的升华。　　　　　　　　　　　　　　　　　　　　　　　　　　　　　（　　　）

4）因为会计人员是为特定的会计主体服务，所以，当对单位的忠诚与更高的社会正义发生冲突时，会计人员应该选择对单位忠诚。　　　　　　　　　　　（　　　）

5）如果单位负责人为了本单位的利益，指使会计人员编制虚假财务会计报告，而会计人员迫于压力，对违法行为未提醒或抵制，甚至主动参与串通作弊，致使会计信息失真，作为会计人员，不应承担应有的责任。　　　　　　　　　　　　（　　　）

4. 分析题

飞腾电子科技公司会计张某因工作努力，积极提出合理化建议，多次被公司评为先进会计工作者。张某的丈夫在一家民营电子企业担任总经理，在其丈夫的多次请求下，张某将工作中接触的公司新产品研发计划及相关会计资料复印件提供给其丈夫，给公司带来一定的损失，公司认为张某不宜继续担任会计工作。

结合本章内容，回答下列问题：

1）张某的行为违反了会计职业道德的哪项要求？

2）针对张某的行为，你认为相关部门可以对她进行什么处理？

参 考 文 献

高文，时长洪，2006. 初级会计学. 上海：立信会计出版社.

全国税务师职业资格考试教材编写组，2016. 税法. 北京：中国税务出版社.

邵瑞庆，2007. 会计学原理. 上海：立信会计出版社.

汤云为，钱逢胜，1997. 会计理论. 上海：上海财经大学出版社.

王国付，2010. 会计学. 北京：中国铁道出版社.

徐泓，2013. 基础会计学. 2版. 北京：机械工业出版社.

杨淑媛，姜旭宏，2014. 会计学. 北京：清华大学出版社.

奕甫贵，2007. 基础会计. 北京：机械工业出版社.

中华人民共和国财政部，2006. 企业会计法律与准则. 北京：中国法制出版社.

中华人民共和国财政部，2006. 企业会计准则. 北京：经济科学出版社.

中华人民共和国财政部，2006. 企业会计准则应用指南. 北京：中国财政经济出版社.

中华人民共和国财政部会计资格评价中心，2016. 初级会计实务. 北京：中国财政经济出版社.

中华人民共和国财政部会计资格评价中心，2016. 中级会计实务. 北京：经济科学出版社.

周兴荣，2006. 企业会计制度设计. 北京：科学出版社.